“十四五”职业教育河南省规划教材

高等职业教育铁道养路机械应用技术专业系列教材

铁路大型养路机械应用管理

郑　松　刘海娥◎主编

中国铁道出版社有限公司

2024年·北　京

内 容 简 介

本书是高等职业教育铁道养路机械应用技术专业系列教材之一。全书共分为8个项目，主要讲述了铁路轨道认识、轨道机械化修理技术、行车组织管理、施工组织管理、安全管理、施工质量管理、设备管理等内容。

本书可作为高等职业院校铁道养路机械应用技术、工程机械运用技术、铁道工程技术等专业的教材，也可作为相关技术人员的参考书。

图书在版编目（CIP）数据

铁路大型养路机械应用管理/郑松，刘海娥主编．—北京：中国铁道出版社有限公司，2021.3（2024.1重印）

高等职业教育铁道机械化维修技术专业系列教材

ISBN 978-7-113-27517-4

Ⅰ.①铁… Ⅱ.①郑… ②刘… Ⅲ.①铁路养护-养路机械-高等职业教育-教材 Ⅳ.①U216.6

中国版本图书馆CIP数据核字（2020）第254773号

书　　名：铁路大型养路机械应用管理
作　　者：郑　松　刘海娥

策　　划：陈美玲
责任编辑：陈美玲　　**编辑部电话：**(010)51873240　　**电子邮箱：**992462528@qq.com
封面设计：郑春鹏
责任校对：苗　丹
责任印制：高春晓

出版发行：中国铁道出版社有限公司（100054，北京市西城区右安门西街8号）
网　　址：http://www.tdpress.com
印　　刷：三河市国英印务有限公司
版　　次：2021年3月第1版　2024年1月第5次印刷
开　　本：787 mm×1 092 mm 1/16　**印张：**13.25　**字数：**339千
书　　号：ISBN 978-7-113-27517-4
定　　价：39.00元

QIAN YAN

前言

铁道养路机械应用技术专业主要培养铁路大型养路机械运用、维修和管理需要的高端技能型人才，教学中应根据铁道工务职业岗位的职业能力要求，参照相关的职业资格标准，基于工作过程开发课程，实施项目导向、任务驱动的教学模式。“铁路大型养路机械应用管理”作为该专业的核心课程，侧重对学生掌握线路修理标准、机械运用规范、职业行为准则等方面能力的培养，对教材的开发提出了更高的要求。本书参考铁路行业最新技术规章，结合编者多年的铁路大型养路机械从业实践和高等职业教育教学经验编写而成，可供铁道养路机械应用技术、工程机械运用技术、铁道工程技术等相关专业学生使用，也可作为铁路工务系统职工的培训教材。

本书从培养学生应用能力入手，特别注重知识的实用性。作为铁路大型养路机械从业人员，所需知识涉及铁路车、机、工、电、辆各个系统，必须具有较高的综合素质和技术水平。施工时需清楚铁道线路设备的结构和修理标准，同时需要掌握施工防护和各项安全的控制；上线行车时，司机按照机务化管理，需掌握行车知识；车务系统作为行车组织部门，负责施工协调、天窗批准和行车计划安排；大型养路机械是集机、电、液、气于一体的现代化设备，结构复杂，其检查保养的标准也需掌握。全书力求为学生提供较为完整且必须的大型养路机械应用知识和管理标准。

本书编写具有以下特点：

1. 紧紧围绕高等职业教育的人才培养目标编排教材内容。以大型养路机械工作过程为主线，正确处理知识、能力的辩证统一关系，突出应用部分。

2. 采用铁路行业最新技术规章、作业标准及管理规定。

3. 采用项目导向、任务驱动的编写模式。每个项目均包含项目描述和能力、知识目标，帮助学生理解本项目的主要内容和学习目标，项目后附有知识拓展和适量的复习思考题，以便于学生课后复习巩固。

4. 紧密联系生产实际，突出实用性。应用现场实际案例以及相关视频解释说明，使教学内容更加生动立体，有利于学生理解，提升学习兴趣。

鉴于各校教学安排的差异，在进行本课程教学时，教师可根据实际情况选用教学内容。

本书由郑州铁路职业技术学院郑松、刘海娥任主编，潘卫彬、冯娜娜任副主编。参加本书编写的有：郑松（项目1、项目4、项目5），潘卫彬（项目2任务2.1～任务2.3)，吉林铁道职业技术学院于丰博（项目2任务2.4)，冯娜娜（项目3)，刘海娥（项目6、项目7任务7.2)，黑龙江交通职业技术学院邵博（项目7任务7.1)，中国铁路郑州局集团有限公司郑州工务机械段崔恒（项目8任务8.1～任务8.3)，包头铁道职业技术学院张伟（项目8任务8.4)，天津铁道职业技术学院马丽君（项目8任务8.5)。

中国铁路郑州局集团有限公司郑州工务机械段高级工程师宋卫华、副段长赵宇对书稿进行了认真细致的审阅，提出了许多建设性意见，在此表示深深的谢意。同时在本书编写过程中，编者得到了中国铁路郑州局集团有限公司郑州工务机械段多位专家的热情支持，在此一并表示感谢。

由于作者水平有限，书中难免存在不当之处，恳请广大读者和同仁批评指正。

编　者

2020年11月

MU LU

目录

项目1　走近大型养路机械 …… 1

任务1.1　大型养路机械的诞生与发展 …… 1

任务1.2　大型养路机械的运营模式 …… 5

任务1.3　大型养路机械从业人员的基本要求 …… 9

复习思考题 …… 12

项目2　铁路轨道认识 …… 13

任务2.1　轨道组成认识 …… 13

任务2.2　轨道的几何形位 …… 25

任务2.3　无缝线路认识 …… 32

任务2.4　道岔认识 …… 36

复习思考题 …… 41

项目3　轨道机械化修理技术 …… 43

任务3.1　维修机组的应用 …… 43

任务3.2　钢轨打磨列车的应用 …… 49

任务3.3　清筛机组的应用 …… 55

任务3.4　钢轨探伤车运用管理 …… 60

复习思考题 …… 66

项目4　行车组织管理 …… 67

任务4.1　铁路行车基本知识 …… 67

任务4.2　行车安全装备 …… 74

任务4.3　行车及调车作业标准 …… 78

复习思考题 …… 84

项目5　施工组织管理 …… 86

任务5.1　铁路营业线施工 …… 86

任务5.2　施工计划管理 …… 91

任务5.3　施工组织设计的编制 …… 94

任务 5.4 施工配合 …… 97
任务 5.5 一次施工标准 …… 102
复习思考题 …… 111

项目 6 安全管理 …… 112

任务 6.1 线路施工防护 …… 112
任务 6.2 人身安全 …… 127
任务 6.3 作业安全 …… 130
任务 6.4 行车安全 …… 138
任务 6.5 无动力回送作业指导书 …… 146
任务 6.6 驻地检修安全及应急处置 …… 155
复习思考题 …… 162

项目 7 施工质量管理 …… 163

任务 7.1 大机作业质量验收 …… 163
任务 7.2 大机作业质量影响因素 …… 173
复习思考题 …… 179

项目 8 设备管理 …… 180

任务 8.1 设备管理概述 …… 180
任务 8.2 设备检查保养 …… 186
任务 8.3 设备年修管理 …… 194
任务 8.4 设备状态检查及上线交接 …… 198
任务 8.5 设备运用故障管理 …… 202
复习思考题 …… 205

参考文献 …… 206

项目1　走近大型养路机械

项目描述

随着铁路运输速度、轴重的不断提高,轨道结构的高平顺性和高稳定性变得越来越重要。铁路大型养路机械被设计制造的目的就是为了解决铁路轨道不平顺、轮轨关系不良、道床脏污弹性差等问题,对其进行养护、维修、大修,使其始终处于正常工作状态。本项目主要介绍大型养路机械的诞生与发展的必然性、我国大型养路机械运营模式以及从业人员需要具备的知识能力。

通过本项目的学习,学生应基本掌握铁路大型养路机械的基本类型和运用管理的基本内涵,以及从事大型养路机械行业所需知识,为学习本课程后续内容打下基础。

学习目标

1. 能力目标

(1)理解大型养路机械诞生与发展的意义;

(2)具备说明线路病害与大型养路机械的对应关系的能力;

(3)理解大型养路机械运用管理的基本内涵。

2. 知识目标

(1)了解铁路大型养路机械的发展进程;

(2)了解铁路大型养路机械的运营模式;

(3)了解铁路大型养路机械从业人员需具备的能力。

任务1.1　大型养路机械的诞生与发展

1.1.1　任务目标

通过学习完成以下任务:

1. 理解大型养路机械诞生与发展的必然性;

2. 了解我国大型养路机械的发展。

大型养路机械的发展

1.1.2　相关配套知识

1. 铁路的发展趋势

(1)各国铁路发展方向

自1825年9月27日世界上第一条运行由动力机械牵引列车的铁路在英国建成并投入使用,迄今近200年的时间,各国的铁路在发展方向上不尽相同,大致可分为三种类型。

欧洲各国和日本的高速铁路，以运输密度大、行车速度高、轴重轻为基本特征，这些国家国土面积不大，但人口密度高，基本以客运为主，对旅客舒适度要求很高，轨道结构的平顺性和可靠性要求严格。以美国、加拿大、澳大利亚铁路为代表的重载铁路，以重载运输为主，机车车辆轴重大，但运输密度小且行车速度不高，其国土面积和资源分布特点决定了这些国家的铁路以货运为主；为提高货运经济效益，大力发展重载运输，轨道结构则以提高强度、减少维护维修工作量为出发点。最后一种是客货混跑，轴重、密度、速度同时发展模式。高的速度要求高的平顺性，由于重载带给轨道较大的冲击会引起轨道结构的不平顺，同时较大的行车密度又制约了养护维修时间，故线路养护困难很大，我国普速铁路干线基本属于此类线路，比如京广线、陇海线等繁忙干线。

(2)我国铁路发展现状

根据我国铁路《中长期铁路网规划(2016—2025)》规划目标，到2025年，铁路网规模达到17.5万km左右，其中高速铁路3.8万km左右，网络覆盖进一步扩大，路网结构更加优化，骨干作用更加显著，更好发挥铁路对经济社会发展的保障作用。展望到2030年，基本实现内外互联互通、区际多路畅通、省会高铁连通、地市快速通达、县域基本覆盖。

高速铁路在“四纵四横”的基础上，部分利用时速200 km铁路，形成以“八纵八横”主通道为骨架、区域连接线衔接、城际铁路补充的高速铁路网，实现省会城市高速铁路通达、区际之间高效便捷相连。普速铁路网扩大中西部路网覆盖，完善东部网络布局，提升既有路网质量，推进周边互联互通，形成覆盖广泛、内联外通、通边达海的普速铁路网，提高对扶贫脱贫、地区发展、对外开放、国家安全等方面的支撑保障能力。到2025年，普速铁路网规模达到13.1万km左右，并规划实施既有线扩能改造2万km左右。上述路网方案实现后，远期铁路网规模将达到20万km左右，其中高速铁路4.5万km左右。

根据2019年中国铁路年报，全国铁路营业里程达到13.9万km，其中，高速铁路营业里程达到3.5万km；复线里程8.3万km，复线率59.0%；电气化里程10.0万km，电化率71.9%；西部地区铁路营业里程5.6万km。全国铁路路网密度145.5 km/万km^2。全国铁路机车拥有量为2.2万台，其中，内燃机车0.8万台，电力机车1.37万台。全国铁路客车拥有量为7.6万辆，其中，动车组3 665标准组、29 319辆。全国铁路货车拥有量为87.8万辆。

2019年，全国铁路旅客发送量完成36.60亿人，比上年增加2.85亿人，增长8.4%。其中，国家铁路35.79亿人，比上年增长7.9%。全国铁路旅客周转量完成14 706.64亿人公里，比上年增加560.06亿人公里，增长4.0%。其中，国家铁路14 529.55亿人公里，比上年增长3.3%，见表1-1。2014—2019年全国铁路旅客发送量如图1-1所示。

表1-1　全国铁路旅客运输量

指　　标	单　　位	2019年	比上年增长(%)
旅客发送量	万人	366 002	8.4
国家铁路	万人	357 860	7.9
旅客周转量	亿人公里	14 706.64	4.0
国家铁路	亿人公里	14 529.55	3.3

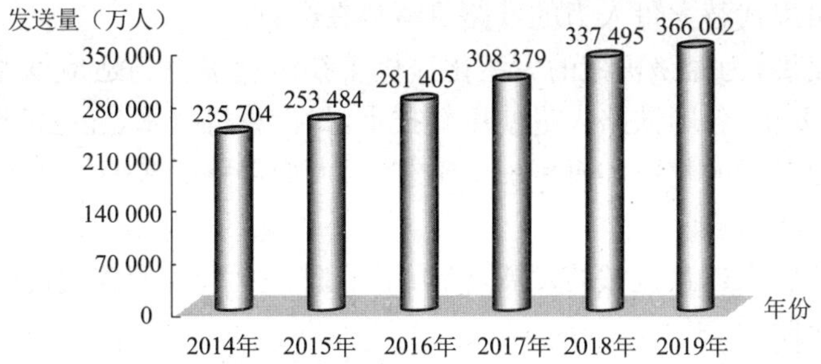

图 1-1　全国铁路旅客发送量

(3)轨道技术的发展

在铁路运输当中，列车和轨道可以看作是一个整体系统，机车车辆的走行部分和轨道各组成部分是相互影响、相互促进的关系，如果独立的改变一个部分而不考虑对系统中其他部分的影响是不可取的。比如轴重的增加可能对轨道和桥梁带来巨大的影响，改变钢轨的特性可能引起车轮发生不可预测的变化。当然轨道技术的发展也不是同时进行的，总是一个新技术的应用带动其他部分的技术革新或新技术的出现。

目前在我国已经实现了 4 万 t 列车的成功开行，列车速度也提升到了最高运营速度 350 km/h。在这个过程中，轨道技术也逐渐发展，出现了巨大变革。随着冶金技术的发展，钢轨质量从 38 kg/m 逐步提升至重载线路 75 kg/m；材质从铁质升级为合金钢；钢轨廓形不断优化，更加符合轮轨关系。钢轨升级的同时，也要求轨枕和扣件的同步提升，木枕已经不能满足重载铁路稳定性的要求，需要使用质量更大的混凝土轨枕，但混凝土轨枕的弹性不足，直到橡胶垫片的出现才使得混凝土枕大量推广应用，而混凝土轨枕配套的扣件也更换为扣压力更大的弹条扣件。

轨道养护中钢轨接头、曲线和道岔是三大重难点，在钢轨焊接技术、长钢轨运输及胶结绝缘接头等技术逐渐成熟后，无缝线路得到了大量应用，从而取消了钢轨接头。在运行速度较高的线路上使用大半径曲线和大号码道岔，消除制约运行速度提升的线路设备因素。为了提高轨道的稳定性，世界上大部分高速铁路采用无砟轨道。本书将在项目 2 中详细讲解轨道相关知识。

2. 大型养路机械的诞生

无论轨道技术如何发展，随着行车速度和密度的提高、轴重的持续增加，轨道在列车周期性的荷载冲击下不可避免的遭到破坏，主要表现在轨道几何形位出现不平顺，钢轨表面磨耗加剧、疲劳伤损等，道砟的脏污、磨损等。这些轨道的变形不仅影响列车的平稳运行，当变形积累到一定程度后还将大大削弱线路的强度和稳定性，威胁行车安全。为使铁路线路经常保持良好状态，必须对线路进行经常保养和定期维修、大修，消除轨道变形，恢复道床弹性，修复钢轨廓形，改善轮轨关系，达到规定的技术标准。

大型养路机械的诞生有其必然性。

(1)轨道养护工作量急剧增加，以人工加手工工具进行线路养护的模式已经不能满足铁路养护需求。在第二次世界大战后，世界各国百废待兴，铁路这时确立了其在经济发展中的战略地位，铁路的营运里程、车辆轴重、行车速度及整体运量有了井喷式的发展，轨道养护和维修的工作量也同时增加。

(2)西方国家劳动力匮乏。同一时期，欧美各国新建、改建铁路以提高运量，亟须大量的人力资源,设计制造可以代替大量人力的养路机械势在必行。

(3)新技术的发展,为养路机械的大型化提供了技术保障。为适应铁路高速、重载及轨道结构重型化的发展要求,各国铁路大量使用新技术,如计算机技术、光电液压技术、自动控制技术、激光红外技术以及新的材料和机械加工工艺,为大型养路机械的发展提供技术保障。

3. 大型养路机械的发展

(1)世界上发达国家养路机械的发展,经历了小型、中型、大型演变的完整过程,按年代划分,大致可分为 3 个阶段。

①在 20 世纪 60 年代之前为第一阶段,奥地利的普拉赛—陶伊尔是最早研制大型养路机械的公司,首先开发了大型捣固车,随后又开发出清筛机和稳定车,配砟车各一台,铁路养路机械的开发运用,大幅度地降低了每公里线路作业的用工量,机械化作业取得了显著的经济效益。

②从 20 世纪 60 年代初到 70 年代末为第二阶段,在这一阶段国际上出现了高速铁路、重载铁路和繁忙铁路,客运列车时速超过了 200 km,货物列车的轴重增加到 20 t 以上,大功率机车提高了单机牵引力,出现了"万吨列车";旅客列车舒适性的要求,促使各方向的稳定性、安全性、空调、减振、通信条件的提高,增加了铁路的竞争力。相应地,对线路结构质量和养护维修作业标准也提出了更高要求。

为适应铁路高速、重载及轨道结构重型化的发展要求,各国铁路大量使用现代化的新技术开发设计了新型大型养路机械。整机结构越来越大、越来越重,机械化程度和效率越来越高,价格也越来越昂贵。同时,机械的应用管理也越来越复杂,每个机组需配备一名工程师,操作人员必须接受专门的技术培训,各国制造业间的竞争更趋激烈,其结果是缩短了机械的更新换代周期。捣固车、清筛机、钢轨打磨车、动力稳定车、大修列车等机型越来越丰富,形成了功能完备、品种配套的线路大修、维修系列机组。

③从 20 世纪 80 年代至今为第三阶段。从 20 世纪 80 年代开始,养路施工机械进入了大型化时代。新型的 DWL-48k 三枕连续式捣固稳定车已经得到广泛应用。一种更加先进的集四枕连续式捣固、动力稳定于一身的 09-4X 型综合作业车正在推广。在线路大修作业中,西方国家经常在干线上开设 5～10 h 的"天窗",采用大修列车分别回收和铺设钢轨、轨枕(扣件由人工回收和铺设),然后再清筛道床、补充道砟,最后用联合作业机组整形、捣固、起拨道、抄平与稳定道床。经过这种大修作业后的线路,开通后列车可以常速运行,不设慢行。多种机型配套组合运用显著提升了生产效率。线路机械化水平已成为衡量各国铁路现代化程度的重要标志之一。

(2)我国铁路大型养路机械的发展

我国铁路线路在客货混跑过程中出现的病害种类多,需要维修养护的工作量大,大型养路机械的应用起步较晚,从 1984 年第一台大型捣固车的引进近四十年来,我国大型养路机械数量持续增加、类型逐渐丰富、运用管理逐步规范,已基本满足铁路建设发展的需要。

①在役车型实现制造国产化。近年来大型养路机械的国产化率逐步提高,目前大部分大型养路机械制造都已实现国产化。中国铁建高新装备股份有限公司(原昆明中铁大型养路机械集团有限公司)通过引进技术、消化吸收再创新和自主创新,现已具备大部分车型 100% 的国产化能力,但也不能盲目乐观,部分车型的核心技术我们还没有掌握,需要进一步加大自主创新的力度,提高国产化率。

②养护装备的功能多样化。我国已拥有包括适用于道床养护的捣固车、稳定车、道砟清筛

机、配砟整形车、物料运输车、桥梁检查车；适用于道床表面清洁的吸污车、除雪车、吸煤车、除沙车；适用于钢轨维护的快速打磨车、常规打磨车、铣磨车；适用于钢轨大修的闪光接触焊轨车、数控气压焊轨车、钢轨焊复综合作业车；适用于线路检测的轨道检查车、钢轨探伤车等产品，可基本满足不同病害和不同线路的处理需求。

③设备检修专业化。大型养路机械设备复杂、部件繁多，高质量的设备检修可以保证大型养路机械设备完好率，保证施工作业安全正常进行。我国铁路采用“用修分开”的方式，专业检修人员定期检修，设备检修验收采用车间、段、路局三级验收方式；零部件采取寿命管理，设备检修实现制度化、标准化的模式。

④线路修理周期化。按照线路等级及年通过总重，制定修理计划，包括线路大修、中修和维修计划。目前大型养路机械在设备数量、“天窗”时间、施工组织等方面逐步规范，有效保证了线路设备能够按照周期进行修理，使轨道经常处于良好的技术状态，保障运输安全。

任务 1.2　大型养路机械的运营模式

1.2.1　任务目标

通过学习大型养路机械的运营模式，能够完成以下任务：

1. 掌握大型养路机械的类型和基本应用；
2. 了解我国大型养路机械的运营模式。

1.2.2　相关配套知识

1. 大型养路机械机组

大型养路机械一般是以机组的形式开展作业，根据完成一项线路修理作业的设备需求，把一台或几台不同类型的机械组合在一起，即为机组。在同一天窗内每台车按施工工艺流程完成各自生产工序，合作完成该项线路修理作业。机组是大型养路机械最小的组织形式。

(1)线路维修机组。捣固车与动力稳定车、配砟整形车组合，称为线路维修机组，在天窗内同时施工作业。这种机组一般由两台捣固车、一台配砟整形车(选配)、一台动力稳定车构成，可以充分利用天窗时间高效地、大幅度提高线路质量；仅进行起拨道(一次起道、拨道量均不超过 40 mm)、捣固、稳定、配砟作业后线路恢复正常行车速度，如作业前该地段设有慢行，则作业后按照列车放行条件阶梯提速。

①捣固车。该车可对轨道进行拨道、起道抄平、道砟捣固及砟肩夯实作业，使轨道方向、水平和前后高低均达到线路设计标准或《普速铁路线路修理规则》(以下简称《修规》)的要求，提高道床石砟的密实度，增加轨道的稳定性，保证列车安全运行。

我国目前捣固车的主力车型是 DCL-32(09-32)双枕连续式捣固车(图 1-2)、DWL-48(09-3X)三枕连续式捣固稳定车及 CDC-16(08-475)道岔捣固车(图 1-3)三种。国产新机型如 CDW-32 连续式道岔捣固稳定车等正在推广试用阶段。

②动力稳定车。在清筛作业、捣固作业后或新建有砟线路上，道床不够密实、横向阻力和稳定性较差，存在行车安全风险，需要动力稳定车稳定作业。动力稳定车通过两个激振装置，强迫轨排及道床产生横向水平振动并向道床传递垂直静压力，使道砟流动重新排列，互相填充密实，增强道床阻力，提高轨道在扰动道床作业后的稳定性。动力稳定车一次作业后，轨道的横向阻力恢复到作业前的 80%以上，与未进行稳定作业相比，捣固作业一周后轨道的沉降量

明显降低，轨道几何形位变形较小。

图 1-2 DCL-32 双枕连续式捣固车

图 1-3 CDC-16 道岔捣固车

动力稳定车工作原理：动力稳定车模拟列车运行时对轨道产生的压力和振动等综合作用进行工作的。激振器使轨排产生水平振动的同时，再由稳定装置的垂直油缸对每股钢轨自动地施加下压力，轨道在水平振动力和垂直下压力的共同作用下，达到道砟密实，轨道有控制的均匀下沉且不改变轨道原有的几何状态。

目前主力车型是 WD-320(图 1-4)、WD-300N 及 WD-400W 等车型。

③配砟整形车。配砟整形车通过中犁、侧犁、翼犁等工作装置完成道床的配砟整形作业，使道床布砟均匀。道床断面按技术要求成形，清扫装置将作业时残留于轨枕和扣件上的道砟清扫并收集，再通过输送带移向道床边坡，以达到线路外观整齐美观的效果。配砟整形车分为单向配砟和双向配砟车(图 1-5)。

图 1-4 WD-320 动力稳定车

图 1-5 SPZ-200 配砟整形车

(2)清筛机组

清筛机组是由 1 台全断面清筛机(图 1-6)、2 台捣固车、1 台动力稳定车和 1 台配砟整形车及适量物料车(图 1-7)组成，或由 2 台清筛机、3 台捣固车、2 台动力稳定车和 1 台配砟整形车及物料车组成联合机组；其作业的内容是清筛道床，并对清筛后的松软道床进行捣固、稳定和配砟作业，恢复道床清洁度和道床外观，提高道床的弹性和排水性能。作业后需要设置慢行，按施工放行列车条件阶梯提速。筛出的污土和不合格石砟装入物料运输车。

(3)边坡清筛机组

机械化边坡清筛通过清筛道床边坡，降低边坡道砟的含污率，增强道床排水能力，减少道床板结、翻浆冒泥等线路病害，是有效延长线路大修周期的一种修理手段，也是对大修清筛的有益补充，尤其适用于以运输散装货物为主、边坡污染严重的线路。机械化边坡清筛作业采用机械清筛边坡、人工配合整理道床的形式完成。可根据需要配备捣固车、配砟整形车、动力稳定车、物料车等。

图 1-6 QS650 型全断面清筛机

图 1-7 物料车

(4)打磨列车

钢轨及道岔打磨列车可以独立作业,不需要编成机组。打磨列车可以对钢轨表面进行修理性打磨,消除钢轨表面伤损及波浪形磨耗等问题,恢复轨头廓形;也可按照打磨周期对钢轨采取预防性打磨,恢复钢轨廓形,改善轮轨关系,防止钢轨病害的出现;新建线路的钢轨在运营前也需要进行打磨,消除在轧制、运输、铺设等过程当中造成的钢轨表面缺陷。我国分别从美国和瑞士引进了钢轨打磨列车制造技术,从美国引进的打磨车有 GMC-96X、PGM-48、RGH20C 等车型;瑞士引进的有 GMC-96B、RR16MS 等。

钢轨病害修理其他车型:如快速打磨车,其本身无动力,打磨作业时靠机车以最高 80 km/h拖动前进,砂轮因摩擦力在钢轨上被动旋转磨削钢轨。又如铣磨车是用铣刀盘铣磨掉钢轨表面伤损金属,一次铣磨即可消除病害,适合裂纹、掉块严重的病害钢轨,但作业效率低,作业时速 1～2 km。

(5)大修列车

大修列车由材料车、动力车、作业车、扣件收集车、龙门吊车和若干轨枕运输车组成。高速运行需由机车牵引,自身动力只能作业走行。大修列车可进行换轨、换枕作业,节约大量的劳动力,但辅助时间较长。

2. 我国大型养路机械的运营模式

在欧美国家,一般铁路公司只负责客货运输,而把铁路设备修理分包给其他专业公司,比如线路养护分包给大型养路机械制造公司。普拉赛—陶依尔公司的主营业务之一就是利用自己生产的大型养路机械为铁路公司服务,美国的哈斯克公司也利用自己生产的钢轨及道岔打磨车为铁路公司进行钢轨打磨作业。该模式的优势是这些大型养路机械制造企业在使用机械的过程中,可以总结机械设备的不足,根据需要加以改进升级,促进了设备技术的发展。

我国铁路属于国有企业,大型养路机械属于国有资产,由中国国家铁路集团有限公司(简称“国铁集团”)分配给各铁路局集团公司使用,各局集团公司成立工务机械段(或大机运用检修段),专门负责大型养路机械的运用、管理和维修等工作。

(1)大型养路机械管理工作的原则与基本任务

贯彻“依靠技术进步、促进生产发展”和“预防为主、养修并重”的方针,坚持“集中管理、统一使用、专业检修”的原则。

基本任务是:贯彻执行国家和上级有关方针、政策、法令、法规;通过技术、经济和组织措施,对大型养路机械规划、选型、购置、国产化、调试、验收、使用、保养、检修、更新改造、报废等环节实施技术管理;对大型养路机械进行全面规划、择优选购、合理配置、正确使用、精心养护、安全运行、科学检修、适时改造和更新，使设备经常处于良好技术状态，充分发挥大型养路机械效能。

(2)设备管理机构及职责

大型养路机械实行国铁集团、铁路局集团公司、段三级管理，各级指定领导分管大型养路机械工作，落实管理部门，配备专职管理人员。

①国铁集团工电部为大型养路机械的主管部门，其主要工作职责是：

(a)制定大型养路机械发展规划和管理制度，监督、检查和组织协调大型养路机械管理工作。

(b)掌握大型养路机械的装备情况，负责大型养路机械年检合格证审核、发放工作。

(c)组织交流和推广大型养路机械管理的先进经验、维修新技术及作业新工艺，制定大型养路机械技术培训计划，并组织实施。

(d)组织大型养路机械设备大检查工作。

(e)组织大型养路机械国产化工作，指导大型养路机械监造、验收工作。

(f)负责大型养路机械的选型、转配属、报废工作及封存审核，确定购置计划建议，组织制订购置技术条件，参与采购工作。

(g)掌握大型养路机械主要安全生产信息，参与大型养路机械事故调查工作。

②铁路局集团公司工务部是铁路局集团公司大型养路机械的主管部门，其主要工作职责是：

(a)制定大型养路机械管理细则和办法，监督、检查、指导局内大型养路机械管理工作。

(b)掌握大型养路机械数量、技术状况、使用动态、安全情况和主要技术经济指标完成情况，按时呈报大型养路机械使用、管理的有关报表。

(c)编制大型养路机械装备购置计划建议，参与大型养路机械选型和采购工作；负责落实配套行车安全装备、起复设备、配套机具以及设备检修、进口配套费用等工作。

(d)组织大型养路机械技术状态检查、鉴定和年检合格证申请工作，办理大型养路机械调拨和报废申请，并负责审核出租、封存事宜。承担管内工务受托作业路外大型养路机械的运用管理工作，并对其技术状态、运行状态及岗位状态进行检查指导。

(e)编制大型养路机械更新改造、大修理及高价互换配件计划建议，并组织实施；指导大型养路机械检修和配件管理工作。

(f)参与大型养路机械施工组织、施工工艺编制和作业技术的研究，组织推广应用新技术、新材料、新工艺、新设备，开展大型养路机械科研和学术交流活动。

(g)掌握大型养路机械事故情况，参与大型养路机械事故调查、分析和处理工作。

(h)组织参加国铁集团大型养路机械技术培训，负责大型养路机械专项技能培训工作。

③工务机械段、大型养路机械运用检修段(统称机械段)是大型养路机械运用、检修管理的实施单位，其主要工作职责是：

(a)制定大型养路机械操作和保养规程，组织大型养路机械运用工作。

(b)合理配置机组，挖掘机械潜力，按时完成作业计划和各项经济技术指标，做好运用统计、分析工作，按时填报有关报表。

(c)编制、落实检修计划和检修工艺，提高检修能力；合理使用设备维修费用；开展修旧利废、成本分析和单机核算工作，提高设备完好率。

(d)负责大型养路机械检修后的质量检验工作。

(e)负责大型养路机械配件及各类油脂、油料的管理工作。

(f)掌握大型养路机械事故和故障情况，呈报有关报告；参加大型养路机械故障调查、分析、处理工作。

(g)按时参加大型养路机械技术状态检查和设备鉴定工作。

(h)负责大型养路机械管理、运用和维修人员的日常技术业务培训及技术交流工作。

任务1.3 大型养路机械从业人员的基本要求

1.3.1 任务目标

通过学习大型养路机械的运营模式，能够完成以下任务：

1.掌握大型养路机械从业人员的岗位设置；

2.掌握大型养路机械从业人员的日常教育培训。

1.3.2 相关配套知识

1.岗位设置

工务机械段把大型养路机械从业人员分为管理岗位、技术岗位、操作岗位三类。

从事安全管理、生产计划、生产组织、人力资源、劳资等工作的岗位称为管理岗位，包括安全科、人事科、生产调度中心、线路科、设备科等职能部门的管理人员及车间主任、副主任、安全员等岗位。从事铁道工程技术或机械电气修理等工作的岗位称为技术岗位，包括线路科、设备科、材料科、教育科等职能部门的技术人员及车间从事技术工作的人员，一般应具备相应的学历，职称由低到高为技术员、助理工程师、工程师、高级工程师、正高级工程师。操作岗位是直接操纵大型养路机械的岗位，包括运行司机、作业司机、现场防护员等岗位。

2.各型机械岗位设置

大型养路机械机组人员为：三枕捣固稳定车6人，双枕捣固车5人，道岔捣固车6人，动力稳定车3人，配砟整形车3人，边坡清筛机7人，48头钢轨打磨列车8人，96头钢轨打磨列车12人，道岔打磨车6人，钢轨铣磨车7人，路基处理车20人，大修列车17人，清筛机9人，道岔清筛机9人，带式物料运输车1人，焊轨车5人，高精度测量车5人。具体定员标准由铁路局集团公司按照生产、轮休和各种预备率的需求确定，并根据生产实际优化调整劳动组织。新型车机组人员按车型岗位需要配置。

(1)大型养路机械司机要求

①担任大型养路机械运行司机和作业司机，必须经过专业培训、技能鉴定、考试考核，取得大型养路机械职业资格证书和岗位培训合格证书后，方可任职。

②驾驶大型养路机械的运行司机必须取得大型养路机械驾驶证。实习或学习驾驶大型养路机械的人员，必须在大型养路机械运行司机指导和负责下，按相应申请考试机型进行实际驾驶操作训练。

③持有大型养路机械驾驶证的人员每年应按规定参加资格年鉴工作，鉴定不合格者，不准驾驶大型养路机械。

④运行司机需要转换驾驶车型的，应由机械段按照转驾车型的技术性能、运行特点、装运要求进行培训后，方可担当驾驶工作。

⑤大型养路机械运行期间，运行司机必须按日填写“大型养路机械运行日志”，详细记录设备运行情况。

(2)车辆岗位配置及要求

①大型养路机械实行定人、定机使用制度;作业司机应按取得的岗位资质操作设备;未经岗位培训并考试合格,作业司机不得跨机型操作。

②每台大型养路机械应设司机长、运行司机、作业司机等岗位。

③每个维修车间或大修车间应配备机械工程师、电气工程师、机械师和指导司机;钢轨打磨机组还应设专职的粉尘清理人员。

④工务机械段应配备技术教育人员,负责机组人员的日常技术教育工作。

⑤在高速铁路上运行和作业,机组人员必须经过高速铁路基本知识、行车规章、施工(维修)管理办法等内容的理论培训,并经考试合格。

3.从业人员教育培训

(1)管理岗位培训

①培训对象为工务机械车管理相关职能科室(安全、技术、设备、自轮运转、教育、材料科及调度中心)主管人员;工务机械车运用、检修车间设备管理干部。

②培训内容包括管理规章制度、专业技术知识、管理经验等。规章制度包括《铁路技术管理规程》《国铁集团铁路营业线施工管理办法》《普速铁路工务安全规则》《高速铁路工务安全规则(试行)》《大型养路机械使用管理规则》《轨道车管理规则》《工务机械车应急处置预案》《大型养路机械检查保养标准》及大型养路机械各车型检修规则等。专业技术知识包括工务机械车液压、电气、制动、传动及柴油机等相关专业技术知识。管理经验包括工务机械车新技术、新工艺和先进管理经验的交流。

③培训方式分为局级培训、段级培训和委外培训三种。要求相关管理人员每年集中脱产培训不少于30学时,培训结束后进行闭卷考试,并对结果进行考核。

(2)运行司机教育培训制度

为加强工务机械车(大型养路机械、轨道车,下同)的运用和行车安全管理,提高工务机械车驾驶员整体业务素质,调动工务机械车驾驶员学习、钻研业务的积极性,每年对大型养路机械驾驶员、轨道车驾驶员进行培训。

①培训内容包括《铁路技术管理规程》《行车组织规则》《高速铁路行车组织细则》《国铁集团铁路营业线施工管理办法》《普速铁路工务安全规则》《高速铁路工务安全规则(试行)》《大型养路机械使用管理规则》《轨道车管理规则》《轨道车年修规则》《工务机械车运行控制设备和列车无线调度通信设备运用管理办法》《工务机械车应急处置预案》《大型养路机械检查保养标准》《工务机械车一次出乘作业标准和确认呼唤作业标准》《工务机械车运行揭示调度命令传递管理措施》及大型养路机械各车型检修规则等规章制度,工务机械车液压、电气、制动、传动及柴油机等相关专业技术知识。

②培训方式分为理论培训和实作培训。理论培训分为日常学习和脱产培训,日常学习由班组进行。班组每月组织职工进行4次业务学习,每次不少于2 h;坚持每日一题制度,由班组兼职教员每日为职工布置一道业务题。脱产培训由工务机械段组织。在岗的工务机械车驾驶人员每年必须进行不少于30个学时的脱产培训,经考试合格后方准上岗工作;每年选送一定数量的工务机械车驾驶人员参加铁路局集团公司级培训。实作培训是根据铁路局集团公司安排,各段选拔驾驶员进行集中脱产培训,参加铁路局集团公司职业技能竞赛及工务机械车应急起复演练等。

③考试及考核。工务机械段教育科对工务机械车驾驶人员日常学习情况进行抽考,每次

抽考应试人数不少于总人数的三分之一;参加脱岗培训的工务机械车驾驶员培训结束后,由培训部门对所有培训人员采取一次闭卷考试。参加脱产培训人员,考试不合格者,对所在车间通报批评并考核。

(3)作业司机教育培训制度

为保障大型养路机械运用安全,提高大型养路机械整体运用和操作水平,从而进一步强化大型养路机械设备技术状态、提高大型养路机械作业质量。按照铁路局集团公司教育培训相关规定,对大型养路机械作业司机实行定期教育培训制度。

培训内容包括《铁路技术管理规程》(简称《技规》)《行车组织规则》《高速铁路行车组织细则》《国铁集团铁路营业线施工管理办法》《普速铁路工务安全规则》(简称《安规》)《高速铁路工务安全规则(试行)》《大型养路机械使用管理规则》《大型养路机械使用管理细则》《工务机械车应急处置预案》《大型养路机械检查保养标准》及大型养路机械各车型检修规则等管理规章制度;大型养路机械液压、电气、制动、传动及柴油机等相关专业理论基础知识。

培训方式及考核方式与运行司机相同。

知识拓展

中长期铁路网规划(2016—2025)
(高速铁路网规划)

高速铁路网规划目标为满足快速增长的客运需求,优化拓展区域发展空间,建成现代化的高速铁路网;连接主要城市群,基本连接省会城市和其他50万人口以上大中城市,形成以特大城市为中心覆盖全国、以省会城市为支点覆盖周边的高速铁路网;实现相邻大中城市间1～4 h交通圈,城市群内0.5～2 h交通圈;提供安全可靠、优质高效、舒适便捷的旅客运输服务。

在“四纵四横”高速铁路的基础上,增加客流支撑、标准适宜、发展需要的高速铁路,部分利用时速200 km铁路,形成以“八纵八横”主通道为骨架、区域连接线衔接、城际铁路补充的高速铁路网,实现省会城市高速铁路通达、区际之间高效便捷相连。因地制宜、科学确定高速铁路建设标准。高速铁路主通道规划新增项目原则采用时速250 km及以上标准(地形地质及气候条件复杂困难地区可以适当降低),其中沿线人口城镇稠密、经济比较发达、贯通特大城市的铁路可采用时速350 km标准。区域铁路连接线原则采用时速250 km及以下标准。城际铁路原则采用时速200 km及以下标准。

1.构筑“八纵八横”高速铁路主通道

(1)“八纵”通道

沿海通道、京沪通道、京港(台)通道、京哈—京港澳通道、呼南通道、京昆通道、包(银)海通道、兰(西)广通道。

(2)“八横”通道

绥满通道、京兰通道、青银通道、陆桥通道、沿江通道、沪昆通道、厦渝通道、广昆通道。

2.拓展区域铁路连接线

在“八纵八横”主通道的基础上,规划建设高速铁路区域连接线,进一步完善路网、扩大覆盖。

东部地区:北京—唐山、天津—承德、日照—临沂—菏泽—兰考、上海—湖州、南通—苏州—嘉兴、杭州—温州、合肥—新沂、龙岩—梅州—龙川、梅州—汕头、广州—汕尾等铁路。东北地区:齐齐哈尔—乌兰浩特—白城—通辽、佳木斯—牡丹江—敦化—通化—沈阳、赤峰和通辽至京沈高铁连接线、朝阳—盘锦等铁路。中部地区：郑州—阜阳、郑州—濮阳—聊城—济南、黄冈—安庆—黄山、巴东—宜昌、宣城—绩溪、南昌—景德镇—黄山、石门—张家界—吉首—怀化等铁路。西部地区：玉屏—铜仁—吉首、绵阳—遂宁—内江—自贡、昭通—六盘水、兰州—张掖、贵港—玉林等铁路。

3. 发展城际客运铁路

在优先利用高速铁路、普速铁路开行城际列车服务城际功能的同时，规划建设支撑和引领新型城镇化发展、有效连接大中城市与中心城镇、服务通勤功能的城市群城际客运铁路。

京津冀、长三角、珠三角、长江中游、成渝、中原、山东半岛等城市群，建成城际铁路网；海峡西岸、哈长、辽中南、关中、北部湾等城市群，建成城际铁路骨架网；滇中、黔中、天山北坡、宁夏沿黄、呼包鄂榆等城市群，建成城际铁路骨干通道。

复习思考题

1. 浅析大型养路机械诞生与发展的必然性。
2. 大型养路机械在我国有哪些类型？
3. 轨道养护的三大难点是什么？为什么？
4. 试述我国大型养路机械运营模式。
5. 大型养路机械从业人员分为哪几类？分别包括哪些岗位？
6. 大型养路机械各类从业人员分别从事哪些工作？
7. 大型养路机械运行司机教育培训哪些内容？有哪些要求？

项目 2　铁路轨道认识

项目描述

轨道是铁路线路的三大组成部分之一，也是铁路大型养路机械的作业对象。本项目主要介绍有砟轨道和无砟轨道的基本构造，包括轨道的组成及其几何形位，其中重点内容是曲线及道岔的几何形位、无缝线路的稳定性及温度应力等内容。

通过本项目的学习，学生应基本了解铁路大型养路机械的作业对象——轨道的基本构造，为学习铁路轨道的机械化修理内容打下基础。

学习目标

1. 能力目标

(1)具有正确识别各类轨道结构的能力；

(2)具有正确识读线路轨道结构图的能力；

(3)具备铁路轨道基本计算能力。

2. 知识目标

(1)掌握轨道的基本组成及几何形位；

(2)掌握曲线轨道的外轨超高、轨距加宽等；

(3)掌握无缝线路稳定性条件及温度应力；

(4)掌握道岔的基本构造及几何形位。

任务 2.1　轨道组成认识

2.1.1　任务目标

通过学习轨道组成知识，能够完成以下任务：

1. 能够正确识别各类轨道组成部分的名称、型号(类型)及特点；
2. 掌握有砟轨道和无砟轨道的结构形式；
3. 掌握有砟轨道和无砟轨道的特点及应用。

有砟轨道的组成

2.1.2　相关配套知识

轨道结构分有砟轨道结构和无砟轨道结构。有砟轨道结构由钢轨、轨枕、联结零件、轨道加强设备、道床和道岔组成。轨道结构直接承受巨大的轮载、列车的制动力和牵引力、列车摇摆的横向力等，同时要满足客车快速平稳和货车重载的要求，轨道的各个组成部分必须具有足够的强度和稳定性，才能保证列车按照规定的最高速度，安全、平稳的运行。

1. 钢轨

(1)钢轨的作用及要求

钢轨的作用是支持并引导车轮的运行方向，直接承受来自车轮的巨大压力和运行冲击力并传递于轨枕，并为车轮提供连续、平顺和阻力最小的滚动平面。在电气化铁道系统，钢轨作为牵引供电回路的部分线路使用；在信号联锁区域，钢轨还兼做轨道电路之用。为实现上述功能，钢轨需满足以下要求：

①钢轨必须保证在轮载和轨温变化作用下，应力和变形均不超过规定的限值，这就要求钢轨具有足够的强度、韧性和耐磨性能。

②为防止轨头疲劳导致内侧剥离及由此可能引起的钢轨横向折断，钢轨应具有较高的抗疲劳强度和较好的冲击韧性。

③为了减轻车轮对钢轨的动力冲击作用，要求钢轨具有必要的弹性。

④由于区间无缝线路和跨区间无缝线路的大范围应用，要求钢轨应具有良好的可焊性。

⑤高速铁路钢轨的高平直度。

⑥钢轨还应做到断面设计合理、价格低廉、轻重齐备、自成系列。

(2)钢轨的断面与类型

①钢轨断面。为了使钢轨具有最佳的抗弯性能和稳定性，钢轨的断面采用宽底式“工”字形断面，由轨头、轨腰、轨底组成，如图 2-1 所示。钢轨头部是直接与车轮接触的部分，其几何形状应适合轮轨的接触，同时具备抵抗压陷的能力和耐磨性。钢轨底部直接支承在轨枕顶面上。为保持钢轨稳定，轨底应有足够的宽度和厚度，并具有必要的刚度和抗锈蚀能力。

钢轨的头部宽度 b、轨腰厚度 c、轨身高 H 及轨底宽度 B 是钢轨断面的四个主要参数，为使钢轨的稳定性与刚度匹配性最佳，轨身高 H 与轨底宽 B 之比控制在 1.14～1.20(UIC60 为 1.14，日本 JIS60 为 1.2，中国 CHN60 为 1.17)。

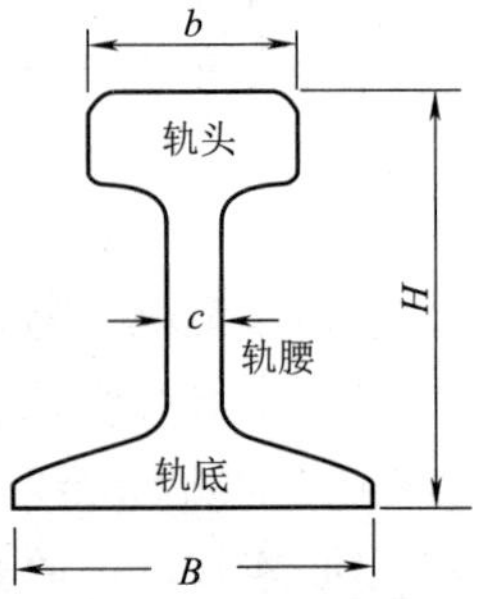

图 2-1　钢轨断面形状

目前国外高速铁路使用的钢轨除日本采用 JIS60 kg/m 钢轨断面外，法国、德国、西班牙、意大利以及韩国等都采用 UIC60 kg/m 钢轨断面。UIC(国际铁路联盟)研究认为，欧洲高速铁路采用的 UIC60E1 和 UIC60E2 断面钢轨适用于时速大于 200 km 的线路。中国 60 kg/m 钢轨断面(CHN60)尺寸如图 2-2 所示，与 UIC60E1 没有实质性差异，在不同运行速度下的安全性、舒适性就磨耗方面的影响基本接近，考虑到与既有线的兼容以及钢轨生产、管理、维修使用方面的便利，我国高速铁路采用 CHN60 断面。

②钢轨类型。钢轨的类型以每米钢轨的质量(kg/m)表示。目前我国现行的钢轨类型主要有 75 kg/m、60 kg/m、50 kg/m、43 kg/m 等。我国钢轨的标准长度有 12.5 m、25 m 和 100 m 三种，其中 100 m 定尺钢轨主要用于无缝线路长钢轨焊接，此外还有专供曲线地段铺设内轨用的标准缩短轨若干种。《铁路技术管理规程》(以下简称《技规》)规定，新建、改建铁路正线采用 60 kg/m 钢轨的跨区间无缝线路，重载铁路正线宜采用 60 kg/m 及以上类型钢轨的无缝线路。钢轨优先采用 100 m(60 kg/m)、75 m(75 kg/m)长定尺轨。

钢轨的化学成分是影响其力学性能、焊接性能和其他使用性能的基本因素，也是钢轨材质纯净度的指标。钢轨钢的化学成分主要是铁(Fe)，其他还含有碳(C)、锰(Mn)、硅(Si)、磷

(P)、硫(S)等元素。根据钢轨钢的化学成分及其强度级别可分为碳素钢轨(780 MPa、880 MPa)、微合金钢轨(980 MPa)和低合金钢轨(1 080 MPa),热处理钢轨强度可达到1 180～1 280 MPa,一般强度为 1 080 MPa 及以上的钢轨,被称为耐磨轨或高强度钢轨。

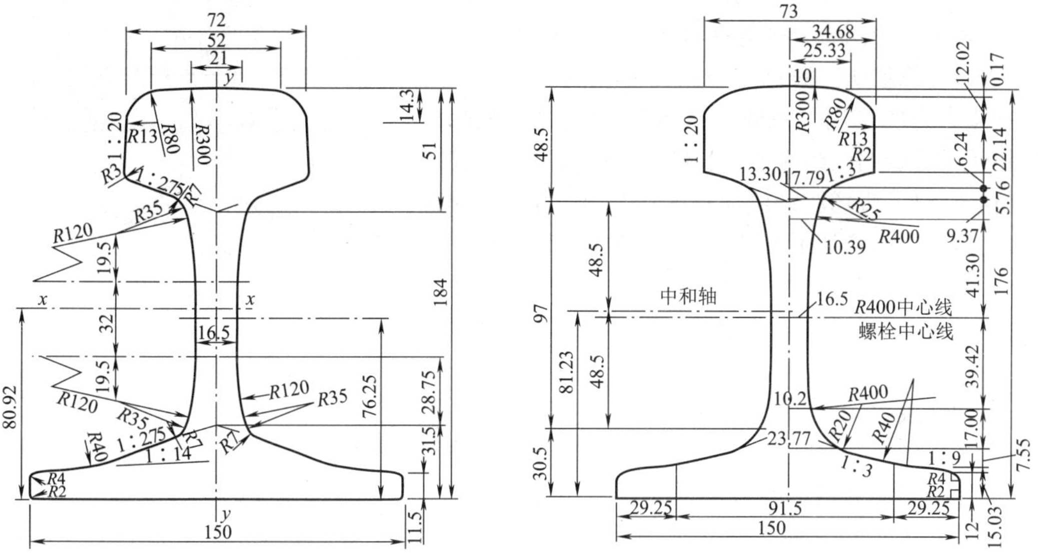

(a) UIC60钢轨　　　　(b) 右侧为CHN60钢轨

图 2-2　钢轨断面尺寸(单位:mm)

钢轨的硬度是一项重要指标,高硬度的钢轨一般较耐磨(要与车轮的硬度相匹配),其使用寿命也相应提高。对钢轨进行淬火处理可以提高钢材的硬度。对于普通的高碳钢钢轨,一般布氏硬度为 280～300 HB,最低为 260 HB。对于有些特殊要求的钢轨,如曲线钢轨,当钢轨在 800 ℃以上时,采用水雾冷却,可使钢轨的硬度达 355～390 HB。

(3)钢轨接头及轨缝

①钢轨接头。钢轨与钢轨之间用夹板联结,其联结处称为钢轨接头,图 2-3 所示为普通接头。我国铁路钢轨接头采用悬空式,即接头悬于两根轨枕之间,两股接头位置相对,钢轨接头联结零件包括夹板、螺栓、螺母、垫圈等组成部分,其作用是联结钢轨,保持轨线的连续性,并传递和承受弯矩和纵、横向作用力。部分接头具有特殊功能,如绝缘功能、导电功能、伸缩功能等。

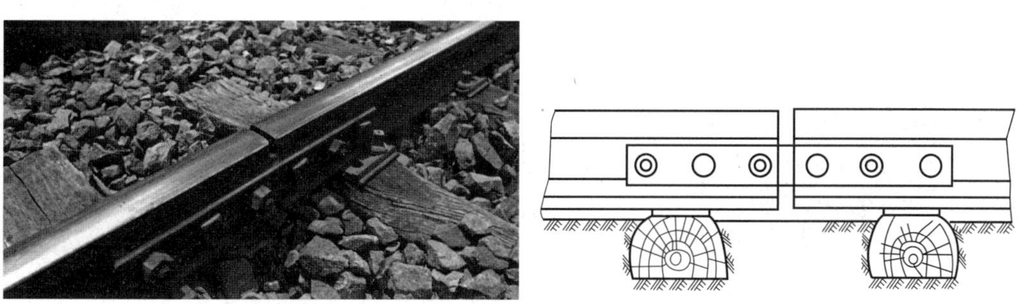

图 2-3　普通接头

由于目前无缝线路的广泛应用,钢轨接头已经逐步被长钢轨焊接替代,故本书仅介绍几种在无缝线路上应用的特殊接头。

a. 绝缘接头：在钢轨、夹板与螺栓之间，螺栓孔四周及轨端之间用尼龙绝缘套管和尼龙绝缘垫片讲电流阻断，用于自动闭塞分区两端使信号电流不能从一个闭塞分区传到另一个闭塞分区的钢轨接头，分为普通绝缘接头和胶结绝缘接头。胶结绝缘接头有较高的强度和韧性，在强大力的作用下钢轨和夹板也不会发生相对移动，用于无缝线路的绝缘连接。图 2-4 所示为厂制胶结绝缘接头结构，现场胶结绝缘接头结构与之相比，仅在夹板与钢轨之间增加了胶粘剂与槽形钢板(或无)。

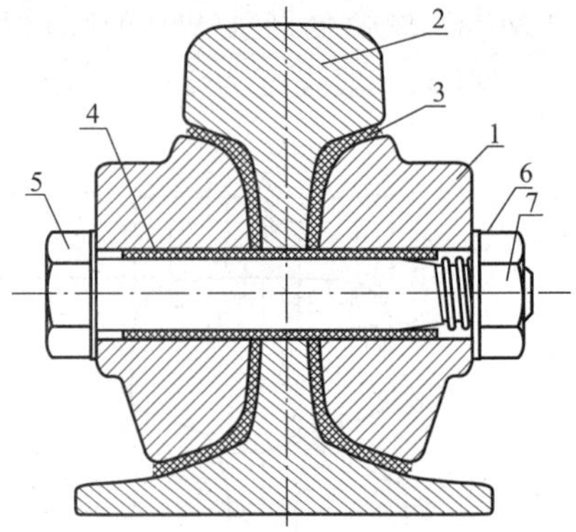

图 2-4　胶结绝缘接头

1—夹板；2—钢轨；3—绝缘槽板；4—绝缘套管；5—高强度螺栓；6—垫圈；7—高强度螺母

b. 导电接头：用于自动闭塞及电力牵引区段，供传导轨道电流或作为牵引电流回路之用。轨间传导连接装置采用两根 5 mm 左右镀锌铁丝组成，如图 2-5 所示。

c. 伸缩接头：也称尖轨接头或温度调节器，它是将接头以尖轨的形式联结，用于联结轨端伸缩量较大的轨道，如无缝线路及温度跨度大于 100 m 的两跨钢梁活动端的钢轨接头，如图 2-6 所示。我国目前在一些线路的大跨度桥上和城市轻轨的高架桥上使用这种接头形式，比如 2012 年通车的京广高铁黄河大桥上就设置了伸缩接头，用以解决钢梁桥热胀冷缩问题。

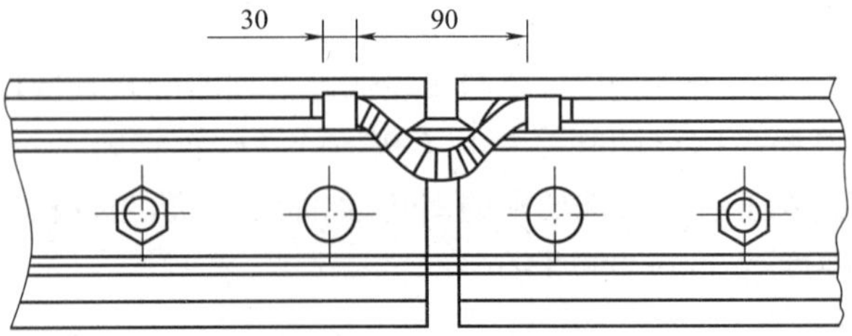

图 2-5　导电接头(单位：mm)

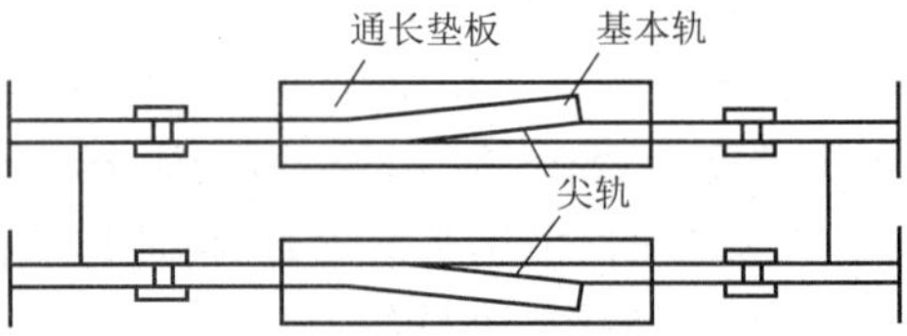

图 2-6　温度调节器

d. 焊接接头(图 2-7)：是指用焊接方法把钢轨联成整体，用于无缝线路中。常见的现场焊接方式有闪光焊、气压焊和铝热焊。

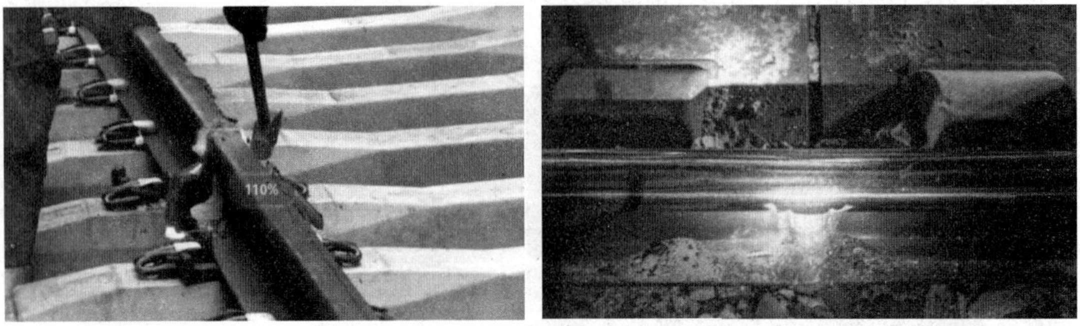

图 2-7　焊接接头

②预留轨缝。钢轨接头的预留轨缝应根据钢轨长度、当地历史最高及最低轨温、更换钢轨或调整轨缝时的轨温经计算确定。

预留轨缝的条件是：当轨温达到当地最高轨温时，轨缝应大于或等于零，使轨端不受挤压力，以防温度压力太大而胀轨跑道；当轨温达到当地最低轨温时，轨缝应小于或等于构造轨缝，使接头螺栓不受剪力，以防止接头螺栓拉弯或拉断。《普速铁路线路修理规则》(以下简称《修规》)中规定普通线路预留轨缝计算公式为

$$a_0 = \alpha L(t_z - t_0) + \frac{1}{2}a_g \tag{2-1}$$

式中　a_0——换轨或调整轨缝时的预留轨缝(mm)；

α——钢轨线膨胀系数，0.011 8 mm/(m·℃)；

L——钢轨长度(m)；

t_0——换轨或调整轨缝时的轨温(℃)；

a_g——构造轨缝，均采用 18 mm；

t_z——当地中间轨温(℃)，其值为当地历史最高和最低轨温的平均数。

绝缘接头的最小轨缝为 6 mm，最大轨缝为构造轨缝。长度大于或等于 25 m 钢轨铺设在历史最高与最低轨温差大于 100 ℃的地区时，预留轨缝应进行个别设计。

(4)钢轨的发展趋势

随着铁路向高速、重载方向发展，钢轨也正向重型化、强韧化及纯净化发展，以满足铁路发展的需要。

采用重型钢轨可以提高轨道结构的承载能力，延长钢轨疲劳寿命和线路大修周期，具有明显的技术经济效益，但由于重型钢轨的刚度大，相应弯曲变形较小，列车车轮对钢轨的动力作用大部分作用在轮轨接触区，同时由于重型钢轨扭转中心接近轨底，轨头产生的纵向正应力远远大于轨底的纵向正应力，从而加速了重型钢轨轨头病害的发展。为了增加重型钢轨的抗磨及抗接触疲劳能力，必须对其材质、尤其是钢轨头部进行强化。

重型钢轨的强化有两种技术路线：一是钢轨合金化，它生产工艺简单、投资少、能源消耗少、钢轨整体被强化、表层硬度均匀、可焊性好；二是碳素钢热处理(淬火)，这种方法也可获得同样的高强度和表面硬度，同时韧性好、节省合金、适于大批量生产。根据冶金学原理及我国冶金工业生产实践，如不改变钢种，单凭碳素钢热处理，很难再大幅度地提高强度，唯有微合金与热处理相结合，两者相辅相成，才可得到既有更高强度，也有相应韧性、硬度和可焊性的优质钢轨。

钢轨热处理对材质纯净度的要求比普通钢轨更高，如果不提高钢轨的纯净度，钢轨重型化及强韧化的优势也不能更好地发挥。因此，材质纯净化是重型化和强韧化的基础；例如，钢轨中非金属夹杂、钢轨金属薄弱区的存在等，都是钢轨产生疲劳伤损的根源，以这些疲劳源为中心形成核伤，便会对行车安全构成威胁。

钢轨重型化、强韧化和纯净化应当有机地统一。只有统筹协调三者的关系，才能获得最佳综合技术经济效益。

2. 轨枕

轨枕的作用是支承、固定钢轨，并将钢轨传来的各向压力弹性地传布于道床，同时还可有效地保持轨道的轨距、方向和位置。

轨枕依其构造及铺设方法可分为横向轨枕、纵向轨枕及短枕等。横向轨枕与钢轨垂直间隔铺设，是一种最常用的轨枕。纵向轨枕一般仅用于特殊需要的地段，短枕是在左右两股钢轨下分开铺设的轨枕，常用于混凝土整体道床。

轨枕按其使用目的分为用于一般区间的普通轨枕，用于道岔上的岔枕，用于无砟桥梁上的桥枕。

轨枕按照其制作材料分，主要有混凝土枕和木枕两种。木枕具有弹性良好、加工容易、重量轻、铺设和更换方便等优点，主要缺点是木材消耗量大、使用寿命较短。经过防腐处理的木枕，一般可用 15 年左右，最多不会超过 30 年，因此木枕的使用越来越受到限制，为混凝土枕所取代。

(1)混凝土枕的特点。混凝土枕的主要优点是重量大、稳定性好、有利于无缝线路的稳定；不受气候影响、使用寿命长；材源较多，能保证均匀的几何尺寸，铺设高弹性垫层可以保证轨道弹性均匀；扣件易于更换；设计、铺设的空间大，制造相对简单，可以满足铁路高速、大运量的要求。缺点是弹性差、绝缘性差、更换较困难。目前我国主要干线及新建线路上，均采用混凝土枕，仅在部分站线或专用线等低等级线路还存在木枕。

(2)混凝土枕的类型。我国目前线路上使用的混凝土枕主要有Ⅰ型混凝土枕、Ⅱ型混凝土枕、新Ⅱ型混凝土枕、Ⅲ型混凝土枕和特种混凝土枕。其中普速铁路正线上以新Ⅱ型混凝土枕、Ⅲ型混凝土枕为主型轨枕，设计速度 120 km/h 以上铁路正线有砟轨道应采用Ⅲ型轨枕。高速铁路有砟轨道采用Ⅲ型混凝土枕。表 2-1 为我国混凝土枕主要类型参数。

表 2-1　我国混凝土枕主要类型参数

轨枕类型	底面积(cm^2)	质量(kg)	长度(mm)	承载能力	
				轴重(t)	最高时速(km)
Ⅰ型枕	6 588	251	2 500	21	85
Ⅱ型枕	6 588	251	2 500	23	120
Ⅲ型枕	7 720	320	2 600	23	160

随着铁路运输的发展，轴重的不断提高，年通过总重不断增长，Ⅰ型混凝土枕的承载能力已经不能适应这些外部条件的变化，破损加剧、寿命缩短，在我国铁路正线上Ⅰ型混凝土枕正逐步淘汰下道。Ⅱ型混凝土轨枕的安全储备也不够大，对提高轨道的整体稳定性能力不足，在重型轨道上使用的轨枕，年失效率平均约为 1.2%，难以适应重型和特重型轨道的承载条件。Ⅲ型轨枕从 1988 年开始研制，分为有挡肩和无挡肩两种形式，长度分为 2 500 mm 和 2 600 mm两种，有挡肩混凝土枕的外形及尺寸如图 2-8 所示。

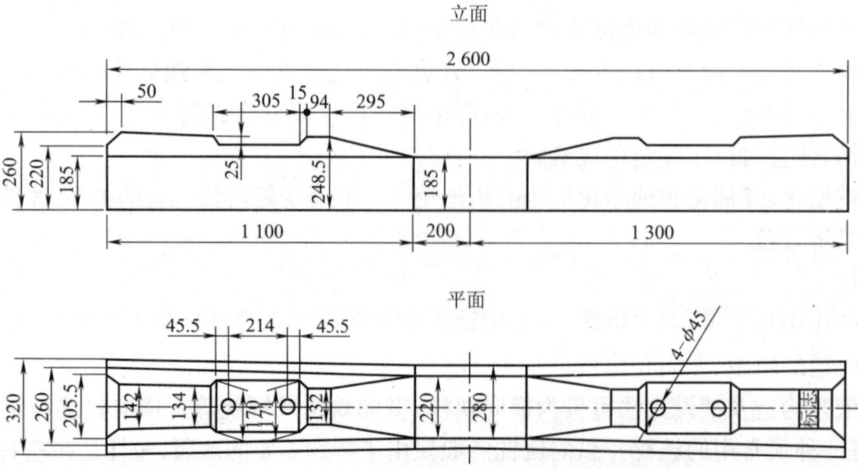

图 2-8　有挡肩Ⅲ型混凝土枕(单位:mm)

预应力混凝土宽枕长度与普通混凝土枕长度相同，宽度约为混凝土枕的 2 倍，其制造工艺基本上与混凝土枕相同。由于混凝土宽枕宽度较大，直接铺设在预先压实的道床面上，在制造中对其厚度的控制比较严格。由于支撑面积大，道床应力及振动加速度较小，在道床压实稳定的前提下，线路变形小，轨道结构得到加强。枕间的缝隙经封闭后，可以防止雨水、脏物侵入道床，从而有效地保持道床的整洁，延长道床清筛周期；外观整洁，便于清扫，适合在长大隧道、大型客货站场内铺设使用，如图 2-9 所示。

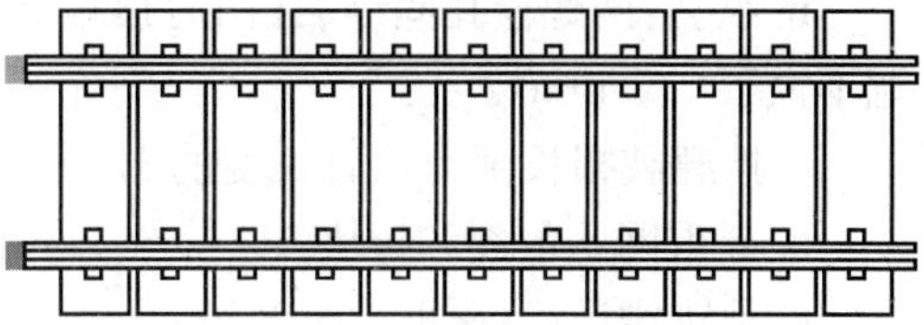

图 2-9 混凝土宽枕

特种混凝土枕还包括混凝土岔枕、钢纤混凝土枕和混凝土桥枕、道岔用的岔枕和明桥面桥枕等，其长度有 2.6～4.85 m 多种。

(3)混凝土枕使用

①轨枕的类型及配置根数。轨枕的类型和配置根数应根据运量、线路允许速度及线路的设备条件等决定，并结合钢轨及道床等综合考虑。允许速度大于 120 km/h 的正线应铺设Ⅲ型混凝土枕，允许速度不大于 120 km/h 的正线宜铺设Ⅲ型混凝土枕。大修时除应将失效的轨枕和严重伤损的混凝土枕更换外，还应根据运输发展的需要，按表 2-2、表 2-3 所列标准，更换为与运营条件相适应的轨枕并补足配置根数。

表 2-2 正线轨枕类型和配置根数标准

项 目		单位	Ⅰ级铁路				Ⅱ级铁路	
运营条件	旅客列车设计行车速度	km/h	200	160	120		≤120	
	货物列车设计行车速度	km/h	≤120	≤120	≤80		≤80	
混凝土枕	型号	—	Ⅲ	Ⅲ	Ⅲ	新Ⅱ	Ⅲ	新Ⅱ
	铺设根数	根/km	1 667	1 667	1 667	1 760	1 667	1 760

表 2-3 站线轨枕类型和配置根数标准

项 目		单位	到发线				其他站线
			无缝线路		普通线路		
混凝土枕	型号	—	Ⅲ	新Ⅱ	Ⅲ	新Ⅱ	新Ⅱ
	铺设根数	根/km	1 667	1 760	1 600	1 600～1 760	1 600

半径为 800 m 及以下的曲线地段(含两端缓和曲线)、坡度大于 12‰的地段，如使用新Ⅱ型混凝土枕，每千米线路需加强配置 80 根，但最多不得超过 1 840 根，条件重叠时只加强一次；任何型号轨枕最少铺设根数为 1 440 根。我国高速铁路采用Ⅲ型预应力混凝土、无挡肩轨枕，长度 2 600 mm，每公里铺设 1 680 根(按轨枕中心间距 600 mm，实际每公里为 1 667 根)。

每千米铺设的轨枕根数确定后，除了无缝线路轨枕间距为均匀分布，普通线路轨枕间距并不是平均分布，因为在普通线路上为了加强接头，悬空式接头处轨枕的间距 c 要比钢轨中部轨枕间距 a 小，在 a 和 c 之间还有一个过渡的轨枕间距 b，一般 $a>b>c$。轨枕间距尺寸需按《修规》中有关规定设置。为了适应大型养路机械捣固，轨枕间距可适当调整。

②混凝土枕使用应遵守规定

a. 正线上的轨枕应使用混凝土枕。

b. 在不同类型轨枕的分界处，如遇普通钢轨接头，应保持同类型轨枕延伸至钢轨接头外 5 m以上。

c. 铺设混凝土枕时，要成段铺设同类型轨枕，严禁插花铺换，个别抽换失效轨枕应更换为与两端同类型轨枕。

d. 装、卸混凝土枕要使用机具，严禁摔、撞。

③混凝土枕严重伤损标准

a. 横裂裂缝长度为枕高的 1/2～2/3。

b. 纵裂：两螺栓孔间纵裂（挡肩顶角处缝宽不大于 1.5 mm）；纵向水平裂缝基本贯通（缝宽不大于 0.5 mm）。

c. 挡肩破损长度为挡肩长度的 1/3～1/2。

d. 严重网状龟裂和掉块。

e. 承轨槽压溃，深度超过 2 mm。

f. 钢筋（或钢丝）外露（钢筋为锈蚀，长度超过 100 mm）。

g. 斜裂长度为枕高的 1/2～2/3。

④混凝土枕（含混凝土宽枕、混凝土岔枕及短轨枕）失效标准

a. 明显折断。

b. 纵向通裂：挡肩顶角处缝宽大于 1.5 mm；纵向水平裂缝基本贯通（缝宽大于 0.5 mm）。

c. 横裂（或斜裂）接近环状裂纹（残余裂缝宽度超过 0.5 mm 或长度超过 2/3 枕高）。

d. 挡肩破损，接近失去支撑能力（破损长度超过挡肩长度的 1/2）。

e. 严重掉块。

3. 中间联结零件

中间联结零件是钢轨与轨枕之间的联结零件，又称为扣件，它应具有足够的强度、耐久性及适当的弹性，在自动闭塞区段还应具有良好的绝缘性，其主要功用是长期保证钢轨和轨枕的可靠联结，阻止钢轨相对于轨枕纵、横向移动。我国的混凝土扣件主要有扣板式扣件和弹条扣件，弹条扣件又分为弹条Ⅰ型、Ⅱ型、Ⅲ型、Ⅳ型、Ⅴ型扣件。

(1)扣板式扣件。扣板式扣件主要由扣板、螺纹道钉、弹簧垫圈、铁座及绝缘缓冲垫板组成，如图 2-10 所示。扣板式扣件零件简单，调整轨距比较方便，但弹性扣压力较低，在使用过程中容易松动，适用于 50 kg/m 及以下的线路。

(2)弹条Ⅰ型、Ⅱ型扣件。弹条Ⅰ型扣件主要由 ω 形弹条、螺纹道钉、轨距挡板、挡板座及弹性橡胶垫板等组成。图 2-11 所示为 60 kg/m 钢轨弹条Ⅰ型扣件。

图中弹条用于弹性扣压钢轨，要求保持一定的扣压力及足够的强度。弹条由直径为 13 mm的 $60Si_2Mn$ 或 $55Si_2Mn$ 热轧弹簧圆钢制成。轨距挡板的作用是调整轨距，传递钢轨的横向水平推力。挡板座用于支撑挡板，后背斜面支撑在轨枕挡肩上，要求挡板座有一定强度来承受和传递横向水平力，有足够的绝缘性能以防止漏电。弹条Ⅰ型扣件弹性好、扣压力损失较小，能较好地保持轨道几何形位，使用效果好，主要技术性能均优于扣板式扣件。

随着高速、重载铁路运输的发展，对于重型和特重型轨道，弹条Ⅰ型扣件已显能力不足，主要表现在以下方面：

①弹条的扣压力不足和弹程偏小。弹条的扣压力和弹程的乘积，是衡量弹条性能优劣的重要指标，直接影响弹条扣压力的稳定性和防松能力。弹条有效扣压力的减小，致使防爬能力降低。

②弹条设计安全强度储备不足，不能适应重载需要，弹条损坏较多。

③在曲线地段，当弹条松动时扣件沿混凝土枕挡肩上滑，引起挡肩破损和轨距扩大。

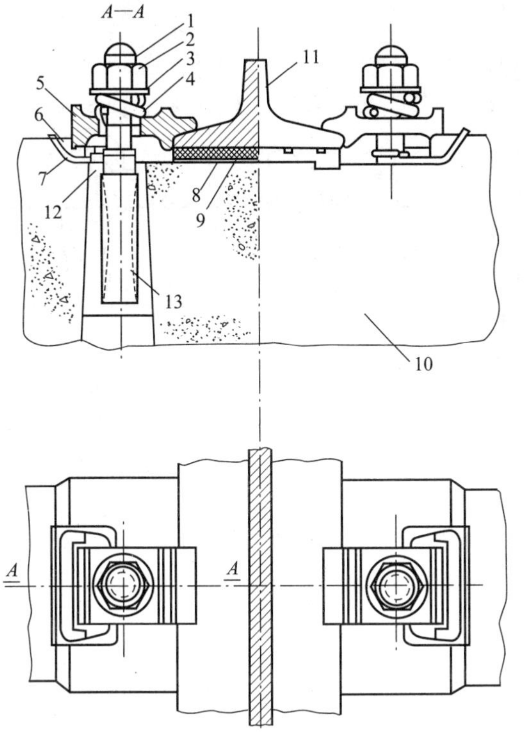

图 2-10　扣板式扣件

1—螺纹道钉；2—螺母；3—平垫圈；4—弹簧垫圈；
5—扣板；6—铁座；7—绝缘缓冲垫片；
8—绝缘缓冲垫板；9—衬垫；10—轨枕；
11—钢轨；12—绝缘防锈涂料；13—硫黄锚固剂

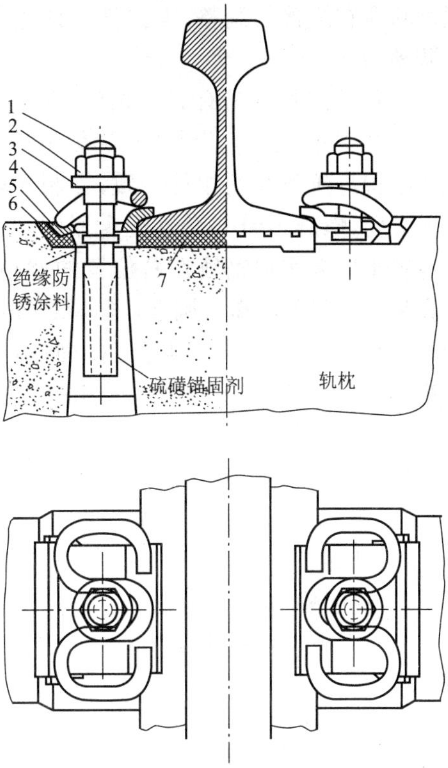

图 2-11　弹条Ⅰ型扣件

1—螺纹道钉；2—螺母；3—平垫圈；4—弹条；
5—轨距挡板；6—挡板座；7—橡胶垫板

为了提高弹条的强度和扣压力，解决上述问题，选用优质弹簧钢 60 Si_2CrVA 作为弹条的材料，重新设计了弹条Ⅱ型扣件。弹条Ⅱ型扣件具有扣压力大、强度安全储备大、残余变形小等优点，适用于Ⅱ型或Ⅲ型混凝土枕的 60 kg/m 钢轨线路。弹条Ⅱ型扣件和弹条Ⅰ型扣件在结构上完全一致，仅弹条强度有所提高。《修规》要求在原使用Ⅰ型弹条区段应替换为Ⅱ型弹条。弹条Ⅱ型扣件轨距的调整仍用轨距挡板和挡板座的不同号码相互调配。

(3)弹条Ⅲ型扣件。弹条Ⅲ型扣件是无螺栓无挡肩扣件。无螺栓无挡肩扣件是世界各国轨枕扣件发展的趋势，特别适用于重载大运量、高密度的运输条件。

图 2-12 为弹条Ⅲ型扣件，它是由弹条、预埋铁座、绝缘轨距块和橡胶垫板组成。弹条Ⅲ型扣件适用于标准轨距铁路直线或半径大于 350 m 的曲线上，铺设 60 kg/m 钢轨和Ⅲ型无挡肩混凝土枕的无缝线路轨道。

弹条Ⅲ型扣件具有扣压力大、弹性好等优点，特别是取消了混凝土枕挡肩，从而消除了轨底在横向力作用下发生横移导致轨距扩大的可能性，因此保持轨距的能力很强，又由于取消了螺栓连接的方式，大大减小了扣件养护工作量。

(4)弹条Ⅳ型、Ⅴ型扣件。弹条Ⅳ型扣件为无螺栓扣件，属轨枕不带混凝土挡肩的不分开式高速铁路有砟轨道用扣件。其主要结构与弹条Ⅲ型扣件一致，在制作轨枕时设预埋铁座，弹条通过插入预埋铁座扣压钢轨。预埋铁座与钢轨间设有绝缘轨距块，通过更换绝缘轨距块实现钢轨左右位置的调整，本扣件不能进行钢轨高低调整。

弹条Ⅴ型扣件为有螺栓扣件，属轨枕带混凝土挡肩的不分开式高速铁路有砟轨道用扣件。其主要结构与弹条Ⅱ型扣件一致，在制作轨枕时设预埋套管，螺旋道钉与套管配合紧固弹条。通过更换轨距挡板实现钢轨左右位置的调整；可垫入调高垫板实现钢轨高低调整。运营初期如遇有少量高低和水平不平顺难用起道捣固作业消除时，可垫入调高垫板。在进行大型养路机械起道捣固作业前，应将调高垫板全部取下。起道捣固作业完成后，如个别地段钢轨高低和水平有少量不平顺时，可放入调高垫板。

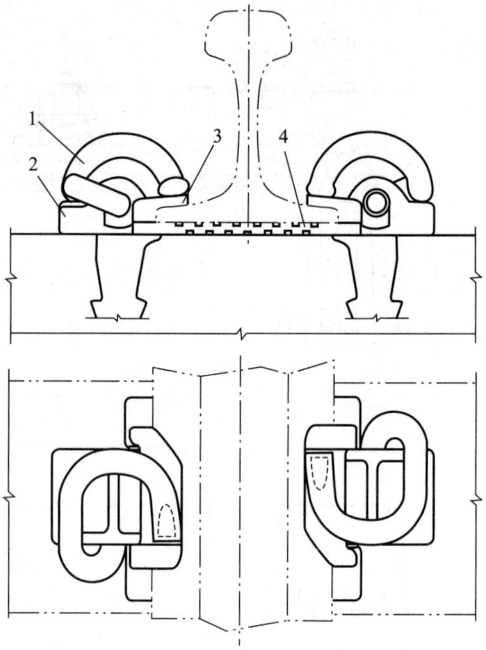

图 2-12　弹条Ⅲ型扣件

1—弹条；2—预埋铁座；3—绝缘轨距块；4—橡胶垫

4. 道床

(1)道床的功能

①承受来自轨枕的压力并均匀地传递到路基面上；

②提供轨道的纵、横向阻力，保持轨道的稳定；

③提供轨道弹性，减缓和吸收轮轨的冲击和振动；

④提供良好的排水性能，以提高路基的承载能力及减少基床病害；

⑤便于轨道养护维修作业，校正线路的平纵断面。

(2)道床材料

我国铁路干线使用碎石道砟。TB/T 2140—2008 中将碎石道砟根据材料性能和参数指标分为特级道砟和一级道砟，又将一级道砟根据用途分为既有线维修一级道砟和新建线路一级道砟。对于高速铁路有砟轨道，须使用特级道砟，新建普速铁路使用新建线路一级道砟，既有线路大修、维修使用维修用一级道砟。特级道砟级配标准见表 2-4。一级道砟级配标准见表 2-5。

表 2-4　特级碎石道砟粒径级配

方孔筛孔边长(mm)		22.4	31.5	40	50	63
过筛质量百分率(%)		0～3	1～25	30～65	70～99	100
颗粒分布	方孔筛孔边长(mm)	31.5～50				
	颗粒质量百分率(%)	≥50				

注：检验方法用方孔筛系指金属丝编织的标准方孔筛。

表 2-5　一级碎石道砟粒径级配

	方孔筛孔边长(mm)	16	25	35.5	45	56	63
新建铁路用	过筛质量百分率(%)	0～5	5～15	25～40	55～75	92～97	97～100
线路大修维修用			0～5	25～40	55～75	92～97	97～100

注：检验方法用方孔筛系指金属丝编织的标准方孔筛。

道砟的形状及表面状态对道床的性能有重要影响。碎石道砟应选用开山块石破碎、筛选加工生产，且颗粒表面全部为破碎面。

一般而言，棱角分明、表面粗糙的颗粒具有较高的强度和稳定性。近乎立方体的颗粒，比扁平、长条形颗粒有较高的抗破碎、抗变形、抗粉化能力，一般用针状指数和片状指数来控制长条形和扁平颗粒的含量。长度(最大尺寸)大于平均粒径 1.8 倍的颗粒所占的质量百分率为针状指数；厚度(最小尺寸)小于平均粒径 0.6 倍的颗粒所占的质量百分率称为片状指数。我国道砟标准规定，针状指数和片状指数均不大于 20%。

道砟中的风化颗粒和表面粉尘、泥土等杂物对道床的承载能力是有害的，必须控制其数量。风化颗粒是指道砟机械加工破碎面矿物部分或全部失去光泽、改变颜色的颗粒，碎石道砟产品颗粒表面粉尘、泥土等杂物所占的质量百分率称为碎石道砟表面清洁度。特级道砟中风化颗粒和其他杂石含量不应大于 2%，一级道砟中风化颗粒和其他杂石含量不应大于 5%。道砟产品水洗后其表面洁净度不应大于 0.17%，未经水洗的一级道砟中粒径 0.1 mm 以下粉末的含量不应大于 1%。

(3)道床断面。道床断面包括顶面宽度、边坡坡度及道床厚度三个主要特征。图 2-13 所示为直线地段道床断面。b 为道床顶面宽度，a 为道床肩宽；道床宽出轨枕两端的部分称为砟肩，其宽度称为道床肩宽；一般情况下，肩宽在 450～500 mm 可以满足要求。在无缝线路或高速铁路上，砟肩需适当堆高，以增加道床横向阻力。$1:m$ 为边坡坡度，我国铁路正线区间边坡坡度取值为 1∶1.75。

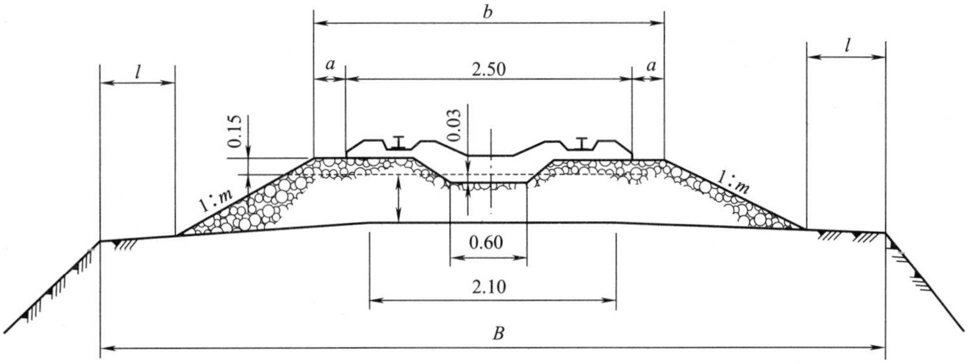

图 2-13　直线地段道床横断面示意图(单位：m)

道床厚度是指直线上钢轨或曲线上内轨中轴线下轨枕底面至路基顶面的距离，需根据运营条件、轨道类型、路基土质等因素选用。道床厚度标准见表 2-6。

表 2-6　道砟厚度标准(mm)

五年内年计划通过总质量(M_t)		$W_{年}\geqslant 50$	$50>W_{年}\geqslant 25$	$25>W_{年}\geqslant 15$	$W_{年}<15$
无垫层的碎石道床	一般路基	450	450	400	350
	不易风化的岩石、碎石路基	350	350	300	300
有垫层的碎石道床(碎石/垫层)		300/200	300/200	250/200	250/200
有砟桥面上的碎石道床	$v_{max}\leqslant 120$ km/h	250			
	$v_{max}>120$ km/h	300			

允许速度大于 120 km/h 的线路，无垫层时碎石道床厚度不得小于 450 mm；有垫层时碎石道床厚度不得小于 300 mm，垫层厚度不得小于 200 mm。

道床大修后，无垫层的碎石道床，枕下清砟厚度不得小于 300 mm；特殊困难条件下道床厚度不足 300 mm 时，应清筛至路基面，并做好排水坡。运量小、允许速度低的线路或在隧道内、桥梁上和车站内受建筑物限制时，可酌情降低道床厚度。但正线木枕地段碎石道床厚度不得小于 200 mm，混凝土枕地段不得小于 250 mm，站线不得小于 200 mm。

5. 无砟轨道

(1)无砟轨道结构。无砟轨道结构为高速度、高密度的铁路运输提供了有利条件。无砟轨道作为一种轨道结构形式，需要保持轨道结构支承列车运行、传递列车荷载的基本功能。无砟轨道分为上部结构和下部结构两部分：上部结构由钢轨、扣件、预制结构或混凝土/沥青道床板以及底座/支承层等组成；下部结构包括桥梁、隧道和路基。无砟轨道与有砟轨道的结构区别见表 2-7。

表 2-7 有砟轨道和无砟轨道结构区别

	有砟轨道	无砟轨道
上部结构	钢轨、扣件、轨枕、道砟	钢轨、扣件、预制的轨枕、轨道板或现浇混凝土结构；混凝土道床板或沥青基础隔离层/底座或水硬性材料层
下部结构	桥梁或隧道刚性基础或上部非水硬性材料承载层；防水层/防冻层下部非水硬性材料承载层；强化的路堤或路堑工程地基	桥梁或隧道刚性基础或上部非水硬性材料承载层；防水层/防冻层下部非水硬性材料承载层；强化的路堤或路堑工程地基

无砟轨道结构与有砟轨道结构的根本区别在于塑性变形小、耐久性好的混凝土或沥青材料代替了有砟轨道结构中容易磨耗、粉化和破碎的碎石道砟，其目的是增强轨道结构的稳定性，减少维修工作量。由于道砟在有砟轨道结构中的主要功能是支承、传递、分散轨排的垂向、纵向和横向荷载，提供弹性以减缓冲击、降低噪声，有效调整轨道几何尺寸，方便维修。无砟轨道结构取消道砟以后，将带来轨道刚度(适应垂向荷载与变形)及其几何状态调整和抵抗纵、横向作用力方式(适应纵、横向荷载与变形)的改变，其中抵抗纵、横向作用力方式的不同，也构成了无砟轨道结构形式的不同。

(2)无砟轨道几何形位调整。在高速列车荷载的长期作用下，轨道结构及轨道部件变形和磨损都将影响轨道几何尺寸的精度，必须及时对轨道进行相应的养护和维修，保证乘坐舒适度和行车安全性。由于无砟轨道上部结构层由混凝土或沥青混凝土层组成，故调整轨道几何状态只能由扣件来实现，这就要求无砟轨道扣件有足够的调整量。因此，扣件技术也成为无砟轨道应用的关键。

(3)无砟轨道结构分类。无砟轨道结构类型比较多，其主要区别在于：支承扣件方式是有轨枕还是无轨枕；支承轨枕方式是埋入到道床板中、支承在道床板上还是嵌入到道床板中；道床板材料是混凝土还是沥青；道床板制作方式是预制还是现浇。根据以上区别，可将无砟轨道分为预制板式和现浇混凝土两大类。

板式无砟轨道是将预制好的轨道板直接“放置”在混凝土底座上，通过轨道板与底座间充填沥青混凝土材料调整轨道板，确保铺设精度。轨枕支承式无砟轨道是将预制好的轨枕(包括轨枕块)直接“放置”在混凝土或沥青道床板上的一种结构形式，在概念上最接近有砟轨道结构。目前板式预制板式无砟轨道分为 CRTSⅠ、CRTSⅡ、CRTSⅢ和道岔区板式四种类型，现浇混凝土无砟轨道分为 CRTSⅠ、CRTSⅡ双块式和道岔区轨枕埋入式三种。郑州至西安高速铁路采用 CRTSⅡ双块式无砟轨道形式，石武高铁郑州段采用 CRTSⅠ、CRTSⅡ轨道板无砟轨道形式。

任务 2.2　轨道的几何形位

2.2.1　任务目标

通过学习轨道几何形位知识，能够完成以下任务：

1. 掌握直线轨道静态几何形位基本参数；
2. 掌握曲线超高的计算；
3. 理解缓和曲线的线型特点，掌握缓和曲线长度条件。

轨道几何形位

2.2.2　相关配套知识

在水平面上看，轨道由直线和曲线组成。一般在直线和圆曲线之间有一条曲率逐渐变化的缓和曲线相连，轨道的方向要求直线笔直，曲线圆顺。从横断面上看，轨道的两股钢轨之间应保持一定的距离，为保证机车车辆顺利地通过曲线，曲线轨距还应考虑加宽，具体的加宽值根据曲线的半径而定。在直线上，两股钢轨的顶面应置于同一水平面上；曲线上外轨顶面应高于内轨顶面，形成一定的超高，使车体重力的向心分力抵消其曲线运行的离心力。为保证有锥形踏面的车轮荷载作用下钢轨顶面受力均匀，轨道的两股钢轨均应向内倾斜铺设，形成适当的轨底坡。从纵断面上看，钢轨顶面应在纵向上保持一定的平顺度，为车辆平稳运行创造良好的条件。

轨道是机车车辆运行的基础，直接支撑机车车辆的车轮，并引导其前进。因而机车车辆走行部分的几何形位与轨道的几何形位之间应紧密配合。轨道几何形位的正确与否，对机车车辆的安全运行、乘客旅行的舒适度以及设备的使用寿命和养护费用起着决定性的作用。轨道几何形位超限是引起机车车辆掉道、爬轨以及倾覆的直接因素。同时，轨道的几何形位因素直接影响机车车辆的横向和竖向加速度，并产生相应的惯性力，随着运行速度的提高，影响特别显著。

1. 轨道几何形位基本要素

轨道的几何形位按照静态和动态两种情况进行管理。静态几何形位是指线路无轮载作用时轨道的状态，由人工或轻型测量小车测量。动态几何形位是在行车条件下的轨道状态，采用轨道检查车或综合检测车测量。一般情况下，同一地段静态和动态几何形位检测结果差异越大，轨道状态越差。轨道几何形位基本要素包括轨距、水平、轨向、前后高低、轨底坡等五个参数，其中水平、轨向和前后高低可采用大型养路机械进行调整。

(1)轨距。轨距是钢轨头部踏面下 16 mm 范围内两股钢轨工作边之间的最小距离。直线轨距标准为 1 435 mm。由于轨底坡的存在，钢轨在轨道上并不是竖直铺设，而是向内倾斜一个角度，我国《铁路技术管理规程》(简称《技规》)，规定，轨距测量部位应在钢轨头部踏面下 16 mm范围内最靠内的位置，选择这一位置量取轨距，是因为钢轨头部变形(如肥边等)、磨耗对这一位置的影响不大；同时车轮在贴紧一侧钢轨时，轮缘直接在该位置接触钢轨，该位置也被称为钢轨的工作边，如图 2-14 所示。

我国铁路绝大多数为标准轨距，仅在云南省境内和少数地方铁路及厂矿企业铁路保留1 000 mm的窄轨距。台湾省铁路采用1 067 mm轨距。

轨距用道尺或其他工具（如轨道检查车、轨距水平小车，如图2-15所示）进行测量。其容许误差根据线路等级的不同而不同。轨距的变化必须和缓、平顺，其变化率：正线、到发线不应超过2‰，站线和专用线不得超过3‰，即在1 m长度内的轨距变化值，正线、到发线不应超过2 mm，站线和专用线不得超过3 mm。因为在短距离内如有显著的轨距变化，即使不超过容许误差，也会使机车车辆发生剧烈的摇摆。

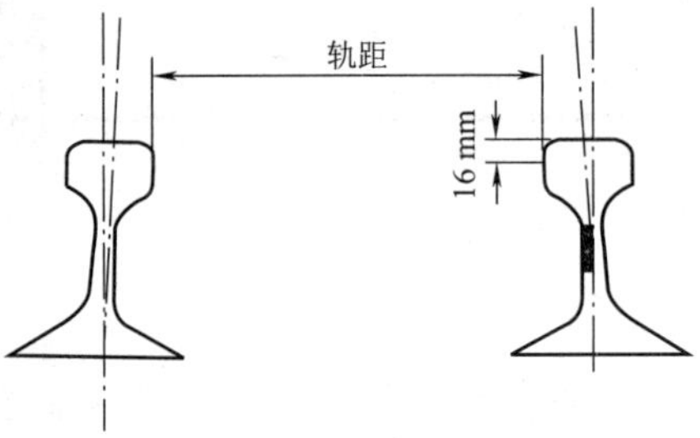

图2-14　轨距测量示意图

图2-15　轨检小车

(2)水平。水平是指线路上左右两股钢轨顶面的的相对高差，可用道尺或其他工具测量。在直线地段，两股钢轨顶面应置于同一水平面上，使两股钢轨受力均匀，保持列车运行平稳。

为确保行车平稳与安全，两股钢轨顶面的水平误差应控制在一定范围内。钢轨顶面的水平偏差值，在1 m距离内沿线路方向的变化率不能超过1 mm，否则即使两股钢轨的水平偏差不超过允许范围，也将引起机车车辆的剧烈摇晃。因此，规定水平的变化率不得超过1‰。

在水平偏差中，三角坑对行车的危害程度较大。其含义是在一段不太长的距离内，先是左股钢轨高于右股，后是右股钢轨高于左股，两股钢轨在立面上出现扭曲，即水平差出现正、负交替。在一般情况下，线路上出现超过容许限值的水平差，只是引起车辆摇晃和两股钢轨的不均匀受力，并导致钢轨不均匀磨耗；但如果出现三角坑，将会使同一转向架的四个车轮中，只有三个正常压紧钢轨，另一个形成减载或悬空。如果恰好在这个车轮上出现较大的横向力，就可能使浮起的车轮只能以它的轮缘贴紧钢轨，在最不利的情况下甚至可能爬上钢轨，引起脱轨事故。2004年2月25日，××次货物列车（编组48辆，总重3 629 t，换长60.7）运行至石太下行线头泉——××区间K26＋510处，机后第11～28位脱轨，其中17～24位颠覆。中断上行正线27 h 3 min、下行正线33 h 5 min；车辆报废6辆、大破4辆、中破8辆；损坏轨枕3 500根、轨距杆800根、钢轨500 m、接触网杆1根，构成货物列车脱轨重大事故。经对脱轨痕迹、线路破坏情况以及脱轨车辆的轮对破损程度分析，列车行至K26＋506处时，由于三角坑造成的轨道平面扭曲，使机后第11位车辆运行方向的三位轮对右侧轮瞬间减载，致使正处于400 m半径圆曲线上运行的轮对右侧轮缘爬上外股钢轨轨面，在K26＋510处落下轨面脱轨。列车继续运行，造成线路破坏，继而导致后续车辆脱轨颠覆。

日常对三角坑的检查，是在检查水平时按前后两检查点（每6.25 m检查一处）的水平相对差来表示三角坑的大小，连续两处水平误差符号相同或有一处为零时不需要计算三角坑，只有在连续两处水平误差为一正一负时才需要计算三角坑。

(3)轨向。轨向是指轨道中心线在水平面上的平顺性，也称方向。为了使行车安全与平稳，直线轨道应当顺直，曲线轨道应当圆顺；但实际上经过运营的直线轨道并非直线，而是由许多波长 10～20 mm 的曲线所组成，因其曲度很小，故通常不易察觉。若直线不直，则必然引起列车的摇晃和蛇行运动。相对于轨距来说，轨道方向往往是行车平稳性的控制性因素。特别是在行驶快速列车的线路上，轨向对行车的平稳性更具有重要的影响。

在无缝线路地段，若轨道方向不良，还可能在高温季节引发胀轨跑道事故，严重威胁行车安全。

测量直线方向时，用 10 m 弦测量得到的最大矢度即为线路的实际轨向偏差。该测量工作至少需三人完成，其中两人拉紧 10 m 弦线，并将两端分别贴紧钢轨工作边，另一人使用直尺测量弦线与钢轨之间的距离，取最大值为测量结果，如轨向为向轨道内凹，应使用等高的两块木垫块将弦线两端垫起，测得的最大数值减去木块厚度即为轨向偏差。测量曲线方向时，同样采用 10 m 弦线测量，因为缓和曲线的正矢是不断变化的(由直线进入曲线时，正矢逐渐由 0 变化到圆曲线正矢)，为了便于测量，固定缓和曲线上的测量点，10 m 弦线两端放置点也固定，一般在钢轨上有油漆涂刷的标记，正矢测量点涂刷理论正矢数值，实测数值减去理论值即为轨向偏差。

(4)高低。一股钢轨顶面纵向的高低差，叫作线路的前后高低，简称高低。高低反映的是钢轨顶面纵向的平顺情况。钢轨顶面的高低不平顺，会使列车通过时冲击动力增加，使道床变形加快，反过来又扩大不平顺，从而使列车对轨道的破坏力更大，形成恶性循环。

轨道经过一段时间列车运营后，由于路基下沉、道床捣固不实、扣件松动、轨枕失效、钢轨不均匀磨耗等原因，轨面会出现高低不平，轨底与垫板、垫板与轨枕之间出现间隙(间隙超过 2 mm时称为吊板)或轨枕与道床顶面间出现间隙(间隙超过 2 mm 时称为空板或暗坑)。列车通过时，有吊板或暗坑的地方下沉就大，将引起列车的剧烈振动，加速道床的变形，继而又引起更加剧烈的振动，形成恶性循环，对行车极为不利。

前后高低同样采用 10 m 弦测量轨顶最大矢度。在日常检查时，先俯身目视钢轨下颚线的高低平顺情况(图 2-16)，找出高低不良处所，然后用 10 m 弦线在钢轨顶面中部测量最大矢度，弦线应置于能测量出最大矢度的位置上。如钢轨是向上凸起的，应使用相同厚度的垫块将弦线两端垫高，垫块厚度一般可采用 20 mm 或 30 mm，将测得的结果减去垫块厚即为高低差。对直线地段两股钢轨的高低应分别进行检查，对曲线地段只检查里股钢轨的高低。为减小误差，还应考虑弦线的挠度，一般按 1 mm 考虑。

(5)轨底坡。由于车轮踏面主要部分为 1∶20 的圆锥面，故在直线上的钢轨不应竖直铺设，而要适当地向道心倾斜，钢轨向轨道中心的这种倾斜度称为轨底坡。如果钢轨保持竖直，车轮的压力将离开钢轨的中心线而偏向道心一侧，且微向外斜，其结果使钢轨头部磨损不均，腰部弯曲，轨头与轨腰连接处易发生纵裂，甚至折损，同时增大了钢轨倾覆的风险。在我国铁路运营的实践中，规定轨底坡为 1∶40。这是因为在机车车辆的动力作用下，轨道被弹性挤开，轨枕产生挠曲和弹性压缩，加上垫板与轨枕不密贴，扣件的扣压力不足等原因以及车轮踏面经过一段时期的运行后，原来 1∶20 的踏面也被

图 2-16　前后高低目测检查

磨耗接近 1∶40 的坡度，故将直线轨道的轨底坡标准定为 1∶40。

轨底坡是否正确，可以从钢轨顶面的光带位置来判断。光带如偏向内侧，则说明轨底坡不足；光带如偏向外侧，则说明轨底坡过大。在任何情况下，轨底坡不应大于 1∶20 或小于 1∶60，否则都会使轨头偏磨，应及时进行调整。

道床永久变形积累与通过运量的关系十分密切。在机车车辆荷载与冲击振动作用下，引起道床的不均匀下沉，逐渐形成轨道的不平顺，反过来又加剧机车车辆对轨道的冲击，增加轨道的养护工作量。故工务部门应根据线路动、静态检查结果，及时采取大型养路机械维修、经常保养或临时补修，消除轨道不平顺，保证行车安全，延长轨道寿命。

2. 曲线轨道概述

由于受地形或其他因素的限制，整条铁路线路不可能是一条直线，其方向需要不断的改变，当线路在平面上由一个方向转向另一个方向时，在两条直线之间必须采用曲线来连接，这种曲线称为平面曲线。此外，铁路线路在纵断面上由一个坡度转到另一个坡度，会在平道与坡道的连接处，为了使行车平稳，中间一般需要用曲线来连接，这种曲线称为竖曲线，竖曲线可采用圆曲线形或抛物线形。通常所说的曲线指的是平面曲线，平面曲线主体采用圆曲线，一般都会在两端各设置一段曲率和超高不断变化的缓和曲线。

曲线外轨超高

(1)曲线轨道的构造特点

①曲线外轨需设置超高。因为机车车辆通过圆曲线，会产生离心力，为了平衡离心力，在曲线轨道外轨设置超高，使机车车辆的重力分力与离心力抵消(理想状态下可以抵消)，保证通过曲线的稳定性。

②小半径曲线轨距应适当加宽。机车车辆转向架轴距，即同一转向架上距离最远的相互平行的两根轴的距离，称为机车车辆的固定轴距，其大小决定了机车车辆的曲线通过性能。固定轴距越大，可以通过的最小曲线半径越大，反之亦然。为了确保机车车辆能顺利通过曲线，在半径小 350 m 的曲线上，轨距需要加宽，但任何条件下，轨距最大值不得大于 1 456 mm。因轨距的最大容许偏差为 6 mm，故曲线轨道最大容许轨距为 1 450 mm，即最大容许加宽 15 mm。

③在直线和圆曲线间应设置缓和曲线过渡。为使曲线运行的离心力，外轨超高不连续形成的冲击力等不突然产生和消失，以保持列车曲线运行的平稳性，需要在直线与圆曲线轨道之间设置一段曲率半径和外轨超高均逐渐变化的曲线，称为缓和曲线。

④在曲线内轨上应铺设缩短轨。因圆曲线上两股钢轨为同心圆，外轨半径比内轨半径大一个标准轨距的长度，故同一段曲线上外轨长于内轨，内轨在铺设时需铺设部分缩短轨，以保证内外钢轨接头对接。

⑤曲线地段的建筑接近限界须适当加宽。在铁路线上，为确保行车和人身安全，机车车辆及其装载的货物不得超越一定的轮廓线，此轮廓线称为机车车辆限界。靠近轨道的建筑物及设备不得侵入其线路的轮廓线，此轮廓线称为建筑接近限界。列车在曲线上运行时，转向架可以转动，但车体是刚体，不能随轨道弯曲，车体纵向轴线偏离轨道中心线，与建筑接近限界间净空间减少，另外因为外轨超高，车体向内倾斜，占用内侧空间，所以曲线地段的建筑接近限界较直线地段需适当加宽。

(2)曲线基本要素

平面曲线的基本要素主要包括曲线中心角(转角)α、曲线半径 R、切线长 T、外矢距 E、缓和曲线长 l_0、曲线长度 L 等，如图 2-17 所示。

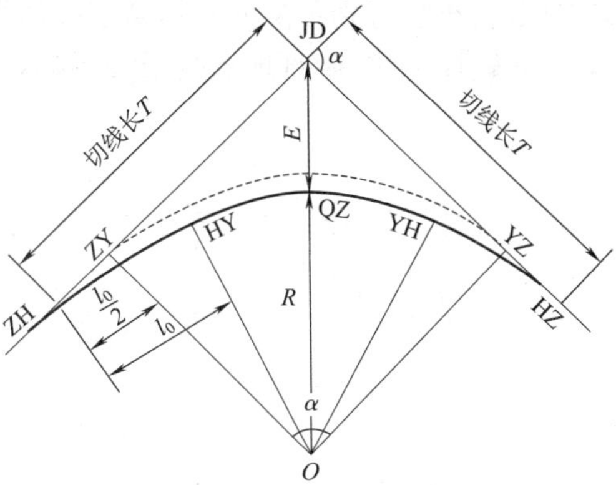

图 2-17　平面曲线基本要素

直线与缓和曲线的连接处称为直缓点或缓直点，用 ZH 或 HZ 表示；缓和曲线与圆曲线的连接处称为缓圆点或圆缓点，用 HY 或 YH 表示；曲线中部称为曲中点，用 QZ 表示。现场设置如图 2-18、图 2-19 所示的标桩。如曲线未设缓和曲线，而是直线和圆曲线直接相连接，其连接处称为直圆点或圆直点，用 ZY 或 YZ 表示。图 2-17 中，虚线表示未设缓和曲线时圆曲线与直线直接相连的情况。在各要素中，曲线半径是决定列车运行条件的主要因素，曲线半径愈大，列车运行条件愈好。因此，若地形条件允许，应尽可能采用较大的曲线半径。

图 2-18　曲线标

图 2-19　圆曲线和缓和曲线的始终点标

捣固车在曲线上进行作业时，为了使车载的 ALC 系统定位到当前曲线，且位置与当前曲线同步，作业前需要确定曲线的直缓点、缓圆点、圆缓点和缓直点的位置，缓和曲线的长度，曲线半径，曲线弯曲方向等参数，并将这些参数输入 ALC 系统，当 D 点小车测量轮到达对应标志点时，按下确认键，方可正确作业。故曲线的基本参数对大型捣固设备的作业极为重要，一旦位置错误，极有可能出现作业事故。

3. 曲线外轨超高

(1)外轨超高的作用

机车车辆在曲线上行驶时，由于离心力的作用，将机车车辆推向外股钢轨，加大了外股钢轨的压力，使旅客产生不适，货物移位等，同时增加了列车倾覆的风险，而速度越高，离心力越大，带来的危害也越大。因此，需要把曲线外轨适当抬高，使机车车辆的自身重力产生一个向心的水平分力，以抵消离心力，达到内外两股钢轨受力均匀和垂直磨耗均匀等，满足旅客舒适度要求，提高线路的稳定性和安全性。

外轨超高是指曲线外轨顶面与内轨顶面水平高度之差。在设置外轨超高时主要有两种方法：一是外轨提高法，二是线路中心高度不变法。外轨提高法是只抬高外轨，保持内轨标高不变的方法；线路中心高度不变法是内外轨分别各降低和抬高超高值得一半而保证线路中心高程不变的方法。我国普遍采用外轨提高法，困难地点受限界影响，允许采用线路中心高程不变法。

(2)外轨超高的计算

列车以速度 v 沿半径为 R 的圆曲线运行时，产生离心力 F，即

$$F = m\frac{v^2}{R} = \frac{G}{g}\frac{v^2}{R} \tag{2-2}$$

式中 G——车辆重力(kN)；

v——行车速度(m/s)；

R——曲线半径(m)；

g——重力加速度(9.8 m/s^2)。

若将曲线轨道设置外轨超高 h 后，如图 2-20 所示，使车体的重力 G 和离心力 F 的合力恰好通过轨道中心，此时内外两股钢轨所受的垂直压力相等，钢轨的支撑反力 $E_1=E_2$。由图可以看出 $\tan\gamma=\frac{F}{G}=\frac{h}{S_1}$，则平衡离心力所需要的外轨超高为

$$h=\frac{S_1F}{G}=\frac{S_1Gv^2}{GgR}=\frac{S_1v^2}{gR} \tag{2-3}$$

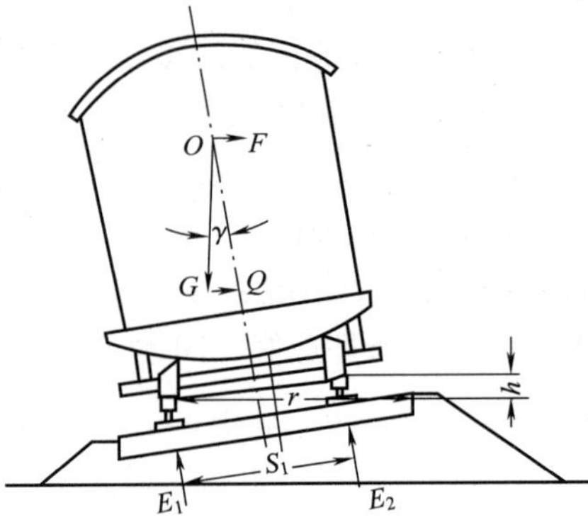

图 2-20　曲线外轨超高计算示意图

速度 v 单位为 km/h，半径 R 单位为 m，超高 h 单位 mm，将两股钢轨中心距离 $S_1=1\ 500$ mm 代入式(2-3)得

$$h=\frac{1\ 500\times\left(\frac{1}{3.6}\right)^2}{9.81}\frac{v^2}{R}=11.8\frac{v^2}{R}(\text{mm}) \tag{2-4}$$

上式是通过速度为 v 通过曲线的车辆推导出来的超高计算公式，实际上通过曲线的各次列车速度不同、重量不同，因此，式中的 v 应采用各次列车的平均速度计算。

平均速度的计算需要全面考虑每次列车的速度和重量。因为通过一个曲线的列车种类、列数、重量和速度各不相同，为了合理设置超高，在实际计算时必须综合考虑各种因素，采用平均速度。在一般条件下，客车速度较高，轴重较小；货车速度较低，但轴重较大。考虑列车重量计算出的超高运行效果更好，我国《修规》规定，确定曲线超高时，采用重量加权的计算方法，具体计算公式可查询《修规》，在新建线路，平均速度按照最大速度的 80%计算。计算出的超高数值取整为 5 mm 的倍数，作为超高的计算值。

行车速度大于 120 km/h 的线路上路宜按旅客的舒适条件进行检算和调整超高值，另外按计算值设置超高后，可以根据现场轨道稳定和钢轨磨耗情况调整超高。

(3)欠超高与过超高

按平均速度计算设置的外轨超高，当速度大于平均速度的列车通过时，实设超高小于理论超高，这种情况称之为未被平衡欠超高，简称为欠超高；当速度小于平均速度的列车通过时，实设超高大于理论超高，这种情况称之为未被平衡过超高，简称为过超高。欠超高和过超高过大，对钢轨磨耗、轨道变形及行车安全有很大的影响，须加以控制。对未被平衡欠超高和未被平衡过超高分别按式(2-5)和式(2-6)检算：

$$h_c = 11.8\frac{v_{max}^2}{R} - h \tag{2-5}$$

$$h_g = h - 11.8\frac{v_H^2}{R} \tag{2-6}$$

式中　h——实设超高(mm)；

h_c——未被平衡欠超高(mm)；

h_g——未被平衡过超高(mm)；

v_{max}——线路允许速度(km/h)；

v_H——货车平均速度(km/h)。

我国《修规》规定：未被平衡欠超高不应大于 75 mm，困难情况下不应大于 90 mm，但允许速度大于 120 km/h 线路个别特殊情况下已设置的 90(不含)～110 mm 的欠超高可暂时保留，但应逐步改造；未被平衡过超高不应大于 30 mm，困难情况下不应大于 50 mm，允许速度大于 160 km/h 线路的个别特殊情况下不应大于 70 mm。有砟轨道实设最大超高，在单线上不得大于 125 mm，在双线上不得大于 150 mm。无砟轨道实设最大超高不得大于 175 mm。

欠超高时，列车通过曲线产生的离心力没有完全抵消，会增大外股钢轨所承受的垂直压力和车轮轮缘对外股钢轨的水平侧压力，可能会导致轨距扩大、轨排横移、混凝土枕挡肩破损等问题；过超高时内股钢轨的垂直压力大于外股，可能会造成内股钢轨垂直磨耗严重、轨头肥边、轨顶压溃、混凝土枕内侧开裂等问题。为确保行车安全和线路稳定，如行车条件有较大变化，或曲线发生木枕压切、混凝土枕挡肩破损、钢轨不正常磨耗等情况，应根据实测行车速度和实际牵引质量，重新计算和调整超高。

曲线的外轨超高的设置有一个逐渐顺坡的过程。在顺坡地段，外股钢轨被逐渐抬高，超高值从零逐渐升高至实设超高值。在设有缓和曲线的普通曲线上，顺坡地段为缓和曲线，超高应在缓和曲线内顺完。允许速度大于 160 km/h 的线路，超高必须在整个缓和曲线内顺完；允许速度大于 120 km/h 的线路，顺坡坡度不应大于 $1/(10v_{max})$；允许速度不大于 120 km/h 的线路，顺坡坡度不应大于 $1/(9v_{max})$。允许速度不大于 160 km/h 的线路，如缓和曲线长度不足，顺坡可延至直线上并遵守相关规定。任何线路超高顺坡率不得大于 2‰。

相邻两线采用反向曲线变更线间距时，如受圆曲线最小长度限制，允许速度不大于 160 km/h的线路，可不设缓和曲线，但圆曲线半径不应小于表 2-8 规定的数值。困难条件下的圆曲线最小半径，140 km/h$<v_{max}\leqslant$160 km/h 时不得小于 8 000 m，120 km/h$<v_{max}\leqslant$140 km/h时不得小于 6 000 m。

表 2-8　采用反向曲线变更线间距可不设缓和曲线的最小圆曲线半径

线路允许速度(km/h)	160	140	120	100	80
可不设缓和曲线的最小圆曲线半径(m)	12 000	10 000	5 000	4 000	3 000

(4)缓和曲线

①设置缓和曲线的必要性

其一，若直线与圆曲线直接相连，在列车驶入或驶出圆曲线时，骤然发生或消失的离心力将导致行车不稳、车体振动，致使旅客身体摇摆而感到不适，装载的货物也极易发生横向位移，车速愈高上述情况愈加严重。在设置缓和曲线之后，列车由直线驶入缓和曲线或由缓和曲线驶入直线时，车体产生的离心力只是逐渐增加或减少，有利于行车安全和平稳；其二在设置缓和曲线之后，外轨超高就可由缓和曲线始点从零逐渐抬升，实现外轨超高的平顺过渡。与此同时，在缓和曲线上，逐渐抬升的外轨超高，也使车体重力的内倾分力始终与离心力相适应；其三当曲线半径小于 350 m 时，轨距需要加宽。在设置缓和曲线之后，也可圆满解决由缓和曲线始点的标准轨距，均匀递增到缓和曲线终点的圆曲线的轨距，从而实现轨距加宽的平顺过渡。

②缓和曲线的几何特征

a. 缓和曲线连接直线和半径为 R 的圆曲线，其曲率由 $0\sim1/R$ 逐渐变化。

b. 缓和曲线的外轨超高，由直线上的零值逐渐增至圆曲线的超高值，与圆曲线超高相连接。

c. 缓和曲线连接半径小于 350 m 的圆曲线时，在整个缓和曲线长度内，轨距加宽呈线性递增，由零至圆曲线加宽值。

因此，缓和曲线是一条曲率和超高均逐渐变化的空间曲线。

③缓和曲线的长度

缓和曲线的长度应满足以下各项要求：

a. 缓和曲线上的外轨超高顺坡不致车轮轮缘爬轨。如缓和曲线过短，超高顺坡率过大，转向架会出现某一车轮脱离轨面，形成三点支承，与其他不利因素叠加可能会出现轮缘爬轨现象，如图 2-21 所示。

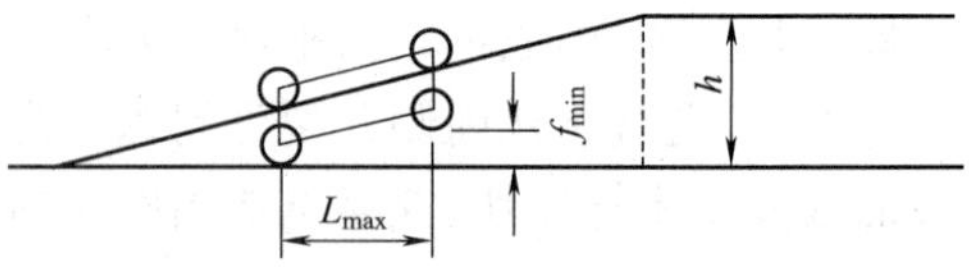

图 2-21 转向架通过缓和曲线示意图

b. 车辆外轮的升高速度（或下降速度）不能太快，不使旅客感到不适。一般情况下车轮升速不大于 32 mm/s，困难条件下不得大于 40 mm/s。

c. 未被平衡离心加速度的变化率不应影响旅客舒适度。

d. 车轮由直线进入曲线，因车轮撞击产生的动能损失不应超过一定数值。

e. 便于测设和养护维修。

我国铁路规定，缓和曲线长度在普通线路上一般不得短于 $9v_{max}$，在困难条件下不得短于 $7v_{max}$；在行车速度大于 120 km/h 的线路上，一般不得短于 $10v_{max}$，在困难条件下不得短于 $8v_{max}$。为便于铺设和维修管理，根据以上计算结果采用的缓和曲线长度应进整为 10 m 的整倍数，且不应小于 20 m。

任务 2.3 无缝线路认识

2.3.1 任务目标

通过学习无缝线路知识，能够完成以下任务：

1. 了解无缝线路的温度应力及工作原理；

2. 掌握无缝线路稳定性影响因素；

3. 掌握无缝线路轨温锁定条件及锁定轨温。

2.3.2 相关配套知识

无缝线路就是消除了轨缝的线路，通过将标准长度的钢轨焊接成具有相当长度的钢轨用以代替标准钢轨铺设线路，实现消灭绝大部分钢轨接头的目的。与普通线路相比，无缝线路减少了列车与钢轨之间的相互冲击，具有行车平稳、噪声低、材料消耗少、养护费用低、维修周期长、线路设备和机车车辆寿命延长等优点，在世界各国得到广泛应用，是当今世界高速、重载铁路轨道结构的最佳选择。

无缝线路按照处理钢轨内部温度应力的方式，可分为温度应力式、定期放散温度应力式和自动放散温度应力式。温度应力式无缝线路，一般由固定区、伸缩区、缓冲区三部分构成。固定区长度不得短于 50 m。伸缩区长度一般为 50～100 m。缓冲区一般由 2～4 节标准轨（含厂制缩短轨）组成。温度应力式无缝线路铺设简单、养护方便，得到广泛应用，但由于钢轨要承受强大的温度力，轨道的强度和稳定性必须满足设计要求，在维修作业时也要严格控制在作业轨温条件以内进行，防止胀轨跑道或钢轨折断的发生。定期放散温度应力式无缝线路是每年对线路进行而温度调整或放散 1～2 次，以释放长轨中的温度应力，这种方式需要消耗较多的人力和物力，工序繁杂，一般只在年温差大于 100 ℃的地区应用。自动放散温度应力式无缝线路是在焊接长钢轨两端设置温度调节器（伸缩接头）来释放温度应力，主要应用大桥上。

1. 钢轨内的温度应力

长钢轨铺设后受到扣件、轨枕、道床的阻力，不能随轨温的变化自由进行热胀冷缩，就会在其内部产生应力，称为温度应力。

两端固定长钢轨内部温度应力与温度变化的关系是

$$\sigma_t = E \cdot \alpha \cdot \Delta t \tag{2-7}$$

式中　σ_t——钢轨内部产生的温度应力（N/cm^2）；

E——钢的弹性模量，取值 2.1×10^7（N/cm^2）；

α——钢轨的线膨胀系数，取值 0.011 8 mm/（m · ℃）；

Δt——温度变化幅度（℃）。

将弹性模量和线膨胀系数数值代入式（2-7），计算得

$$\sigma_t = 2.1\times10^7\times11.8\times10^{-6}\Delta t = 247.8\Delta t(N/cm^2) \tag{2-8}$$

由式（2-8）可以看出，温度应力的变化仅与温度变化幅度有关，与钢轨长度无关；也即是说，不同类型的长钢轨，主要轨温变化幅度相同，那么其内部承受的温度应力大小是一样的，因此理论上来说无缝线路焊接长钢轨可以任意长度而不会影响其内部温度应力，这位跨区间无缝线路的实现提供了理论依据。随着无缝线路铺设技术和胶结绝缘接头的应用，无缝线路正在向超长方向发展。

2. 锁定轨温

（1）钢轨温度

钢轨温度简称轨温，影响因素较多，主要随大气温度的变化而变化。现场实地测量轨温，目前多采用吸附式轨温计。测量轨温时，吸附位置需清理干净，使轨温计背面金属与钢轨密贴；吸附在背阴面轨腰处所测得的轨温更接近实际轨温；保证足够的吸附时间。一般情况下，最高轨温比当地最高气温高 20 ℃左右，最低轨温与当地最低气温持平。最高轨温多出现在当天的 14 时前后，是防止胀轨跑道的关键时间，最低轨温一般出现在黎明前。

（2）锁定轨温

把长钢轨通过拧紧两端接头螺栓、上紧中间扣件等方式固定在线路上的过程称为锁定线路，锁定线路时的轨温称为无缝线路的锁定轨温。从理论上讲，锁定线路时钢轨处于自由伸展状态，长钢轨内部温度应力为零，故锁定轨温也称为零应力轨温。

无缝线路的设计锁定轨温是依据当地轨温变化幅度、轨道结构等因素通过不同的公式计算得到，应确保在最高轨温时不发生胀轨跑道，最低轨温时不拉断钢轨或螺栓，并符合轨道强

度和稳定性的要求。有砟轨道设计锁定轨温按式(2-9)计算：

$$T_e = \frac{T_{max}+T_{min}}{2}+\frac{[\Delta T_d]-[\Delta T_u]}{2}\pm\Delta T_k \tag{2-9}$$

无砟轨道设计锁定轨温按式(2-10)计算：

$$T_e = \frac{T_{max}+T_{min}}{2}\pm\Delta T_k \tag{2-10}$$

式中　T_e——设计锁定轨温(℃)；

$[\Delta T_d]$——允许温降(℃)；

$[\Delta T_u]$——允许温升(℃)；

T_{max}——最高轨温(℃)，取当地历年最高气温值加 20 ℃；

T_{min}——最低轨温(℃)，取当地历年最低气温值；

ΔT_k——设计锁定轨温修正值(℃)，一般为 0～5 ℃。

把钢轨在符合设计锁定轨温的瞬间进行线路锁定是不可能的，因此在满足轨道强度和稳定条件的前提下，允许在设计锁定轨温上下一定范围内进行锁定线路，这个轨温范围称为设计锁定轨温范围，一般为±5 ℃。

3. 无缝线路技术要求。

正线钢轨大修应采用 60 kg/m 及以上钢轨无缝线路。正线允许速度 160 km/h 及以上的线路应铺设跨区间无缝线路，正线允许速度 160 km/h 以下的线路宜铺设跨区间无缝线路。

(1)无缝线路轨道结构应具备的条件：

①路基稳定，无翻浆冒泥及下沉挤出等路基病害。

②道床采用一级碎石道砟，道床清洁、密实、均匀。跨区间无缝线路道岔范围内道床肩宽 450 mm。

③应使用混凝土枕、混凝土桥枕，混凝土宽枕可保留，弹条扣件。特殊情况可使用木枕及分开式扣件。

④普通无缝线路应采用 50 kg/m 及以上钢轨，跨区间及区间无缝线路应采用 60 kg/m 及以上钢轨。

⑤钢轨焊接。钢轨焊接应符合《钢轨焊接》(TB/T 1632.1～TB/T 1632.4)的要求。工厂焊接采用固定式闪光焊接；现场焊接主要采用移动式闪光焊接或数控气压焊接；道岔内钢轨焊接、道岔与相邻两端钢轨的焊联、伤损钢轨的焊接修复、应力放散等可采用铝热焊接。

⑥跨区间及区间无缝线路和无缝道岔上的绝缘接头必须采用胶接绝缘，其质量应符合钢轨胶接绝缘接头标准要求。

⑦无缝道岔应做单独设计。无缝道岔应在设计锁定轨温范围内锁定，且与相邻单元轨节间的锁定轨温差不应大于 5 ℃。无缝道岔必须设在固定区。

(2)无缝线路的锁定轨温必须准确、均匀，有下列情况之一者，必须做好放散或调整工作：

①实际锁定轨温不在设计锁定轨温范围以内。

②锁定轨温不清楚或不准确。

③跨区间、区间无缝线路相邻单元轨节之间的锁定轨温之差大于 5 ℃，同一区间内单元轨节的最高与最低锁定轨温之差大于 10 ℃；左右股钢轨锁定轨温之差，允许速度 160 km/h 及以下线路大于 5 ℃，允许速度 160 km/h 以上线路大于 3 ℃。

④长轨节产生不正常的位移。

⑤无缝道岔限位器顶死或两股尖轨相错量超过 20 mm。

⑥夏季线路轨向严重不良，碎弯多。

⑦通过测试，发现温度力分布严重不匀。

⑧因处理线路故障或施工造成实际锁定轨温超出设计锁定轨温范围或位移超限。

⑨低温铺设轨条时，拉伸不到位或拉伸不均匀。

⑩某些线路因施工需要需提高或降低无缝线路的锁定轨温时。

4. 无缝线路的稳定性

高温季节，钢轨因内部存在巨大的温度压力，可能引起的轨道横向变形现象。在列车动力或人工作业等干扰下，轨道弯曲变形有时会突然增大，轨道线形和道床结构整体均被破坏，这一现象称为胀轨跑道（图 2-22），在理论上称为丧失稳定。调查发现，很多次的胀轨跑道事故并非温度压力过大所致，而是在养护维修中破坏了保持线路稳定因素而发生的。

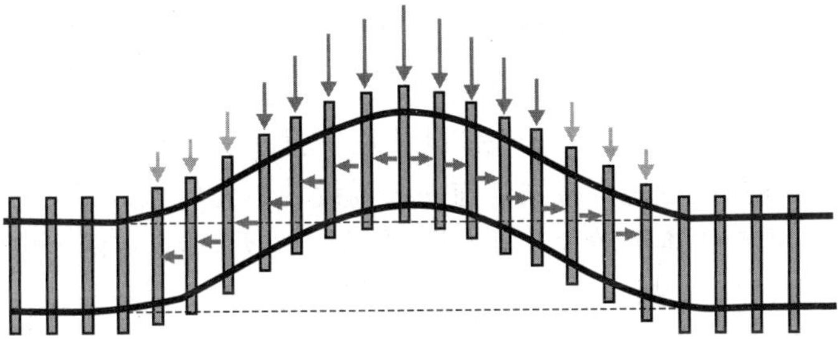

图 2-22 胀轨跑道示意图

(1)保持轨道稳定的因素包括轨道横向阻力和轨道框架的水平刚度。

①道床抵抗轨道框架横向位移阻力称为道床的横向阻力，它是防止无缝线路胀轨跑道、保证线路稳定的主要因素；道床横向阻力主要来自轨枕侧面与底部与道砟间的接触摩阻力，及轨端砟肩的横向阻力。提高横向阻力的方式有：一是保持道床石砟饱满，不足时及时补充；二是适当的道床肩宽可以提供一定的横向阻力，但不是肩宽越大，横向阻力就总会增大；三是堆高砟肩，堆高砟肩比加宽砟肩提高横向阻力的效果更加明显，并可节约道砟。

采用大型养路机械对线路进行清筛、捣固等扰动道床的作业，会大幅度减少道床横向阻力，在轨温较高时发生胀轨跑道的可能性将大大增加，故对于无缝线路扰动道床的作业必须严格执行作业轨温条件，禁止超温作业。

②轨道框架刚度反映轨道框架抵抗横向弯曲的能力。轨道框架刚度越大，抵抗横向弯曲变形的能力就越强。轨道框架刚度在水平面内等于两股钢轨的横向水平刚度及钢轨与轨枕节点间的阻矩抵抗横向弯曲能力的总和。

(2)诱发轨道失稳的因素如下：

①钢轨温度压力。由于温升引起钢轨中的轴向温度压力是无缝线路失稳问题的根本原因。实设锁定轨温过低易造成钢轨在高温时段温度压力过大造成胀轨跑道。

②轨道的初始横向弯曲。轨道初始横向弯曲是影响无缝线路稳定的直接原因。胀轨跑道多发生在轨道的初始弯曲处，控制轨道的初始弯曲大小，对提高无缝线路的稳定性有重要作用。

5. 跨区间无缝线路

无缝线路按照轨条长度分为普通无缝线路、区间无缝线路和跨区间无缝线路。普通无缝线路是指因铺设缓冲区而使焊接长钢轨的长度限制在 1～2 km 以内的无缝线路。区间无缝线路是指使焊接长钢轨的长度延长至两个相邻车站站端道岔之间的无缝线路。跨区间无缝线路是指使用无缝道岔实现轨条长度跨越区间,将多个区间连接成一体的无缝线路。跨区间无缝线路属于超长无缝线路。跨区间无缝线路最大限度的减少了钢轨接头,消除了线路的缓冲区和伸缩区,实现了真正的无缝化线路。

跨区间无缝线路在现场的焊接和施工。跨区间无缝线路由于施工技术条件和运营条件所限,不可能在一个天窗时间内一次铺设完成(一次仅能铺设 1～3 km),只能把跨区间无缝线路分成若干单元轨条。通常把一次铺设的轨条长度叫单元轨条。道岔区及前后约 200 m 的线路作为一单元,对两单元间的焊接必须在线路上进行。而且要求每单元长轨在焊连后的锁定轨温相同,这就需要配备有较大拉伸能力的焊接设备或性能良好的拉伸机。由于跨区间无缝线路不是一次完成铺设,要使整个轨条温度力均匀,即锁定轨温一致。在铺设施工中,如何组织施工队伍,安排施工程序,使得铺设、焊接、放散应力、锁定等工作有序进行,且保证锁定轨温符合要求,就成为施工中的一个关键问题。

跨区间无缝线路的铺设是将单元轨条依次焊连,焊连时保证锁定轨温不超限是关键点,根据施工条件和作业轨温,一般有“连入法”和“插入法”两种施工方式。连入法,是在一个天窗时间内把要铺设的单元轨条始端用焊接法与前一天铺设的单元轨条终端焊连,铺设时同时焊接同时放散,一步到位,但施工难度较大。插入法,是在一个天窗内,在两个单元轨条之间设一根不少于 6 m 的缓冲轨,然后在另一个天窗取出缓冲轨,更换为一段经过计算确定长度的钢轨放散应力,然后进行最终焊接。这种方法施工难度较小,容易实现温度力均匀。

任务 2.4　道岔认识

2.4.1　任务目标

通过学习道岔知识,能够完成以下任务:

1. 掌握道岔的作用和分类;
2. 掌握单开道岔的结构特点;
3. 掌握道岔号数、有害空间、查找间隔等概念的具体内涵。

2.4.2　相关配套知识

在铁路线路中,道岔是使机车车辆由一条线路转入或越过另一条线路的轨道连接设备,是铁路轨道的一个重要组成部分。根据用途和条件的不同,可以利用道岔把许多平行股道组合成各种不同形式的车站或车场,以满足铁路运输中的各种作业需要,它直接关系到铁路运输的效率和行车安全。由于道岔具有数量多、构造复杂、使用寿命短、限制列车速度、行车安全性低、养护维修投入大等特点,与曲线和接头并称为轨道的三大薄弱环节。

1. 道岔的分类

根据道岔的用途和构造形式的不同,道岔可分为连接设备、交叉设备、连接与交叉设备。常用的线路连接有各种类型的单式道岔和复式道岔;交叉有直角交叉和菱形交叉;连接与交叉设备有交分道岔和交叉渡线等。

(1)单开道岔(图 2-23)。目前,我国铁路上最常见的道岔类型是“普通单开道岔”,简称“单开道岔”,主线为直线方向,侧线由主线向左侧或右侧岔出,从道岔尖轨尖端向辙叉方向观察，侧线在主线左侧称为左开道岔，反之称为右开道岔。单开道岔占道岔总数的 90%以上，其构造相对简单，具有一定的代表性。

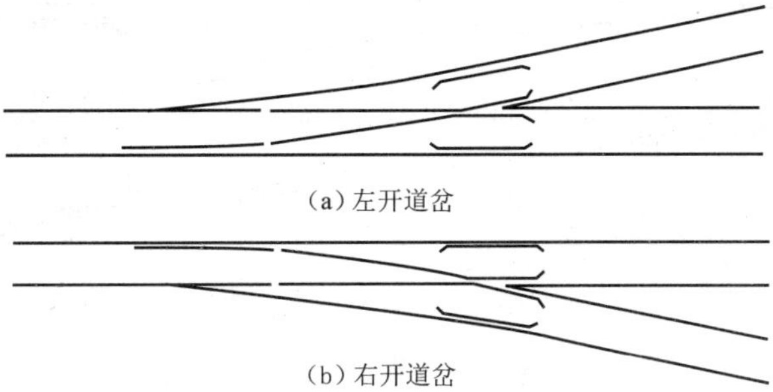

(a) 左开道岔

(b) 右开道岔

图 2-23　普通单开道岔

(2)对称道岔(图 2-24)是单开道岔的一种特殊形式，整个道岔对称于主线的中线或辙叉角的中分线，列车通过时无直向及侧向之分。它特别适宜铺设于驼峰线和三角线，并被使用于工业铁路线和城市轻轨线上。在美国和欧洲一些国家，还将对称道岔铺设在主要线路上。

图 2-24　对称道岔

(3)三开道岔，又称复式异侧对称道岔，是复式道岔中较常用的一种形式。它相当于两组异侧同向的单开道岔，但其长度却远比两组单开道岔的长度之和短。因此，常用于铁路轮渡桥头引线、驼峰编组场以及地形狭窄又有特殊需要的地段。三开道岔由一组转辙器、一组中间辙叉和两组同号数的后端辙叉所组成。该道岔构造比较复杂，维修较困难，运行条件较差，非十分困难时不轻易采用。

(4)菱形交叉，是两条轨道在同一平面相交成菱形的交叉，如图 2-25 所示的中心部分。

(5)渡线，是连接两条平行股道的轨道设备，分为单渡线和交叉渡线(图 2-25)，交叉渡线由四组完全相同的单开道岔和一个菱形交叉组成。

(6)交分道岔(图 2-26)，有单式和复式之分。复式交分道岔相当于两组对向铺设的单开道岔，实现不平行股道的交叉，但具有道岔长度短、开通进路多等优点，因而能节约用地，提高调车能力并改善列车运行条件，在大型编组场应用较多。

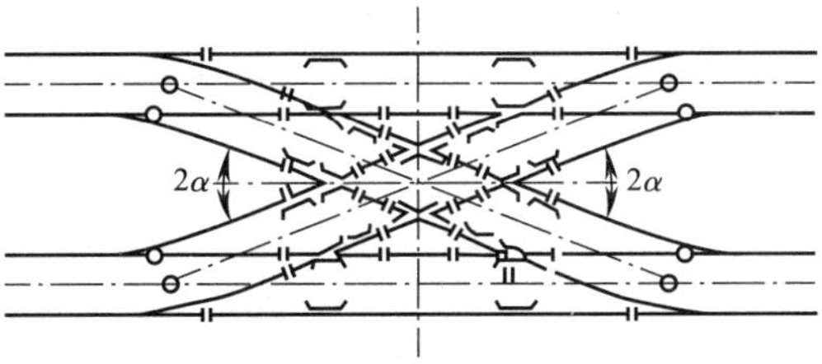

图 2-25　交叉渡线

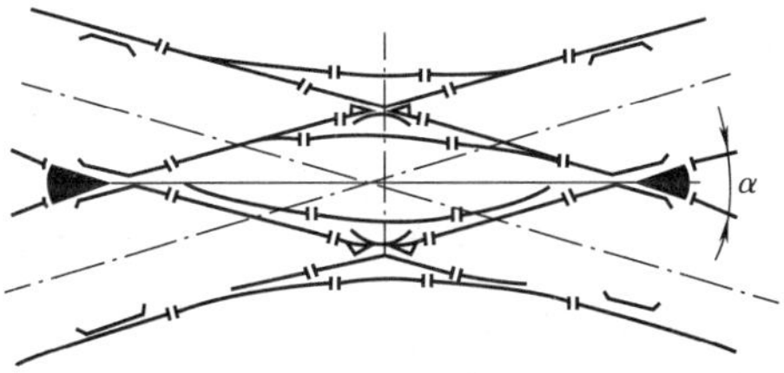

图 2-26　交分道岔

单开道岔结构

2. 单开道岔的构造

单开道岔有转辙器、连接部分和辙叉及护轨三部分组成，如图 2-27 所示。

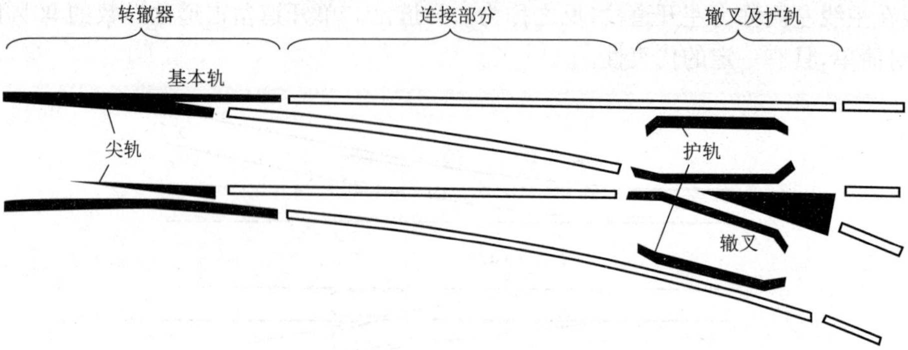

图 2-27　单开道岔构造

(1)转辙器

转辙器(图 2-28)是引导列车进入道岔不同方向的设备。其作用是通过将尖轨扳动到不同的位置使列车沿直线或侧线行驶。它由基本轨、尖轨、跟端结构、辙前垫板、滑床板、辙后垫板、拉杆、连接杆、顶铁、轨撑等组成。

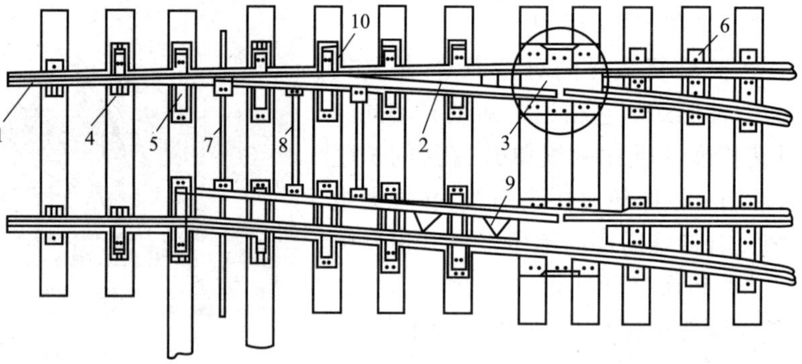

图 2-28　转辙器

1—基本轨;2—尖轨;3—跟端结构;4—辙前垫板;5—滑床板;6—辙后垫板;7—拉杆;8—连接杆;9—顶铁;10—轨撑

基本轨由标准断面的钢轨组成,直线方向的为直基本轨,曲线方向为曲基本轨。尖轨的作用是依靠其尖端与基本轨密贴,引导车轮的运行方向,分为直尖轨和曲尖轨,直尖轨与曲基本轨同侧,曲尖轨与直基本轨同侧。滑床板起到支承基本轨并减小尖轨滑动阻力的作用,须保持清洁并经常进行涂油润滑。拉杆与转辙机相连,为扳动尖轨提供动力。

(2)辙叉及护轨

辙叉及护轨部分包括辙叉、护轨、主轨及其他连接零件,辙叉与护轨共同配合发挥作用。

①辙叉

辙叉由心轨和翼轨组成。心轨又叫叉心,其两个工作边的夹角称为辙叉角,辙叉角的大小决定了道岔号数大小。两翼轨工作边相距最近处称为辙叉咽喉。从辙叉咽喉至心轨实际尖端之间,有一段轨线中断的空隙,称为道岔的"有害空间"。道岔号数越大,辙叉角越小,这个有害空间就越大。车轮通过有害空间时,叉心容易受到撞击。为保护车轮安全通过有害空间,在辙叉两侧相对位置的基本轨内侧设置了护轨,借以引导车轮的行驶方向。在单开道岔中,因辙叉角小于 90°,所以将这类辙叉又称为锐角辙叉。

道岔号数是以辙叉号数的大小表示的，辙叉号数 N 以辙叉角的余切表示，则辙叉角越大，道岔号数越小，辙叉角越小，道岔号数越大。

辙叉按照翼轨与心轨的固定关系，分为固定式和可动式。可动式辙叉分为可动心轨式和可动翼轨式，我国铁路采用可动心轨式辙叉。可动心轨式辙叉因消除了辙叉的有害空间，使得轨线连续，避免了车轮对翼轨和心轨的冲击，提高了列车运行的平顺性，为高速通过道岔提供了可能；同时，可动心轨式辙叉可不设护轨，但因其结构复杂，心轨位置转换需要另设转辙机，故主要应用于运行速度较高的线路上。

②护轨

护轨设于固定辙叉的两侧，是固定辙叉不可缺少的重要组成部分。护轨与辙叉的配合有以下两方面的作用：一方面是控制车轮的运行方向，使之正常通过"有害空间"而不错入轮缘槽；另一方面是保护辙叉尖端不被轮缘冲击撞伤。辙叉护轨由中间平直段、两端缓冲段和开口段组成。护轨平直段是实际起着防护作用的部分，缓冲段及开口段起着将轨轮平顺地引入护轨平直段的作用。缓冲段的冲击角应与列车允许的通过速度相配合，其末端轮缘槽宽度为68 mm。

③查照间隔与护背距离

辙叉心作用面至护轨头部外侧的距离称为道岔查照间隔，辙叉翼作用面至护轨头部外侧的距离称为道岔护背距离。

查照间隔和护背距离是保证机车车辆的轮对在最不利情况下安全通过辙叉的两个重要尺寸，也是铺设和维修道岔必须严格遵守的标准。一方面要使查照间隔大于等于 1 391 mm，但也不可过大，否则会形成护轨槽宽过小或轨距过大的现象，使得 1 348 值超过限度，因此，查照间隔值保持在 1 391～1 394 mm；另一方面还要使护背距离小于等于 1 348 mm，但也不能过小，否则会出现护轨槽宽过大或轨距过小的情况，使车轮轮缘通过时有撞伤辙叉尖的危险，因此，护背距离值应保持在 1 346～1 348 mm。

显然，查照间隔只能有正误差，不能有负误差，容许变化范围为 1 391～1 394 mm。同样，护背距离只能有负误差，不能有正误差，容许变化范围为 1 346～1 348 mm。

查照间隔(1 391 mm)和护背距离(1 348 mm)(简称 91、48)是既相互矛盾又相互制约、共居于同一体中的两个尺寸，必须经常检查并保持规定的数值，对确保行车安全和延长辙叉使用寿命都有重要意义。在检查辙叉中部轨距时，应同时仔细检查 91、48。道尺应放在辙叉心轨顶面宽为 30～50 mm 范围内。

3. 无缝道岔技术要求

(1)可动心轨无缝道岔的钢轨接头除绝缘接头采用胶接绝缘接头外，其余接头应全部焊接；固定型道岔除绝缘接头采用胶接绝缘接头、高锰钢辙叉前后 4 个接头可采用冻结接头外，其余接头应全部焊接。固定型辙叉接头冻结应采用高强度螺栓，扭矩应保持 1 100～1 400 N·m。

(2)导轨、辙叉、心轨、翼轨的扣件扭矩应保持 120～150 N·m；尖轨及其前后各 25 m 范围内的基本轨扣件扭矩应保持 60～80 N·m。

(3)道床保持饱满，扣件保持紧固状态，达到轨下基础稳定、纵向无爬行、横向无横移。

(4)加强可动心轨道岔的心轨与翼轨锁定，以及联结件和钢轨接头螺栓的养护和紧固，防止尖轨爬行相错。

知识拓展

基地长钢轨闪光焊接工艺

1. 焊轨基地的工艺布局

2007 年以来，全路新(改)建了 12 个百米钢轨焊接基地，分别是沈阳局集团公司沈阳南、北京局集团公司沙河、呼和浩特局集团公司呼和浩特、郑州局集团公司小李庄、武汉局集团公司武昌南、济南局集团公司桑梓店、上海局集团公司芜湖北、南昌局集团公司向塘、广州局集团公司红海、成都局集团公司石板滩、兰州局集团公司河口南、包钢中铁。高速铁路用的焊接长钢轨全部由 12 个焊轨基地供应。

焊轨基地生产线包括焊接线(或热加工线)和精整线(或冷加工线)两部分。500 m 长钢轨通过时效台上的横移作业将两条生产线联系起来，形成 U 形或 N 形布局。U 形布局如图 2-29 所示。

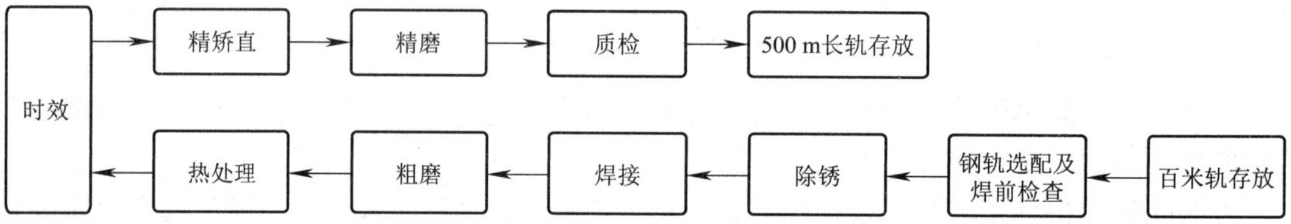

图 2-29 焊轨基地 U 形布局

2. 长钢轨焊接工序及标准

(1)百米钢轨的吊运及存放

吊运：采用专用的吊卡装置，夹持钢轨时，卡具应卡住轨头下颚，夹持点间距不大于 13 m，钢轨两端的夹持点距轨端不大于 7 m，钢轨夹持应牢固、可靠。一次装卸多根钢轨时，所吊钢轨应保持同一高度。各台起重机的起吊和走行应保持同步，作业过程应保证钢轨平顺。钢轨起吊、走行、下落应分布动作，水平起吊到位后方可走行，走行期间应避免钢轨摆动，走行到位确认钢轨平稳后方可下落。吊运过程中应避免摔跌、撞击钢轨。存放：基础平稳、牢固、无下沉；层间垫物尺寸一致；各层间垫物与轨垛基础上下对齐；堆码层数不宜超过 15 层；不同型号钢轨应分别存放；伤损钢轨或不合格钢轨应单独存放。

(2)钢轨焊前检查及选配

焊接前应检查钢轨表面质量、轨端主要几何尺寸、轨端平直度和轨端扭曲，全部合格的钢轨方可焊接。

(3)焊前除锈

目的是增强导电性，防治钢轨发生电极灼伤。除锈部位是待焊钢轨的顶面、底面和端面。关键控制要点是除锈部位及范围、除锈深度、除锈后的表面质量。注意除锈效果应保持一致，不同的除锈效果会引起焊接电流的变化，影响焊接质量。

(4)焊接

焊接前轨温不宜低于 10 ℃，焊接参数的修改应经过主管工艺工程师批准，在待焊钢轨对位时，应以钢轨顶面和钢轨侧面工作边为基准。每焊接一个接头，焊接作业人员应清扫焊机并检查接头表面质量、推凸质量、接头错边量、有无电极灼伤、焊接记录曲线，完成焊头标识，查看钢轨炉号,填写焊接记录。

焊接后在未经打磨处理的情况下检查接头错边量,顶面错边量不大于 0.2 mm,轨头侧面工作边错边量不大于 0.2 mm,轨底边缘水平方向错边量不大于 2 mm 为合格。接头表面应无裂纹、无焊渣挤入母材,推凸余量应符合标准,无电极灼伤。不合格的接头应在焊缝两侧各 100 mm 位置切掉接头重新焊接。

(5)粗磨

粗磨部位:焊接接头轨头非工作边、距轨底边缘 35 mm 范围内上下表面、轨底边缘。打磨时应沿钢轨方向纵向打磨,粗磨后的表面应平整、光洁,与母材过渡圆顺,轨底边缘上下棱角应倒成圆角。钢轨表面打磨不应出现表面灼伤,不应出现负偏差。轨底面焊筋高度应打磨至0～0.5 mm,轨底打磨不得伤及母材。

(6)焊后热处理

焊接接头热处理应采用中频感应方式进行全断面加热。加热前焊接接头温度应低于 500 ℃(轨头表面)。加热温度为 850～950 ℃,钢轨顶面加热温度不应高于 950 ℃,轨脚加热温度不应低于 850 ℃。加热完成后,应立即对轨头部位进行喷风冷却。喷风目的是保证焊接接头的轨头部位具有与钢轨母材相匹配的硬度。喷风所用的压缩空气应经过干燥过滤,防止水汽喷到红热的接头上。

(7)时效

为充分释放焊缝残余应力,要求时效时间应大于 24 h。

(8)焊接接头矫直

平直度的实现主要依靠矫直,而不是打磨。

(9)外形精整(精打磨)

精磨的部位是焊接接头的轨顶面及轨头侧面工作边。精磨后应保持轨头轮廓形状,不应使焊接接头或钢轨产生任何机械损伤或热损伤。精磨的长度范围越短越好,标准规定最长不应超过焊缝两侧各 450 mm 限度。

(10)质检

质检包括超声波探伤和平直度检验。每个接头都应进行超声波全断面探伤检查。探伤工应持有铁道部门无损检测人员技术资格鉴定考核委员会颁发的Ⅱ级探伤证书。平直度检验使用电子平直尺,测量记录作为竣工资料保存。

(11)500 m 焊接长钢轨的吊运与存放

钢轨起吊、走行、下降应分别操作。钢轨应水平起吊,到位后方可走行,走行期间应避免钢轨摆动,走行到位确认钢轨平稳后方可下落。长钢轨吊运的每个阶段,群吊应同步动作。

钢轨应正向水平码放在存放台上,排列要整齐、平直、稳固。钢轨端部应对齐.相错量不大于 100 mm。存放基础应采用混凝土地基梁。多层存放时,层间应布置钢质垫物,垫物尺寸应相同。存放作业中禁止损伤钢轨。层间垫物应与存放基础垂直对齐,钢轨存放不宜超过 6 层。

复习思考题

1. 轨道主要由哪几部分组成?
2. 钢轨横断面有哪些特点?
3. 钢轨接头的形式有哪些? 各有什么用途?

4. 不同型号的混凝土轨枕的铺设标准是什么？
5. 弹条扣件有哪些类型及特点？
6. 有砟轨道和无砟轨道有哪些异同？
7. 碎石道砟分几个等级？各有什么用途？
8. 轨道的基本几何形位参数有哪几个？分别如何定义？
9. 试述曲线外轨超高、欠超高和过超高的原理。
10. 设置缓和曲线的必要性是什么？
11. 缓和曲线的曲率和超高是如何变化的？
12. 缓和曲线的长度应满足哪些要求？
13. 影响无缝线路的稳定性的因素有哪些？
14. 无缝线路锁定轨温是什么？如何确定锁定轨温？
15. 无缝道岔的铺设技术要求是什么？
16. 道岔的作用是什么？
17. 单开道岔分为哪几个部分？尖轨、有害空间和咽喉分别属于哪个部分？
18. 道岔号数是如何确定的？
19. 何为查照间隔和护背距离？其标准值是多少？有什么重要作用？

项目3　轨道机械化修理技术

项目描述

轨道在铁路运输中，直接承受机车车辆运行带来的动、静荷载的冲击，在列车运行动力作用下，钢轨、轨枕和道床等不可避免的出现伤损、变形，对行车的安全性和平稳性带来危害，严重时可能会造成行车事故。本项目主要介绍轨道病害的产生原因与类型、大型养路机械的工作原理、大型养路机械作业技术要求及质量检查等内容。

通过对本项目的学习，学生应掌握轨道常见病害类型和大型养路机械的作业技术要求，明确质量验收标准。

学习目标

1. 能力目标

(1)具有正确识别各类轨道病害的能力；

(2)具有正确运用大型养路机械消除相应病害的能力；

(3)具有对大型养路机械作业质量检查的能力。

2. 知识目标

(1)掌握轨道常见病害类型的产生和类型；

(2)掌握大型养路机械的工作原理；

(3)掌握大型养路机械的作业技术要求；

(4)掌握大型养路机械的作业质量验收标准及程序。

任务3.1　维修机组的应用

3.1.1　任务目标

通过学习维修机组应用，能够完成以下任务：

1. 理解轨道不平顺及产生原因；

2. 掌握维修机组工作原理及作业技术要求；

3. 了解捣固作业后线路横向阻力的变化。

3.1.2　相关配套知识

维修机组一般包括捣固车、动力稳定车和配砟车。捣固车的全称为抄平起拨道捣固车，是线路大修、维修机组的主要设备之一，作业对象为有砟轨道，通过对轨道进行起道抄平、拨道、道砟捣固、砟肩夯实等作业，使轨道几何尺寸达到《修规》线路及道岔作业验收标准，消除轨道因道床原因造成的动、静态不平顺，捣固后进行动力稳定和配砟作业，可有效提高道床道砟的密实度，增强轨道稳定性。

1. 有砟轨道不平顺及产生原因

轨道不平顺是指轨道几何形状、尺寸和空间位置相对正常状态的偏差。直线轨道不平、不直，对中心线位置和轨道高度、宽度正确位置的偏离；曲线轨道不圆顺，偏离曲线中心线位置，偏离曲率、超高、轨距的正确数值，偏离顺坡变化尺寸等轨道几何偏差通称轨道不平顺。

轨道不平顺的含义

轨道不平顺的种类多样，分类方法不尽相同。按照轨道不平顺波长可分为短波不平顺、中波不平顺和长波不平顺；按照轨道不平顺项目分为轨道几何不平顺、钢轨表面不平顺和钢轨断面不平顺；按照轨道不平顺发生的先后分为轨道初始不平顺和轨道运用不平顺。按照轨道不平顺对机车车辆的激扰方向分为垂向轨道不平顺、横向轨道不平顺和复合不平顺。我国轨检车采用最后一种分类方式，以下重点介绍。

（1）垂向轨道不平顺

垂向轨道不平顺包括高低、水平、扭曲、轨面等短波不平顺及钢轨轧制校直过程中形成的垂向周期性不平顺。垂向不平顺的原因有以下几种情况：

①前后高低不平顺。前后高低不平顺是指钢轨顶面或线路中心线竖向（与轨道平面垂直的方向）的凹凸不平，它主要是由线路施工和大修作业的高程偏差、桥梁挠曲变形、轨道垂向刚度不一致、道床和路基的不均匀残余变形或沉降不均匀、轨道各部件的间隔不相等、存在暗坑、吊板等造成的，如图 3-1 所示。

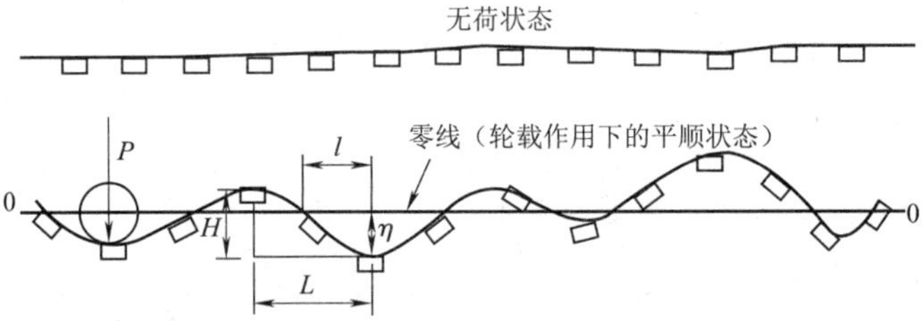

图 3-1　前后高低动态不平顺

η—峰值；l—$\frac{1}{4}$波长；L—正负峰间距；H—峰—峰值

②水平不平顺。水平不平顺是指轨道同一截面上左右两轨顶面的相对高差，它是由于左右轨道强度不一致或受力不均匀造成的，如图 3-2 所示。

③平面扭曲不平顺。一般称为三角坑，是指左右两轨顶面相对于轨道平面的扭曲，用相隔一定距离的两个横截面水平幅值的代数差度量，如图 3-3 所示。

④轨面短波不平顺。轨面短波不平顺是指钢轨顶面小范围内的不平顺，它是由焊缝不平、轨面不均匀磨耗、擦伤、接头错牙等形成；其形式分为周期性和非周期性两种。周期性不平顺主要由波浪磨耗（图 3-4）产生，钢轨轧制过程中也能形成轨身垂向的周期性不平顺；非中期性不平顺由焊缝不平、接头错牙、轨面擦伤、剥离掉块等产生。

（2）横向轨道不平顺

横向轨道不平顺包括轨向、轨距迹钢轨轧制校直过程中形成的横向周期性不平顺。其对机车的激扰方向是在轨道平面内与列车运行方向相交，造成列车横向晃动。

①轨距不平顺。通常扣件不良、轨枕挡肩失效、轨头侧面磨耗等会造成轨距偏差。

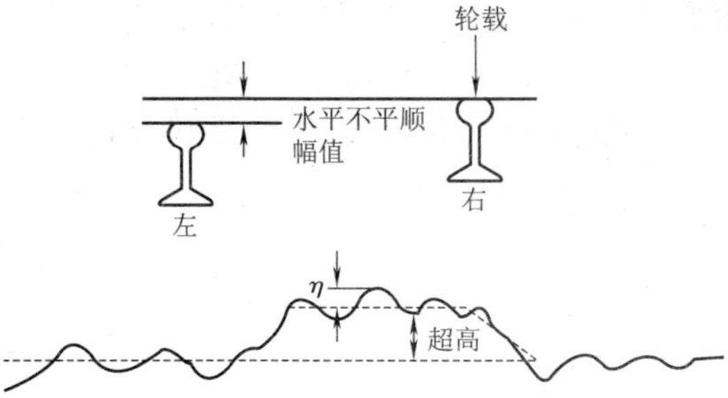

图 3-2　水平不平顺

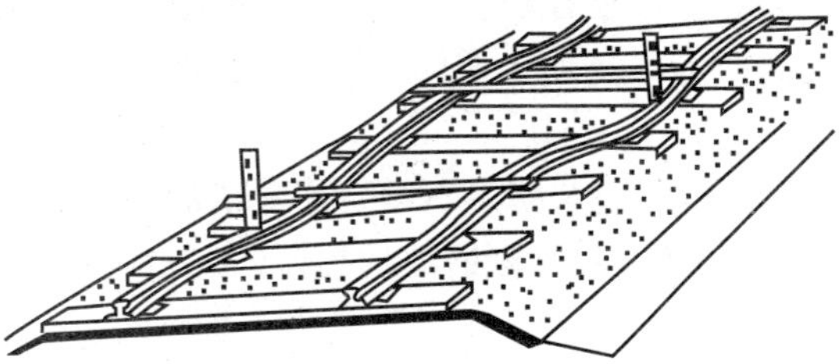

图 3-3　三角坑测量示意图

图 3-4　钢轨波浪磨耗

②轨向不平顺。铺轨施工和大修作业的轨道中心线定位偏差、轨排残余变形积累和轨头侧面磨耗不均匀、扣件失效、轨道横向弹性不一致等原因会造成轨向不平顺。与轨距不平顺相比,轨向不平顺对行车平稳性的影响更大。

③周期性不平顺。钢轨轧制过程中的变形会形成横向周期性不平顺。

(3)复合不平顺

在轨道一定范围内,垂向和横向不平顺共存称为轨道复合不平顺。它包括轨向水平逆向复合和曲线头尾的几何偏差。

轨向水平逆向复合不平顺指在线路同一位置既有轨向不平顺又有水平不平顺,并且轨道臌曲方向与高轨位置形成反超高状态。这种病害会加剧列车侧滚、侧摆和横向加速度,不仅对行车安全极为不利,是列车脱轨的主要因素,而且影响旅客舒适度。1963 年 11 月日本东海道既有线鹤见车站发生了货车脱轨事故(称"鹤见事故"),一辆 45 节车厢的货运列车的第 43～45 节出轨,脱轨列车倒向邻线,与对面开来的上行客车发生冲突相撞,又侵入下行线与下行客车相撞,造成 161 人死亡,120 人受伤,产生重大不良社会反应。事故发生后,其原因认定为"复合脱轨"。根据脱轨事故现场的高速轨检车记录,轨向的连续不平顺与水平不平顺的逆向复合病害是造成这次脱轨的主要原因。.

轨向水平逆向复合不平顺的特点如下:

①这种复合病害往往都以轨向、水平限值较小,容易被忽视。轨检车动态检测病害点轨

向、水平不超限；静态检查道尺水平不超限，弦量轨向不超限。

②这种复合病害对轨道的冲击大，促使线路状态变化快。轨向病害作用在一侧轨道上的离心力再叠加上逆向水平造成偏载量的离心力，一旦达到一定数值，将严重恶化行车平稳性。

③这种复合病害不容易彻底整治，易复发。

(4)轨道不平顺的波长类型(表 3-1)

表 3-1 轨道不平顺波长及特征

种类	范围	特征
短波	数毫米至数十毫米	轨面擦伤剥离掉块、波纹磨耗、焊缝
	数百毫米	波浪形磨耗
中波	2～3.5 m 周期性	钢轨生产过程中形成的周期性不平顺
	12.5 m 和 25 m 周期性	钢轨接头、焊缝处道床沉降
	3～30 m 非周期性	高低、轨向、扭曲、水平、轨距不平顺
长波	30 m 以上非周期性	路基、道床不均匀沉降，桥、涵端头刚度差异，单跨、多跨不等距桥梁挠曲变形
	30 m 以上周期性	多跨等距桥梁的挠曲变形，路基因素形成的长波不平顺，桥梁挠度形成的周期性不平顺

(5)静态和动态不平顺

①静态不平顺是指无轮载作用时，人工或轻型测量小车测得的不平顺。静态不平顺不能如实反映暗坑、吊板、刚度不均匀等形成的不平顺，只能部分反映路基道床不均匀残余变形积累形成的不平顺。静态不平顺只是行车条件下完整的轨道不平顺在无列车轮载时部分的、不确定的表象。

②动态不平顺是用轨检车测得的在列车车轮荷载作用下完全显现出的轨道不平顺，是对行车安全、轮轨作用力、车辆振动产生实际影响的因素。因此，各国轨道不平顺的监控管理标准，尤其是安全管理标准，大多是依据动态不平顺值来确定。

③动静态不平顺的差异：

(a)通常情况下，同一地段动态不平顺和静态不平顺有较大差异。暗坑、吊板越多，不良扣件越多，道床密实度越不均匀，差异就越大。

(b)动态不平顺的幅值越大，动静态之间的差异越大。

(c)新线铺轨建成后，既有铁路大修、维修作业完工后，动静态不平顺差异较小。

(d)起道捣固、拨道作业的质量越好越均匀，两者差异越小。

(e)具有高平顺性的高速铁路，动静态值差异一般较小。

(f)无砟轨道的动静态值差异较小。

(g)动静态不平顺幅值一般不存在一一对应的函数关系。

2. 捣固车作业原理

轨道几何不平顺是指轨道几何形位的变化，具体表现有前后高低、轨向、水平等超限。其原因是有砟轨道的轨排直接放置在石砟道床上，靠轨枕与道床之间的纵向、横向阻力保持轨道稳定，道床在大自然中经受风雨、冻融和列车荷载作用，每次列车经过后，轨道会留下一定的残余变形，该变形不断累积最终导致轨道几何形状和尺寸发生显著的扭曲变形。捣固车可对轨道进行拨道、起道抄平、道砟捣固及道床肩部石砟的夯实作业，使轨向、水平和前后高低均达到线路设计标准或《修规》要求，提高道床的密实度，增加轨道的稳定性。

(1)轨向的检测及修正

为了消除轨向偏差，使直线顺直，曲线圆顺而进行的作业称为拨道作业。捣固车在进行拨道作业时，采用单弦检测装置检测拨道量的大小和方向，分为四点式、三点式和激光直线矫直三种自动检测拨道方式。捣固车轨向检测装置由从后向前依次设置的 A、B、C、D 四个测量小车，一根钢弦线、两台矢距传感器及相应的显示仪表组成。C 点测量小车如图 3-5 所示。

图 3-5　C 点拨道小车右侧

1—C 点拨道小车；
2—自动捣固用脉冲发生器(距离测量)；
3—安全索；4—锁定控制限位开关；5—拨道量传感器

①四点式拨道检测原理

四点式检测原理是以检测圆曲线的方法为基础，有四个检测点。如图 3-6 所示，A、B、C、D 分别表示四个测量小车，B、C 点安装有矢距传感器，H_1、H_2 为测得曲线正矢，R 为曲线半径。H_1、H_2 的比值为一常数 K_B(08-32 捣固车 K_B 值为 1.326 6)。在曲线上，当 $H_1=H_2K_B$ 时，表示方向良好，偏差在容许范围内；当 $H_1\neq H_2K_B$ 时，表示线路方向有偏差，捣固车开始拨道，直至 $H_1=H_2K_B$，拨道停止。在直线上作业时，将直线视为半径无穷大的圆曲线。

②三点式拨道检测原理

三点式检测是通过装在 B 点小车上的弦线固定器使弦线在 B 点固定，取消检测点 A，关闭 B 点矢距传感器输出，仅有 C 点矢距传感器工作，这种检测方法有三个检测点，称为三点式检测，如图 3-7 所示。

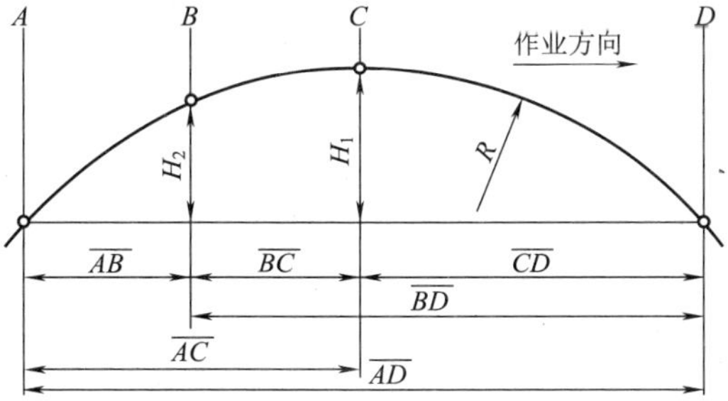

图 3-6　四点式检测原理

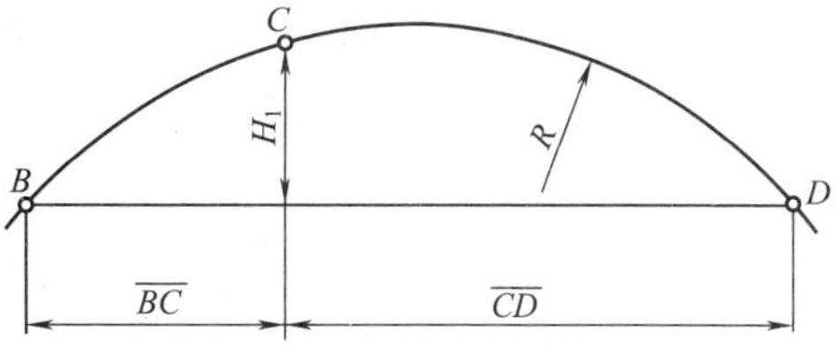

图 3-7　三点式检测原理

三点式检测是以检测直线为基础的，在直线上进行方向偏差检测时，矢距传感器测出的矢距信号 H_1，就是 C 点的实际线路方向偏差。而在圆曲线上检测时，当 B、C、D 点处在正确的圆曲线上时，矢距传感器输出的信号 H_1，就是圆曲线在 C 点的矢距。如果这时不对拨道信号进行修正，则 H_1 作为偏差信号进行拨道，就会把圆曲线拨成直线。因此，三点式检测拨道时，需要用手动或者修正计算机 ALC 输入相应圆曲线在 C 点的理论矢距值 v_C，用圆曲线在 C 点的理论矢距值 v_C 与实测矢距值 H_1 进行比较得出该点线路方向的实际偏差信号，来控制拨道装置使轨道移动，直到 H_1 等于 v_C 时，拨道停止。

三点式检测拨道与四点式检测拨道的不同之处是输入电液位置伺服控制系统的设定信号:四点式是 H_2,三点式是 v_C。

③直线段的激光矫直原理

在长大直线上进行拨道作业时,由于检测弦线长度有限,所以整正后的直线方向不理想,仍有大慢弯存在。激光矫直就是利用激光束的直射特性,通过 D 点小车上的跟踪机构,使弦线的 D 端始终与激光束保持在一条直线上,相当于弦线延长的效果,提高了直线段的方向偏差检测精度,改善了拨道质量。使用激光矫直拨道作业时,需采用三点式检测。

④线路方向整正后的残留偏差

单弦检测线路方向的基本原理是建立在 A、B、D 三个检测点都处在同一半径的圆曲线上时,C 点的线路方向偏差会完全被检测出来。但是在实际拨道作业中,A、B 检测点处在已整正后的圆曲线上,而 D 点检测小车是在未整正的曲线上。因此,C 点检测出的方向偏差就不是 C 点线路实际存在的方向偏差,还包含着 D 点偏差的影响。所以整正后的线路方向仍有一定的方向偏差残留,简称为残留偏差。

采用四点式检测拨道后线路方向偏差剩余 1/6,采用三点式检测拨道后线路方向偏差剩余 1/3,可见三点式检测拨道时的线路方向偏差残留比四点式检测拨道时大。通过上述误差分析得出:不论是四点式检测拨道还是采用三点式检测拨道只能达到线路方向基本圆顺,不能完全消除线路方向偏差,整正后的线路仍有一定的方向偏差存在,故称为近似法拨道作业。

如果要完全消除拨道后的方向残留偏差,提高拨道质量,使轨道恢复原有的几何形位,可以在拨道作业前对线路方向进行测量,每隔 2.5 m(五根轨枕)的距离把实测线路方向偏差量写在轨枕上,拨道作业时由前司机室的操纵人员,把实测线路方向偏差值输入拨道电路,修正 D 点偏差量,可以完全消除 D 点偏差对 C 点的影响,实现精确拨道。

线路方向偏差测量工作及数据输入较为烦琐,目前工务部门正在尝试使用轻型测量小车代替人工测量,并将测得数据导入捣固车 ALC 计算机中,实现自动精确拨道。普拉赛—陶依尔已经开发出新型 09-4X 捣固车,将激光矫直技术应用于曲线拨道,极大地提高了方向偏差检测精度。

(2)前后高低和水平偏差检测及修正

①前后高低检测

捣固车前后高低的检测装置是由两根弦线和两个抄平小车及相关电路、仪表组成。每一股钢轨分别由一根两端固定的弦线和一个抄平小车进行检测,其原理相当于竖直方向上的三点法检测,一般不考虑竖曲线因素。作业时,张紧的弦线作为钢轨的抄平基准,抄平小车随钢轨的高低起伏运动,带动抄平传感器输出起道信号。

②水平检测

水平检测装置由三个电子摆和相关电路仪表组成,前摆负责测量未作业地段实际水平,中摆测量作业中水平,后摆测量作业后水平。

前端理论超高与前摆测量出的实际水平的差值和输入的起道量一起分别形成左右两侧的前端起道量。该起道量以一定比例传送到左右两侧的起道模拟控制电路中,形成作业点起道信号。抄平传感器输出的信号与理论起道信号的差值加上辅助起道信号共同构成起道总信号。

3.维修机组作业对道床阻力的影响

捣固作业后扰动了道床,使道砟间的相互咬合和道砟与轨枕的接触状况均发生变化,从而导致道床阻力下降。道床阻力的降低，严重影响轨道的稳定性，限制了作业后列车运行速度。

(1)对道床横向阻力的影响

捣固、稳定作业各一次后，轨枕位移 2 mm 时，轨道横向阻力比较见表 3-2。

表 3-2　维修作业前后道床横向阻力比较

作业项目	维修前	捣固后	稳定后	首列通过	第 2 日	第 3 日	第 6 日
横向阻力值(kN/根)	9.95	5.92	6.71	7.29	7.52	7.60	9.66
作业前后比较(%)	100	59.5	67.4	73.3	75.6	76.4	97.1

捣固后道床横向阻力降低约 40%左右，这是由于捣固后石砟道床的空隙比增大，颗粒间的接触不紧密造成道床松动。动力稳定车作业一遍后，道床横向阻力与作业前比较增加了 8.8%～13.3%；首趟车通过后，道床横向阻力与捣固后的阻力比较增加了 23.1%～24.5%，与稳定后的阻力比较增加了 8.6%～9.8%。从道床横向阻力的增加幅度及道床稳定规律来看，稳定车及首趟车对恢复道床横向阻力的作用较大，其压实作用比较明显。

作业后第 2 天，道床横向阻力已恢复至作业前的 52.1%～75.6%，第 3 天恢复至作业前的 62.9%～76.4%，1 周后恢复至作业前的 83.4%～97.1%。由此可见，捣固作业后，道床横向阻力随通过总重的增加而增加，动力稳定作业可有效提高横向阻力，因而在捣固后应及时进行动力稳定作业。

(2)对道床纵向阻力的影响

捣固作业 2 次，稳定作业 1 次后，轨枕位移 2 mm 时，维修作业前后纵向阻力比较见表 3-3。

表 3-3　维修作业前后道床纵向阻力比较

作业项目	维修前	捣固 1 遍	捣固 2 遍	稳定后	第 2 日	第 3 日	1 周后
纵向阻力值(kN/根)	11.64	4.56	2.52	3.28	4.14	5.58	6.08
作业前后比较(%)	100	39.2	21.6	28.2	35.6	47.9	52.2

捣固作业后道床纵向阻力降低约 61%～62%，其下降幅度较道床横向阻力下降幅度要大 20%左右。动力稳定车作业 1 遍后，道床纵向阻力与捣固后的阻力比较增加了 30.2%，反映出动力稳定车的压实效果较明显。随着通过总重的增加，在列车碾压作用下道床密实度逐渐增加，纵向阻力也逐渐恢复。

捣固 2 遍后，道床纵向阻力降低幅度较大，在通过总重相同的情况下，纵向阻力在一周后才恢复至作业前的 52.2%。

道床纵向阻力降低，将导致轨排抵抗纵向变形的能力降低，引起线路不均匀爬行。在无缝线路上，不均匀爬行会造成钢轨温度应力不均匀，影响无缝线路的稳定性，高温时段易出现胀轨跑道，因而，在无缝线路进行捣固作业，必须严格遵守作业轨温条件，超温禁止作业。

任务 3.2　钢轨打磨列车的应用

3.2.1　任务目标

通过学习钢轨打磨列车应用，能够完成以下任务：

1. 理解钢轨表面病害的类型及原因；

2. 掌握钢轨打磨列车作业技术要求；

3. 掌握打磨作业分类及技术要求。

3.2.2　相关配套知识

钢轨打磨作业可以有效消除钢轨表面的缺陷和病害，修正钢轨横断面廓形，改善轮轨关系，减小接触应力和横向蠕滑力，延缓病害的发生和发展，提高钢轨使用寿命，是钢轨保护技术的主要措施之一。

1. 轮轨关系概述。

轮轨关系问题一直是铁路运输关注的重点，直接影响着铁路运输的经济性和动力学性能。

轮轨关系

(1)轮轨接触理想目标

钢质车轮在钢轨上滚动，其接触斑仅有一元硬币大小，无论在车轮还是在钢轨上，均存在极大的接触应力，其运动和受力都极为复杂，涉及多个学科。本节仅介绍理想状态下，轮轨关系应具备的特征。

在直线或曲线下股钢轨上，轮轨在轨头踏面中心区域接触(图 3-8 区域 A)，具有轮轨接触应力小、轮对对中性好、钢轨承受弯矩小等优势，可延缓钢轨表面疲劳伤损的发生和发展；在曲线上股钢轨上，形成共形接触(图 3-9)，轮轨之间接触斑增大，轮对两侧轮滚动半径差值合理，具有轮轨接触应力小，横向蠕滑率小等特点。

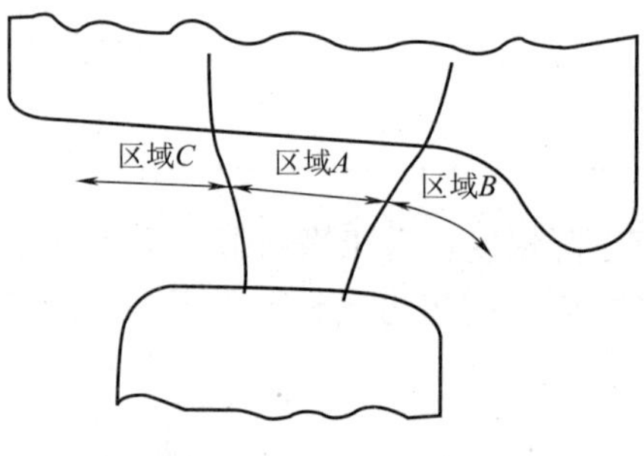

图 3-8　轮轨接触分区

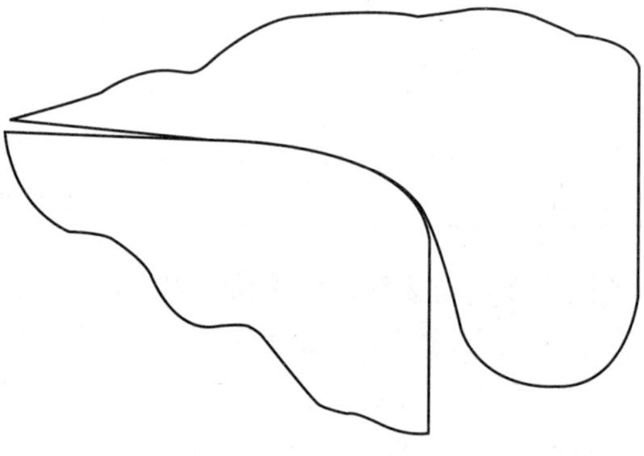

图 3-9　轮轨共形接触

(2)轮轨匹配不良

我国普通铁路客、货车采用 LM 车轮形面；4 种动车组分别采用 4 种车轮形面：CRH1 现采用 LMD 车轮形面，CRH2 采用 LMA 车轮形面，CRH3 采用 S1002CN 车轮形面，CRH5 采用 XP55 车轮形面。

LM 是 20 世纪 80 年代我国设计的磨耗型车轮形面，与 TB60 钢轨匹配情况如图 3-10 所示，可见轮轨匹配未达到理想目标，轮轨接触光带偏向轨距角。据观测显示，除 LMA 车轮形面与 TB60 钢轨匹配较好，接触光带接触在中心位置，其他形面均未达到理想目标，接触光带普遍偏向轨距角。轮轨长期在轨距角接触，会导致钢轨滚动接触疲劳，具体表现为轨头裂纹、轨距角裂纹、剥离掉块、隐伤等情况。

轮轨匹配不良可导致动车组异常振动，主要表现为车体晃车、抖车和动车组转向架构架横向加速度报警，2010 年 2 月，CRH3 型动车组首先在武广高铁发生构架报警并引发动车组自停，2013 年 3～5 月在京津城际、2013 年 8 月在哈大、2013 年 2～6 月在京沪徐州以北地段等高速铁路出现报警，尤其 2014 年 2～6 月间，在京沪高铁徐州以北区段出现了 CRH3 动车组大面积构架报警。

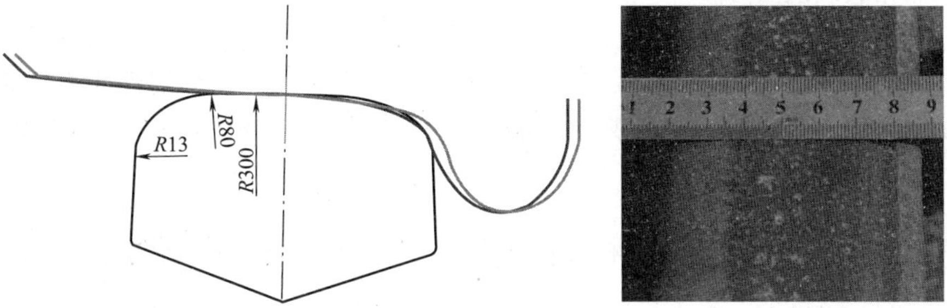

图 3-10　LM 型车轮形面与 TB60 钢轨匹配情况

轮轨原始不匹配以及运行后造成的不匹配，均可导致轮轨匹配不良，降低钢轨使用寿命，影响列车运行安全，需要及时对轨道进行修理。

2. 钢轨表面病害的类型与特点

(1)钢轨侧磨

钢轨侧磨一般有曲线上股钢轨侧磨和直线钢轨交替侧磨两种类型，而曲线上股钢轨侧磨占 90%以上，尤其是 350 m 以下小半径曲线上股极易发生侧磨。

①曲线钢轨侧磨如图 3-11 所示。主要原因是曲线半径过小，转向架导向能力较低，造成轮对冲击角较大，车轮轮缘与钢轨作用之间产生相对滑动，造成钢轨和车轮的快速磨损。在初期，侧磨发展速度较慢，随着钢轨磨损，轮轨接触位置外移，上股车轮滚动半径进一步减小，滑动摩擦加剧，造成侧磨快速发展，最终磨损超限，进行换轨大修。

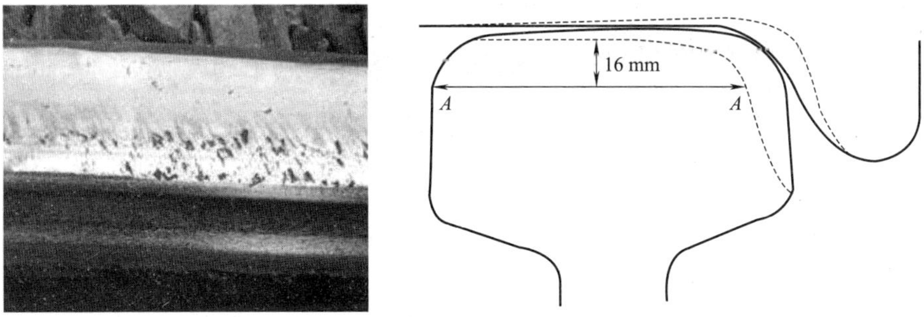

图 3-11　曲线外股侧磨

控制曲线钢轨侧磨的措施主要有钢轨廓形打磨和适当的外轨侧面润滑。廓形修正打磨采用钢轨打磨列车进行，采用内外轨非对称设计，对外轨轨头外侧进行打磨，使光带内移，增大车轮滚动半径，减少滑动摩擦；对外轨侧面进行适当润滑，降低摩擦系数。另外，适当降低曲线超高，也有利于减缓钢轨侧磨的发展。

②直线钢轨交替侧磨。主要原因是钢轨轨距角材质缺失、车辆的走行部偏差较大造成的。当轮对左右轮径偏差较小或前后轮轴摇头方向偏角较小时，在直线上不会发生轮轨的侧面接触；但当车轮左右轮径偏差较大或前后轮轴摇头方向偏角较大时，轮对要求通过横向移动来弥

补左右轮径差或产生横向重力分力来平衡偏角引起的横向蠕滑力，这时若不能发生轮缘根部与轨距角的接触，这一平衡位置就不存在，必然要靠轮缘与钢轨侧面的接触力来解决，也就出现了直线段钢轨的左右交替侧磨。其控制措施是合理的钢轨廓形打磨，恢复轨距角的横向控制作用。

(2)轨距角斜裂纹

斜裂纹是滚动接触疲劳的一种现象。斜度在18°～30°，如图3-12所示。斜裂纹发展后期会形成剥离掉块，如图3-13所示。斜裂纹的成因是轨距角与车轮踏面的根部相接触且载荷过大，存在切向作用力或润滑过度造成钢轨磨耗较低。控制措施是打磨疲劳层，消除轨角光带、适量润滑、提高钢轨抗疲劳性能。

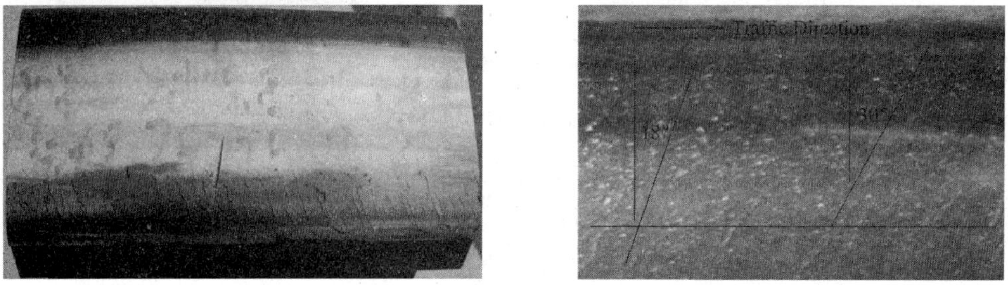

图3-12　轨头斜裂纹

图3-13　钢轨剥离掉块

(3)波浪磨耗

钢轨打磨列车最初设计目的就是用来消除钢轨波浪磨耗(图3-14)，通过不断发展和完善，钢轨打磨可有效治理和控制钢轨的波磨、表面裂纹、剥离掉块等疲劳伤损，改善轮轨接触状况。波浪磨耗会加剧车辆的振动，一旦形成共振还会造成车辆故障甚至行车事故。控制波浪磨耗的措施是要在波浪磨耗深度达到对车辆和轨道有危害前及时进行打磨。

(4)钢轨接头塌陷、擦伤

对于钢轨焊缝接头低塌问题，认为与焊接区的热影响有关；擦伤多数是因为列车牵引不当造成空转，使局部钢轨过热，如图3-15所示。

3. 打磨作业分类与技术要求

我国于20世纪80年代引进钢轨打磨技术以来，钢轨打磨技术逐渐成为一项基本的轨道维护技术。目前国内的钢轨打磨列车主要有SPENO(欧系)和HTT公司(美系)生产的以及在国内合资厂生产的，有48磨头和96磨头两种，

钢轨打磨技术

钢轨打磨工艺主要依据国外钢轨打磨经验和设定的钢轨打磨程序。钢轨打磨主要有三大作用,治理波磨、滚动接触疲劳和列车失稳。通常情况下,它们不同时出现,高速铁路钢轨轨面的浅层擦伤、异物硌伤等也可以通过打磨予以消除或减轻。中国铁路总公司运输局颁布的《普速铁路钢轨打磨指导意见》(运工线路函〔2014〕227 号)和《高速铁路钢轨打磨管理办法》(铁总运〔2014〕357 号),它们是钢轨打磨的指导性文件和技术依据。

图 3-14　波纹磨耗(左)和短波磨耗(右)

图 3-15　接头低塌与钢轨擦伤

(1)钢轨打磨的分类

钢轨打磨可以分为新轨预打磨、预防性打磨和修理性打磨。

①新轨预打磨是对铺设上道后新钢轨的打磨,目的是去除轨面脱碳层,消除钢轨在生产、焊接、运输和施工过程中产生的表面缺陷,优化轨头廓形,改善焊接接头平顺性。

②预防性打磨是对钢轨进行的周期性打磨,目的是修复轨头廓形,预防滚动接触疲劳、波浪(波纹)磨耗等病害的产生。

③修理性打磨是对已产生病害钢轨的打磨,目的是修正轨头廓形,消除滚动接触疲劳裂纹、波浪(波纹)磨耗及擦伤等病害。

对预防性打磨,应根据钢轨磨损发展情况制定合理打磨周期,按周期进行打磨作业。对修理性打磨,应按预设的某一阈值进行,如轨头廓形尺寸偏差、波磨深度、接触疲劳裂纹深度。为了提高钢轨打磨质量,钢轨打磨应与其他轨道维修养护作业相结合,对高速铁路应在轨道精调后进行,对有砟轨道应最好在捣固作业之后进行。为了提高打磨效率,应在调查钢轨轨面状态的基础上确定打磨模式(预防性、修理性或渐进式预防性打磨)和方案(廓形、遍数、功率等)。

(2)钢轨打磨作业时机与周期

钢轨打磨周期应根据行车条件、线路特点和钢轨强度等级,统筹兼顾金属去除率和目标廓形确定,不宜过早和过晚。过早则打磨过于频繁,增加人为磨耗,缩短钢轨寿命;过晚则病害发展扩大,采用预防性打磨无法消除,需改用修理性打磨或渐进式预防性打磨,缩短钢轨寿命,影响作业效率和经济效益。

①用于治理列车失稳的廓形打磨时机和周期。

钢轨轨头廓形不良,如出现宽光带,光带宽度大于 40 mm、双光带等,将引起动车组异常振动,如构架报警或抖车,需及时进行打磨作业。对于高速铁路,铺设上道的新钢轨的预打磨应在轨道精调完成后进行;开通运营的高速铁路,预防性打磨周期按通过总重和运行状态确定,原则上每 30～50 Mt 通过总重进行一次钢轨预防性打磨,一般不宜超过 2 年;对重复出现动车组抖车、构架横向加速度报警且光带不良,应及时进行修理性打磨。

②用于控制波磨的打磨时机和周期。

波磨有发生在直线区段的波纹波磨(波长 30～100 mm),以及曲线下股的短波波磨(波长 100～300 mm),如图 3-14 所示。去除波磨是钢轨打磨的主要作用之一。对于波纹波磨(波长 30～100 mm),当谷深≥0.05 mm 时,应安排打磨;对于蜂窝状裂纹伤损,当波深＞0.03 mm 时,应安排打磨。

③用于控制滚动接触疲劳的打磨时机和周期。

在出现滚动接触疲劳的情况下,应重点打磨轨距角。对特定轨道状态与行车条件的线路,可以专门设计抵抗滚动接触疲劳廓形,用于控制曲线上股钢轨近轨距角处的裂纹萌生与扩展。为有效控制轨头裂纹,在铺设 U71Mn 或 U75V 钢轨的曲线区段(R 小于 1 200 m),钢轨打磨周期可以定为 15 Mt,大半径和直线区段的打磨周期定为 45 Mt;对于铺设轨面硬度大于 340 HB的热处理钢轨的曲线区段(R 小于 1 200 m),打磨周期定为 30 Mt。对出现隐伤的区段,应采用更短的打磨周期。

为了从修理性打磨过渡到预防性打磨,可以采取以下步骤:根据滚动接触疲劳的实际状态,首选方案是通过一次修理性打磨,随后进行预防性打磨;在打磨能力有限的情况下,通过几次修理性打磨,随后进行预防性打磨模式;最终使所有线路区段进入预防性打磨模式,发挥预防性打磨的有效作用。

(3)钢轨打磨技术要求

我国目前使用的钢轨打磨列车采用平面打磨技术,利用多个高速旋转的砂轮底面对钢轨进行去除金属式的修理,打磨后轨头廓形并不是一个圆弧形,而是不同长度的线段连接成的折线。为了确保轨头廓形达标,打磨质量符合标准,作业中应做到以下要求:

①打磨前应调查待打磨地段钢轨状况,每 100 m 测量钢轨廓形(建议区分直线、曲线,测量典型廓形)。根据钢轨表面状态、钢轨伤损和轮轨接触情况,由线路维修和打磨技术人员共同研究确定打磨方案。对影响正常打磨操作地段,尤其是影响轨距角打磨的因素进行调查,并预先采取措施,以保证钢轨打磨正常进行。对焊接接头轨面平直度进行检查,当超过标准时,应采用小型钢轨打磨机对焊接接头进行局部调整。

②作业中打磨车作业速度应根据打磨列车特性和打磨目的确定。多次打磨时应逐次降低打磨功率或提高打磨速度,以保证钢轨打磨后表面粗糙度达标。道岔打磨车在道岔区段作业时,设备管理单位(指工务段等)应安排人员对岔磨车未打磨的区域进行人工打磨,做好顺坡工作。

③作业后应及时清理轨道板、钢轨表面上的打磨碎屑。钢轨打磨列车未打磨地段，设备管理单位要利用仿形打磨机进行修整。

任务3.3　清筛机组的应用

3.3.1　任务目标

通过学习清筛机组应用，能够完成以下任务：

1.理解清筛机组的作用及施工流程；

2.掌握清筛机组开通线路放行条件；

3.掌握清筛机组作业技术要求。

清筛施工
作业标准

3.3.2　相关配套知识

有砟轨道在运营过程中，雨雪、冻融等自然条件及客货运输等原因，都会污染道床。脏污的道床会降低轨道弹性及排水性能，造成线路板结、几何形位超限等病害。按照铁路《修规》，当其不洁度(按重量计)超过30%时，应进行道床清筛。

1.清筛机组的作业流程

线路清筛作业机组一般应配备清筛机2台、捣固车4台、动力稳定车2台、配砟整形车2台，还可配备带式物料运输车；道岔清筛作业机组一般应配备道岔清筛机1台、道岔捣固车1台和带式物料运输车2台。按照施工流程进行有砟轨道机械清筛、起道捣固、动力稳定及配砟整形作业，实现清洁道床、恢复道床性能的目的。线路清筛大修单靠机械是无法完成的，还需要辅助以人工线路排障、开挖导槽口、拆除调高垫片及应力调整、线路整修、补充道砟、人工清筛、边坡清筛、线路巡养、整平路肩、清理侧沟、外观整理、污土清运、回收道砟等作业。

作业流程如下：

(1)施工开始前，根据线路实际需要安排预卸道砟，卸砟后安排人员和配砟车进行清道作业，平整均匀道砟。

(2)线路技术作业。包括标示人工、机械清筛分界点、曲线资料；线间距、高程及限界；障碍物、拆胶垫位置。

(3)障碍物处理。包括过道电缆及管道勘察，检查处理其他掩蔽工程。

(4)机械清筛。清筛机将脏污的道砟从轨枕下挖出，经过筛分后清洁的道砟回填至道床，筛出的废料装入物料车，同时人工拆胶垫、人工清筛和边坡清筛，如图3-16所示。

图3-16　清筛机作业

(5)捣稳配作业。按照作业标准使用捣固车、稳定车、配砟车分别进行作业。

(6)清筛后工作检查。主要检查清筛后的水平、线间距；清筛深度、清洁度、标高等。

(7)二次捣固。主要进行线路起道抄平捣固作业，增加道床密实度，恢复轨道几何形位。

(8)线路整理巡养。主要进行线路外观整理和线路的全面检查巡养，消灭超限处所。

(9)线路交验。包括自验、初验和正式交验。

2. 大型养路机械全断面清筛作业对道床阻力的影响

(1)对道床横向阻力的影响

全断面清筛作业前后横向阻力比较,实测数据见表 3-4。数据表明全断面清筛作业后,道砟全部被疏松,道床横向阻力降低幅度为 59%~68%,其降低幅度是捣固作业的 15~17 倍,可见无缝线路清筛作业时,其容许的作业轨温范围较维修捣固作业小,清筛后的放行列车速度也有严格要求。

清筛后进行捣固和稳定作业,可以有效地提高道床密实度及横向阻力。作业后首趟车对道床的压实作用也比较明显。作业后第 2 日,道床横向阻力已经恢复至作业前的 48.4%~78.4%,进行一遍捣固、稳定作业后,道床阻力虽有所降低,但降低幅度不明显,约为 6.5%。第 2 日的恢复作业有利于行车速度的提高,对道床横向阻力的影响不大,是提高清筛作业后轨道平顺性、确保列车运行安全的有效措施。恢复作业第 3 日,道床横向阻力、轨道的平顺性又进一步提高。

一周后,经列车碾压作用,道床横向阻力已经恢复至作业前的 57%~83.5%;一个月后,道床横向阻力已经高于清筛作业前的阻力,这主要是由于清筛时补充道砟,堆高了砟肩。

(2)对纵向阻力的影响

大机清筛作业前后纵向阻力值比较见表 3-4。全断面清筛作业后,枕盒及枕底的道砟全部被疏松,道床纵向阻力降低幅度为 45%~53%。

表 3-4　清筛作业后道床纵横向阻力值比较

时　　间	横向阻力比较		纵向阻力比较	
	横向阻力值(kN/根)	作业前后比较(%)	纵向阻力值(kN/根)	作业前后比较(%)
清筛前	9.66	100	12.15	100
清筛后	3.92	40.6	5.19	42.7
捣固稳定后	4.36	45.1	6.31	51.9
首趟车过后	4.61	47.7	5.87	48.3
第 2 日作业前	5.23	54.1	8.34	68.6
第 2 日作业后	4.89	50.6	5.72	47.1
第 3 日作业前	5.97	61.8	6.01	49.5
第 3 日作业后	3.88	40.2	5.12	42.1
1 周后	6.45	66.8	9.13	75.1
半月后	6.17	63.9	8.80	72.4
1 月后	11.61	120.2	16.60	136.6

动力稳定车可以有效地提高道床密实度及纵向阻力。作业后首趟车对纵向阻力的增加有一定作用。作业后第 2 日、第 3 日,道床纵向阻力在捣固、稳定作业后有所下降,但道床的密实度和平顺性有了大幅度的提升。一周后,经列车碾压作用,枕底的道床密实度逐步提高,道床纵向阻力恢复至作业前的 91.2%,一月后,道床纵向阻力明显高于清筛作业前的阻力。

(3)大型养路机械在线路大、维修作业对道床阻力的影响

清筛作业后,道床横向阻力降幅较大,为 59%~68%,动力稳定车、首趟车对道床横向阻力的恢复作用明显。道床纵向阻力降幅相对较小,为 45%~53%,经过捣固车和稳定车作业

后，随着通过总重的增加而逐渐恢复。维修作业后，道床横向阻力降低幅度为40%左右，纵向阻力降低幅度为60%左右，动力稳定车对道床横向、纵向阻力的恢复有明显促进作用。

大型养路机械清筛、捣固作业均会扰动道床，降低道床横向、纵向阻力，进而影响无缝线路的稳定性，故必须限定无缝线路大机作业容许轨温范围。

3.施工放行列车条件

(1)施工地段放行列车时线路几何尺寸要求

①允许速度60 km/h及以下时，水平6 mm，高低6 mm，轨向6 mm，三角坑:缓和曲线5 mm、直线和圆曲线6 mm;轨距+6，−2 mm，轨距变化率不得大于2‰;

②允许速度60～120 km/h时，水平4 mm，高低4 mm，轨向4 mm，三角坑4 mm。轨距+6，−2 mm，轨距变化率不得大于2‰;

③允许速度120～160 km/h时，水平4 mm，高低4 mm，轨向4 mm，三角坑4 mm。轨距+4，−2 mm，轨距变化率不得大于1‰;

④线路捣固密实，轨枕盒内及轨枕头部道砟饱满，材料机具无侵限。对当日施工断面在开通前进行检查确认，符合开通条件方可销记开通线路。

(2)开通后限速及行车方式

最高运行速度120 km/h地段限速条件为:清筛作业当天两捣一稳作业后，开通后第一列35 km/h，第二列45 km/h，自第三列起限速60 km/h，直至次日捣固后;第2日捣固后第一列限速60 km/h，第二列起限速80 km/h，至第3日捣固后第一列限速80 km/h，第二列起恢复常速。

最高运行速度160 km/h限速条件为:清筛作业当天两捣一稳作业后，开通后第一列35 km/h，第二列45 km/h，自第三列起限速60 km/h，至次日捣固后第一列限速60 km/h，第二列起限速80 km/h，至第3日捣固后第一列限速80 km/h，第二列限速120 km/h，至第四日捣固后恢复常速。

线间距不足6.5 m地段进行清筛作业及点毕1 h内，邻线列车限速120 km/h，限速长度根据清筛作业里程设置。

4.大修清筛施工作业标准

(1)线路调查

①调查施工地段各相关配合单位车间及工区管辖范围和相关设备资料，了解施工天窗时间及其前后通过客车等情况。

②调查线路周边的地形地貌及附近公路、村庄、围墙、田地等特殊处所的位置，现场调查施工区段既有线路状况，桥梁栏杆及其步行板状态等内容。

③卸砟前需要调查的作业项目:道床砟肩宽度不足300 mm地段，道床砟肩堆高过多地段，道岔、桥梁、信号机、扼流变箱、红外线等设备的具体里程。

④清筛前需要调查的作业项目:机械和人工清筛作业起讫里程，封闭网和网外绿化带情况，复核线间距等固定处所限界，既有线路高程，线路出污土的位置等。施工前全面调查线路状况及影响施工的障碍物，会同工务、供电等设备管理单位共同标注既有线线间距、轨面标高及接触网杆等固定建筑物间距。调查线路道砟多少、道床厚度、翻浆地段、轨枕配置、钢轨伤损及肥边等情况。

⑤换枕作业需要调查的项目:既有线轨枕配置、失效数量、卸枕抬排位置、封闭网位置、路肩宽度等。

⑥调查驻地车站股道、用水、用电、人员及车辆进出路线等。

(2)预卸及补充道砟技术标准

①根据线路现状，预计清筛后的道床碴肩不能达到轨枕头外侧 300 mm 必须提前预卸道砟。

②预卸道砟数量应满足清筛后线路道床能达到标准断面或道床砟肩达到轨枕头外侧 300 mm 的要求。

③卸砟负责人对到达的风动车逐车验收道砟质量和数量，不合格道砟严禁上道。卸碴时，风动车运行速度应控制在 8～15 km/h。

④保证道床整修完毕后，道床顶面宽度不少于 3.4 m，道床边坡达到 1∶1.75。

(3)开挖导槽口技术标准

①开口位置要避开钢轨焊缝、钢轨接头等薄弱处。

②允许移动相邻两根轨枕扩大间距，导槽坑长度沿钢轨方向 1 000 mm、枕头外宽度 850 mm、深度 350 mm，保证导槽安装顺畅。

③预开导槽口时，应将轨枕盒内道砟挖至计划深度，再用道砟袋回填好。

(4)排障技术标准

距轨枕头侧 900 mm，轨枕底以下 400 mm 范围内无障碍物。

(5)机械清筛技术标准

①枕下清筛深度不小于 300 mm，道床总厚度不足 300 mm 时，应清筛至路基面(垫层面)；并做好 4%排水坡。

②清筛机起道高度不超过 30 mm，轨向应尽量保持平顺，道床两侧道砟回填要均匀，在曲线地段外股道砟应略多于内股。当日清筛后线路标高原则上应低于既有标高 50 mm 以内。

③筛后线路几何尺寸应达到：水平误差不超过 20 mm。

(6)捣固作业技术标准

①当天清筛地段应机械捣固两遍及以上，钢轨接头处、绝缘接线处、清筛地段与非清筛地段、桥梁两端结合部增加两遍捣固。

②捣固车相邻作业地段应重叠捣固 15 m 以上。

③捣固起道作业收车时，顺坡率应达到：v_{max}≤120 km/h 时不应大于 2‰；120 km/h<v_{max}≤160 km/h 时不应大于 1‰。

④捣固后的线路几何尺寸应达到放行列车条件。

(7)跟机配合作业技术标准

①砟肩拉平，并在路肩及边坡铺上彩条布，确保污土不污染路肩及砟肩。

②道床道砟饱满，砟肩宽度不少于 300 mm，边坡坡面平整，两线间道砟平顺。

③接触网杆、高柱信号机等设备处污土清理干净。

(8)配砟整形技术标准

①道砟不均匀或缺砟地段，应进行多次配砟，达到均匀。

②线间距不足 5 m 的双线区段，严禁临线一侧使用侧犁；5 m≤线间距≤6.5 m 使用侧犁时，收、放作业装置前必须确认邻线列车状态。

③配砟车作业允许速度应控制在 5 km/h 以下。

④配砟车对严重缺砟地段要进行补砟，保证收机口道砟饱满。配砟车作业时应使用收砟功能。

(9)人工清筛技术标准

①小于 20 m 的桥梁等其他不能进行机械清筛的地段使用人工清筛。

②深度应筛至枕底以下 300 mm,道床总厚度不足 300 mm 时,应筛至路基面(垫层面)或桥梁板;线间距 4 m 时,两线间应筛二分之一宽度,深度 300 mm;线间距 4～5 m 时,两线间应筛二分之一宽度,深度至枕底平;含污量不大于 5%,并做好 4%排水坡。

③道床道砟饱满均匀,砟肩宽度不少于 300 mm。

④筛后回填道砟,检查线路几何尺寸应达到:静态轨距偏差轨距≤+1 mm、水平误差<20 mm、静态三角坑≤30 mm,曲线目视圆顺、无反超高。

(10)道床边坡清筛技术标准:

①两线间线间距 4～5 m 时,两线间应筛二分之一宽度,深度至枕底平,并做好 4%排水坡。筛后污土含量不得大于 5%。

②非两线间,从道床边坡沿路基面筛至机械清筛处,筛后污土含量不得大于 5%,必须开口倒筛。清筛后砟肩宽度不少于 300 mm、边坡面平整,路肩无散落道砟,污土清理干净。

(11)外观整理技术标准

①整理道床:顶面宽度不小于 3.4 m,轨枕中部道床可不掏空,但应保持疏松。砟肩堆高 15 cm;坡脚平整,坡度 1∶1.75,两线间道砟推平,轨枕露出扣件。

②路肩:平整,无散落道砟,无污土,建线米石原状恢复。

(12)物料车卸土作业技术标准

①出污土时,不能掩埋各种设备标志和损坏绿化带。

②拆开的封闭网要在卸土作业当日封锁点内原状恢复。

(13)污土清运技术标准

①污土应及时清理,路堤地段弃至护坡顶面 2/3 以下,不得掩埋排水孔;一般地段与既有路肩面推平不得成堆放置,不得有反坡;不得将污土弃在道床边坡、桥梁护坡、路堑边坡、涵洞出入口、天沟、侧沟等处。

②出污土时,不能掩埋各种设备标志和损坏绿化带。

(14)线路巡养

①检查项目:用道尺测量线路轨距、水平,曲线地段用弦线测量正矢;目测大平、方向、高低。

②重点巡查:目测线路大平、方向、高低,扣件、钢轨、夹板是否伤损、轨缝是否符合标准;发现线路存在高低、方向不良时必须使用道尺测量线路水平、轨距。重点地段加强巡查:清筛结合部,岔区,人工清筛桥两端,信号机绝缘、电容、红外线处所,捣固车作业重合点,清筛地段与未清筛地段衔接处,曲线、接头、缺砟地段,排水沟、桥涵出水口,鼓包夹板、夹板等各种线路加强设备,掩埋的底梁、链子,夜间慢行牌、减速地点标牌状况并做好记录。

③清筛施工地段检查、巡查的次数。

(a)35 km/h 列车过后对重点部位进行巡查,并记录,45 km/h 列车过后对线路进行一次全面检查。

(b)提速 60 km/h 后,施工负责人根据施工后的道床情况(是否翻浆、缺砟)、轨温、作业方式(捣固遍数)等实际情况,安排不少于 2 次的检查。

(c)提速 80 km/h 或 120 km/h 地段,进行两次线路巡查:开通 2 h 后第一次,与第一次巡查间隔 4～6 h 后进行第二次巡查。

(d)常速地段交设备管理单位前每 3 d 全面检查一次，其余时间每天巡查一次。

(e)车间主管副主任现场巡查每周不少于 3 次，车间主任每周巡查不少于 2 次，并在检查记录本上签字。

④紧急处理

(a)慢行时间内线路巡查，如发现线路存在高低、方向不良等病害或安全隐患，需上道检查时，需向车间主任汇报，车间主任安排并设好驻站联络员和现场防护员后，方准使用道尺和其他工机具上道作业。

(b)对突发性设备故障、轨道几何尺寸超限或重伤设备处理等需临时封锁要点的施工，按下列程序办理：

需临时封锁要点时，由车间向段调度中心提出，经相关部门审查，且总调度长批准后，由调度所安排施工。

危及行车安全需立即抢修时，车间按规定采取措施，在邻近车站“行车设备检查登记簿”内登记，通过车站值班员报告列车调度员经调度所值班主任(副主任)批准，发布调度命令进行抢修，并同时通知配合单位和段调度中心，段调度中心应及时上报。

任务 3.4　钢轨探伤车运用管理

3.4.1　工作任务

通过学习钢轨探伤车运用管理，能够完成以下任务：

1. 掌握钢轨内部伤损的类型；
2. 掌握钢轨探伤车检测项目及数据处理流程；
3. 掌握探伤车年度检定及日常标定要求；
4. 掌握钢轨伤损管理及探伤周期。

钢轨探伤车

3.4.2　相关配套知识

钢轨探伤车(以下简称探伤车)是自轮运行的大型专用检测装备，主要对铁路在役钢轨内部伤损(以下简称钢轨伤损)进行超声波无损检测，部分探伤车还安装了铁路工务巡检系统(以下简称巡检系统)，用于检查无砟轨道道床、轨枕、扣件伤损。

1. 钢轨内部伤损

钢轨内部伤损主要包括轨头核伤、轨腰螺栓孔裂纹及其他裂纹。

(1)钢轨在轧制过程中冷却过速，氢气因溶解度急剧降低，不能完全从金属中析出而形成极微小裂纹。在列车荷载作用下，细小裂纹逐渐扩大成核，然后向轨头四周发展，直至核伤周围的钢料不足以提供足够的抵抗，钢轨在毫无预兆的情况下猝然折断。核伤在未发展到外表面时，肉眼看不见，称白核，如图 3-17 所示；核伤扩展到外表面时，因为氧化而变黑，称黑核，如图 3-18 所示。

(2)钢轨端部轨腰钻孔时产生微小裂纹，接头高低错牙、轨端低塌、鞍形磨耗及道床板结等原因，造成在螺栓孔周围产生较高的局部应力，在列车冲击荷载作用下，螺栓孔裂纹逐渐产生和发展，并出现疲劳伤损，如图 3-19 所示。

无论是轨头核伤还是轨腰螺栓孔裂纹，在未发展至表面时(螺栓孔有夹板遮挡)均不能被肉眼发现，但是其对客货运输安全影响巨大，一旦钢轨猝然折断，可能会造成行车事故，在铁路维护作业当中，必须按周期进行钢轨探伤，及早发现内部伤损，按程序及时进行处置。

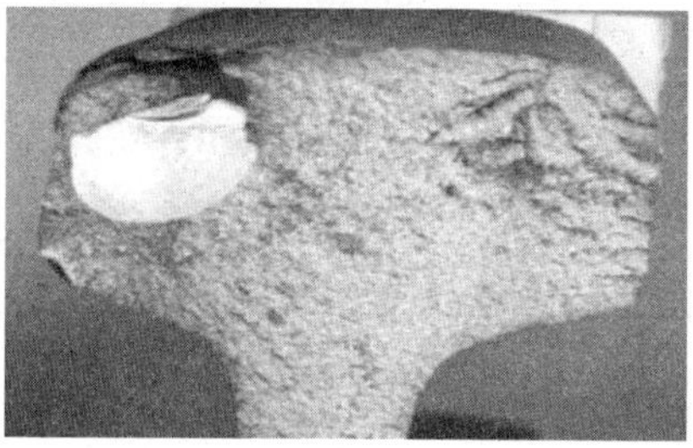

图 3-17　轨头核伤——白核

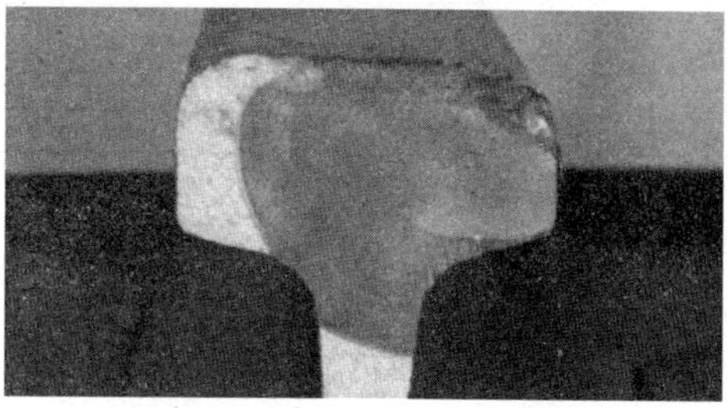

图 3-18　轨头核伤——黑核

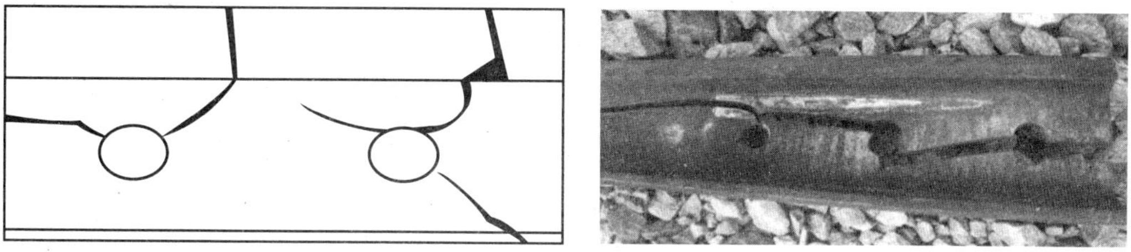

图 3-19　轨腰螺栓孔裂纹

2. 钢轨探伤车基本参数

钢轨探伤车主要用于线路钢轨伤损快速检测，按最高检测速度划分：GTC-60 型最高检测速度 60 km/h，GTC-80 型最高检测速度 80 km/h。

GTC-80 型探伤车两节车固定编组，采用液力传动，双动力系统，设计最高自运行速度 120 km/h（我国铁路规定大型养路机械最高自运行速度不得超过 80 km/h），最高检测速度 80 km/h。外观如图 3-20 所示，具体参数见表 3-5。探伤车检测项目见表 3-6。

图 3-20　GTC-80 钢轨探伤车

表 3-5　GTC-80 型钢轨探伤车参数

外形尺寸	19 005 mm×3 294 mm×4 420 mm(单节)
整车质量	116.5 t

续上表

轮径	915 mm
转向架中心距	12 000 mm(单节)
轴距	2 600 mm
通过最小曲线半径	140 m
最高检测速度	80 km/h

表 3-6　探伤车检测项目

序　号	检测项目		GTC-60	GTC-80
1	探伤检测系统	轨头横向裂纹	√	√
2		轨头轨腰纵向水平裂纹	√	√
3		螺孔裂纹	√	√
4		闪光、气压焊接头轨头和轨腰疲劳伤损	√	√
5		轨腰斜裂纹	√	√
6		轨底的轨腰投影区处横向裂纹	—	√
7	线路巡检轨廓系统	钢轨轮廓	—	可扩充
8		钢轨表面擦伤	可扩充	可扩充
9		扣件状态	—	可扩充
10		钢轨侧面状态	—	可扩充
11		钢轨波浪磨耗	可扩充	可扩充

3. 检测数据处置流程

(1)伤损报警处置

探伤车超声检测可疑钢轨伤损报警分为三级：一级报警，B 型图未形成明显的伤损；二级报警，B 型图形成较为明显的伤损走势；三级报警，B 型图显示为严重伤损。

探伤车 B 型图显示以下情况时，应立即通知工务段按钢轨折断进行处理，并向集团公司工务处汇报。

①贯穿轨头或轨腰的裂纹。

②螺孔裂纹发展至轨头、轨底、轨端或双向总长度大于 50 mm。

③轨腰水平裂纹或轨腰斜裂纹大于 100 mm。

④钢轨全截面断裂。

工务段收到通知后，应立即按钢轨断轨封锁线路，并组织复核处理，在 24 h 内将复核结果和处理情况报集团公司工务处，并抄送工务检测所和工务机械段。

(2)探伤车检测数据管理

①当日检测完成后探伤车将检测数据发送至工务机械段及对应工务段综合分析室探伤回放组进行地面分析。

②各工务段分析室接到检测资料 24 h 内完成独立分析，按分析制度登记回放分析情况，出具分析报告交由探伤主管工程师安排探伤车间复核。

③工务机械段当日检测完成后 48 h 内将“超声检测日报告”以书面形式发至工务处及相关工务段探伤主管工程师，由探伤主管安排探伤车间复探。

④各工务段接到“超声检测日报告”后按等级安排疑似伤损的复核，3日内将复核结果反馈到工务机械段和工务处，其中二级及以上报警反馈时要附钢轨状态照片和复核波形图；为提高探伤车伤损复核确认率，每次检测后工务机械段应重点参与不少于5处疑似伤损的复核作业，少于5处疑似伤损时按实际数量复核。

⑤“当次超声检测报告”以“检测电报”周期为准，检测结束10日内由工务机械段向工务检测所探伤管理组提供，每月10日前经工务处审核后由探伤管理组向国铁集团工电部上报。

(3)责任划分

钢轨探伤车检测后一个周期内因伤损漏检发生断轨故障，视具体情况追究相关单位责任：

①探伤车未能检测出或出现疑似波形但未通知工务段复核的伤损列工务机械段责任。

②检测出且已通知工务段复核，但因复核未确认、处置不及时的伤损列工务段责任。

③探伤车未检并已通知工务段补探，因补探不及时的伤损列工务段责任。

④工务机械段未判定伤损，但工务段分析室发现并复核确认的重伤设备追究工务机械段漏检责任。

4.检测数据地面分析处理

工务机械段和各工务段设立探伤回放分析组，负责探伤数据和巡检数据的分析处理。

探伤数据地面分析人员负责探伤数据的全程回放、周期对比、伤损确认和检测报告发放(仅工务机械段分析组)，并收集复核信息，每个周期应参与不少于5处疑似伤损的复核作业；负责探伤数据、复核信息的汇总分析，跟踪钢轨伤损，并对探伤车的参数设置和检测操作提出建议；负责对各区段钢轨伤损和钢轨状态进行汇总分析，对钢轨维护提出建议；负责对检测数据和伤损信息进行归档管理，保存期限不低于2年。

巡检数据地面分析人员负责巡检数据的全程回放、周期对比、巡检结果确认和检测报告发放，并收集复核信息，必要时现场复核；负责巡检数据、复核信息汇总分析，跟踪巡检结果，并对轨道维护提出建议；负责对巡检数据和复核结果进行归档管理，保存期限不低于2年。

5.探伤车年度检定和日常标定

探伤车检测作业时要求精度较高，集团公司规定探伤车必须按周期进行检修，并每年进行技术状态鉴定，申报年检合格证，未经年度检定或未取得检定合格证书的探伤车，不得执行检测任务。探伤车超声波检测系统实行年度检定制度，采用动态标定方式，检定工作委托国铁集团检测中心具体实施。

(1)探伤车动态标定的试验线路具体要求如下：

线路总长度不短于2 000 m，满足60～80 km/h动态标定要求。线路宜为平直线路，线路中间无道岔。若条件受限，两端加速减速段可为曲线，曲线半径不小于600 m，人工伤损钢轨必须设置在直线段。采用50 kg/m或60 kg/m钢轨，钢轨表面和轨底无锈蚀，轨头垂直磨耗和侧面磨耗均小于3 mm。人工伤损钢轨左右股各10根且连续铺设，每根长度不短于12.5 m、各设置不少于一个人工模拟伤损。

(2)动态标定时，探伤车按最高检测速度对试验线路的人工伤损钢轨进行连续不间断10次检测，统计平均检出率、误报率。若平均检出率大于80%且平均误报率小于20%，判定动态标定合格；否则，应对超声检测系统进行检修、调试，直至合格。

(3)日常标定：

探伤车在每个检测周期开始前均须进行日常标定，包括静态和动态标定。静态标定包括探轮校准(探轮如图3-21所示)、里程计校准、轮探头倾斜角和横移调节、探伤小车气动、液压压力调节及检测系统电子电路检查等五项内容，动态标定与年度动态检定标准相同。

6. 探伤周期

(1)普速铁路探伤周期

①正线、到发线线路和道岔钢轨探伤周期见表 3-7，其他站线、专用线的线路和道岔每半年应检查一遍。无缝线路和道岔钢轨的焊缝除使用探伤小车按规定周期探伤外，应使用通用探伤仪对焊缝进行全断面探伤。现场焊缝每半年不少于一遍。

图 3-21　探伤车探轮

表 3-7　正线、到发线线路和道岔钢轨探伤周期

年通过总重 (Mt)	60 kg/m 及以上	50 kg/m	43 kg/m
	年探伤遍数	年探伤遍数	年探伤遍数
≥80	10		
50～80	8	10	
25～50	7	8	9
8～25	6	7	8
<8	5	6	7

②以下情况应缩短探伤周期

(a)每年的 11 月至次年 3 月。

(b)在桥梁上、隧道内、小半径曲线、大坡道及钢轨状态不良地段。

(c)伤轨数量出现异常，连续两个探伤周期内都发现疲劳伤损(如核伤、鱼鳞伤、螺栓孔裂纹、水平裂纹等)地段。

(d)大修换轨初期(75 kg/m、60 kg/m 钢轨为累计通过总重 50 Mt，50 kg/m 钢轨为累计通过总重 25 Mt)、超大修周期地段、钢轨与运量不匹配地段。

(e)超大修周期地段周期：7 亿 t≤钢轨累计通过总重<9 亿 t，探伤周期为 30 d 一遍；9 亿 t≤钢轨累计通过总重<10 亿 t，探伤周期为 25 d 一遍；钢轨累计通过总重≥10 亿 t，探伤周期为 20 d 一遍。

(2)高速铁路探伤周期

①高铁正线钢轨使用探伤车每年检查不少于 7 遍，冬季应适当缩短检查周期。探伤车因故未检区段工务段进行补探。

②高铁正线钢轨使用钢轨探伤仪每年检查不少于 1 遍。

③到发线钢轨使用钢轨探伤仪每年检查不少于 4 遍，其他线每年检查 1 遍。冬季适当缩短探伤周期。

④正线(含联络线、动车走行线)道岔、调节器的钢轨(含前后 60 m 范围)、正线(含联络线)绝缘接头使用钢轨探伤仪每月检查 1 遍，对到发线道岔及绝缘接头每年检查 4 遍，其他站线道岔及绝缘接头每年检查 1 遍。

⑤高铁联络线、动车走行线钢轨应结合高铁正线使用探伤车探伤并且使用钢轨探伤仪探伤每年不少于 1 次，如探伤车不能覆盖使用钢轨探伤仪或双轨探伤仪探伤每年不少于 4 次。

⑥动车所到发线使用钢轨探伤仪每年检查不少于 4 遍，其他线每年检查 1 遍。动车所到发线道岔及绝缘接头每年检查 4 遍，其他线道岔及绝缘接头每年检查 1 遍。

⑦重点处所探伤

(a)每年 11 月底前对正线(含联络线)、咽喉道岔尖轨、基本轨、辙叉部位，伸缩调节器增加全断面探伤、检查 1 遍；其他道岔由工务段安排。

(b)针对道岔尖轨、基本轨、辙叉等部位，信号显示调谐区，绝缘接头塞钉线与绝缘轨端间，小阻力扣件地段一次探伤作业执行两遍探伤要求(不同执机手各探一遍)。

(c)对 CN 道岔叉跟尖轨间隔铁焊接部位，结合道岔钢轨探伤每月进行检查 1 遍，结合道岔焊缝探伤每半年使用焊缝探伤仪对叉跟尖轨探伤 1 遍。

(d)对既有道岔尖轨疑似裂纹处所采用超声爬波法及超声测厚仪相结合的工艺复核，及时发现伤损和裂纹。

(e)使用钢轨探伤仪对重点地段适当缩短探伤周期：钢轨存在擦伤、鱼鳞纹等伤损及状态不良地段；钢轨超大修周期地段；长大坡道地段，铺设 WJ-7 型扣件地段等。

7. 伤损管理

(1)伤损判定

钢轨探伤评判分轻伤和重伤两种。钢轨探伤检查有下列情况之一，即判为轻伤：

①材质缺陷虽未达到相关技术条件规定的钢轨报废程度，但与判废标准规定值相差不超过 6 dB；

②焊接缺陷未达到相关标准规定的焊缝报废程度，但与判废标准规定值相差不超过 6 dB。

钢轨探伤检查有下列情况之一，即判为重伤：

①在规定的探伤灵敏度下发现疲劳裂纹；

②达到或超过相关技术条件规定的钢轨报废程度的内部材质缺陷；

③达到或超过相关标准规定的焊缝报废程度的焊接缺陷。

(2)伤损处理

探伤车、工务段检查和复核发现钢轨折断或重伤应立即通知线路车间和工务段安全生产调度指挥中心。钢轨折断应立即封锁线路并处理；钢轨重伤处理方法按相关规定执行。轻伤通知线路工区纳入重点病害地段进行巡视，并作为探伤重点地点安排探伤检查。对轻伤处所每季度进行一次探伤复核，对轻伤有发展的钢轨及时通知相关车间进行处理。对疑似轻伤要重点检查监控，及时掌握设备变化情况，一旦确认为伤损要按照要求进行处理。

知识拓展

线路上奔驰的“小黄车”——双轨式钢轨超声波探伤仪

双轨式钢轨超声波探伤仪是可同时对两股钢轨进行伤损检测的专用超声波检测仪器，可与现有人工单轨式钢轨探伤仪互相替代。探伤仪外观如图 3-22 所示。

该车主要用来检查钢轨内部伤损，使用这辆探伤新武器，作业效率能达到原来的 5 倍。不仅功能强大，而且拆装方便，整体质量 240 kg，采用模块化设计，单个模块小于 60 kg，随乘人员仅用 10 min 就可将车体组装完毕，有效地提升了作业效率。

其次“小黄车”自带动力，可承载 4 名作业人员双向走行，探伤作业速度在 12～15 km/h，非探伤运行时速最快 20 km,左右探轮各有 9 个通道,每根钢轨使用 1 个轮式探头进行数据采集,能实现双股钢轨轨头、轨腰的全覆盖同步探伤检查,探伤检测出波清晰直观、易于辨识,平均检出率达到 90%以上,极大提高了作业效率,其检测能力和效率较手推式探伤仪有明显优势,探轮如图 3-23 所示。

图 3-22　双轨式钢轨超声波探伤仪

图 3-23　超声波探伤仪检测装置

每台双轨探伤仪上道作业配备人员 4 名,其中作业负责人 1 名,探伤检测员 1 名,机械操作员 1 名,现场防护员 1 名。作业过程中 4 名人员全部乘坐仪器检测。双轨探伤仪作业负责人、探伤检测员应具备无损检测Ⅱ级及以上资质,机械操作员应具有无损检测Ⅰ级及以上资质并具备一般机电操作常识和经验,防护人员应具备相应防护资质。以现在一个天窗检测 18 km 来计算。以前 3 个班组 42 个人要用一天的时间才能完成检测,现在只需 6 个人 1 个天窗即可检测完毕,可节约 36 人/工天。

复习思考题

1. 轨道不平顺是如何分类的？垂向不平顺有哪些原因？
2. 大型捣固车是三点式和四点式拨道有哪些异同？
3. 轨向水平逆向复合不平顺有哪些特点？
4. 维修机组在区间作业时作业条件是什么？
5. 线路动静态不平顺额差异有哪些？
6. 三点式与四点式拨道检测原理有哪些区别？
7. 轮轨接触的理想目标是什么？
8. 钢轨表面病害有哪几类？
9. 试述钢轨打磨作业分类及作用。
10. 最高 120 km/h 线路清筛后的限速条件是什么？
11. 最高 160 km/h 线路清筛后的限速条件是什么？
12. 钢轨探伤车的检测项目包括哪些？
13. 各单位在钢轨探伤车探伤作业后的责任是如何划分的？
14. 钢轨探伤车发现伤损后的处理程序是什么？

项目 4　行车组织管理

项目描述

铁路大型养路机械行车组织按照列车办理，行车安全在大型养路机械应用管理中占据重要地位。本项目主要介绍铁路信号、行车凭证等行车基本知识；机车信号、CIR、GYK 等行车安全装备；司机一日出乘作业标准等内容。

通过本项目的学习，学生应基本掌握铁路行车的基本知识，了解行车安全装备和司机操作规程，为今后学习大型养路机械驾驶打下良好基础。

学习目标

1. 能力目标

(1)具有正确识别铁路信号的能力；

(2)具有正确操作行车安全装备的能力；

(3)具备标准化司机出乘作业的能力。

2. 知识目标

(1)掌握铁路信号的含义及行车组织方式；

(2)掌握行车安全装备的作用和用法；

(3)掌握司机行车和调车作业的基本要求；

(4)掌握“五不动车”的内涵和要求。

任务 4.1　铁路行车基本知识

4.1.1　任务目标

通过学习铁路行车基本知识，能够完成以下任务：

1. 掌握铁路信号、车站联锁、闭塞的作用及类型；

2. 掌握铁路轨道电路的基本原理；

3. 掌握大型养路机械在不同情况下的行车凭证。

4.1.2　相关配套知识

列车是指编成的车列并挂有机车及规定的列车标志。动车组列车为自走行固定编组列车。大型养路机械属于铁路特种车辆，虽未完全具备列车条件，亦应按列车办理。作为大型养路机械从业人员的必备能力之一便是准确掌握铁路信号设备的类型和功能，理解不同条件下的行车凭证，正确驾驶大型养路机械运行。

1. 铁路信号、车站联锁和闭塞设备

铁路信号、车站联锁和闭塞设备总称为铁路信号设备。其主要作用是保证列车运行与调车工作的安全和提高铁路通过能力；同时对增加铁路运输经济效益，改善铁路职工劳动条件也起着重要作用。

(1)铁路信号

铁路信号是指用特定物体的颜色、形状、位置，或用仪表和音响设备等向铁路行车人员传达有关机车车辆运行条件、行车设备状态及行车指示和命令的信息。信号是指示列车运行及调车作业的命令，有关行车人员必须严格执行。

铁路信号按功能可分为行车信号和调车信号。行车信号用于指挥列车运行；调车信号用于指挥调车。按人的感知可分为视觉信号和听觉信号，视觉信号又分为昼间、夜间及昼夜通用信号。视觉信号是以物体的形状、颜色、位置、数目等显示信号。

视觉信号的基本颜色：

红色——停车[图 4-1(a)]。

黄色——注意或减低速度[图 4-1(b)]。

绿色——按规定速度运行[图 4-1(c)]。

听觉信号：号角、口笛、响墩发出的音响和机车、自轮运转特种设备的鸣笛声。

(a) 红色　(b) 黄色　(c) 绿色

图 4-1　信号显示基本颜色

铁路信号主要包括信号机、表示器和标志等设备。

①信号机：包括固定信号机和移动信号机，其中固定信号机包括主体信号机(主要是进站信号机、出站信号机、通过信号机、调车信号机等)、辅助信号机(预告信号机、复示信号机等)和附加信号设备(引导信号和容许信号等)；移动信号机主要有停车信号机、减速信号机和减速终了信号机等。此外，在未设信号机的地段，有时也采用手信号显示信号，特殊情况下采用响墩、火炬、汽笛等表示信号。

②表示器：用于补充说明信号的意义，包括发车表示器、调车表示器、进路表示器、发车线路表示器、道岔表示器、脱轨表示器、车挡表示器等。

③标志：用于说明设备的状态，包括警冲标、站界标、预告标、司机鸣笛标、作业标、减速地点标、机车停车位置标等。

(2)车站联锁设备

车站联锁设备是保证车站内行车和调车作业的安全以及提高车站通过能力的一种信号设备。

车站为列车进站、出站准备的通路称为列车进路，为各种调车作业准备的通路则称为调车进路。一般每一个列车(调车)进路的始端都设立一架信号机进行防护，以保证作业时的安全。

列车进站、出站和站内调车，通常是根据防护每一进路信号机的显示状态进行的，而被防护的进路又是靠操纵道岔来安排的。因此,在信号机与道岔之间,信号机与信号机之间应建立起一种互相制约的关系,这样才能保证车站的安全。信号、道岔、进路之间的这种相互制约关系叫联锁,为实现这种联锁关系而安装的技术设备叫联锁设备。

联锁的基本内容包括:防止安排会导致机车车辆冲突的进路;使列车或调车车列经过的所有道岔均锁闭在与进路开通方向相符合的位置;使信号机的显示与所建立的进路相符。

联锁设备需满足以下要求:

①当开放某一进路时,必须将进路上所有道岔扳到正确位置后,防护这一进路的信号机才能开放。

②当防护某一进路的信号机开放后,这一进路上的全部道岔应锁闭,不能再扳动。

③当某一进路的信号机开放以后,与该进路有部分重叠或交叉的进路上的信号机应全部关闭,不得开放。

④主体信号机开放前,预告信号机不得开放。

车站值班员可以通过控制台上的各种按钮控制现场设备(信号机、道岔等),并通过表示盘来监视现场设备的工作状态。联锁设备包括信号机、轨道电路、转辙机、联锁机构等。信号机用以防护进路,指示列车的运行条件;轨道电路用来监督线路上是否有车占用,以及线路是否完整;转辙机根据需要转换道岔定位或反位并予以锁闭,这三项是联锁的室外设备。联锁机构用来构成联锁逻辑关系,控制信号机和转辙机的动作,如图4-2所示。

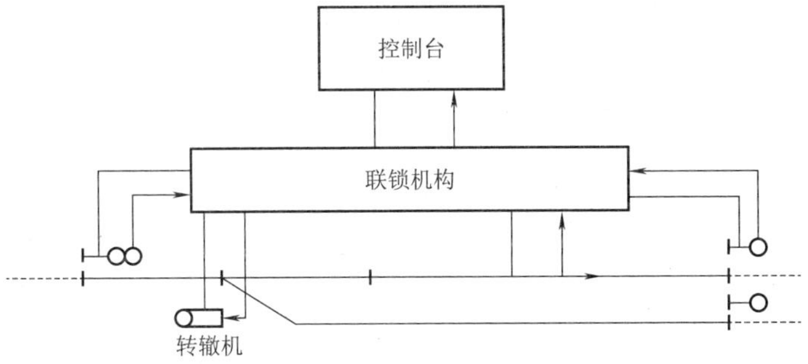

图4-2　车站连锁设备组成图

(3)闭塞设备

列车运行是以车站、线路所划分的区间及自动闭塞区间的通过信号机所划分的闭塞分区作间隔。在单线上,车站与车站间以进站信号机柱的中心线为车站与区间的分界线;在双线或多线上,车站与车站间分别以各该线的进站信号机柱或站界标的中心线为车站与区间的分界线。自动闭塞区间同方向相邻的两架色灯信号机间,以该线上的通过信号机柱的中心线为闭塞分区的分界线。

单线铁路上,为防止一个区间内同时进入两列对向运行的列车而发生正面冲突,以及避免两列同向运行的列车(包括复线区间)发生追尾事故,规定区间两端车站值班员在向区间发车前必须办理的行车联络手续,即行车闭塞(简称闭塞)手续。用于办理行车闭塞的设备叫闭塞设备。闭塞设备必须保证一个区间内,在同一时间里只允许一列车占用这一基本原则的实现。

铁路线路的基本闭塞法有三种,即自动闭塞、半自动闭塞和自动站间闭塞。我国铁路单线区段,一般采用半自动闭塞或自动站间闭塞,繁忙区段视情况采用自动闭塞;双线区段,应采用自动闭塞。在一个区段内,原则上应采用同一类型的闭塞方式。

2. 行车基本闭塞法

(1)半自动闭塞法

半自动闭塞法需要人工办理闭塞手续,列车凭出站信号机的显示发车,列车出发后,出站信号机能自动关闭,所以叫半自动闭塞。

半自动闭塞是我国单线铁路广泛采用的一种闭塞形式。使用半自动闭塞法时,同一区间同一时间段内仅允许一列车占用。发车站在向区间发车前必须确认区间空闲,并与接车站办理闭塞手续后,发车站方可办理发车进路,开放出站信号机,发车站办理闭塞手续后,列车不能出发时,也应将事由通知接车站,取消闭塞。列车凭出站信号机或线路所通过信号机显示的允许运行的信号进入区间。列车进入区间后,发车站出站信号机自动关闭,不能再次发出列车,直到区间再次空闲。

(2)自动闭塞法

自动闭塞法是完全自动进行的,通过信号机可以自动变换显示列车运行及闭塞分区的情况,列车凭信号机的显示行车。在每个闭塞分区的起点设置一架通过色灯信号机防护,闭塞分区内的钢轨设有轨道电路,能够正确反映列车运行情况,并将信息传给通过信号机显示出来,向后续列车指示运行条件。由于通过色灯信号机的显示是随着列车的运行自动控制的,不需要人工操纵,所以叫自动闭塞法。

使用自动闭塞法行车时,列车进入闭塞分区的行车凭证为出站或通过信号机显示的允许运行的信号。自动闭塞区段的车站,办理发车前应向接车站预告;单线自动闭塞区段的车站,还须得到列车调度员的同意(列车调度员已下达列车运行调整计划时除外)。已向接车站预告,但列车不能出发时,发车站须通知接车站取消预告。

目前我国铁路采用的自动闭塞主要有双线单向自动闭塞和单线双向自动闭塞两种。自动闭塞法根据色灯的显示分为三显示和四显示两种形式。三显示自动闭塞用红、黄、绿三种颜色的灯光来显示列车的运行条件,四显示自动闭塞用红、黄、绿黄、绿四种颜色的信号灯光。

(3)自动站间闭塞

自动站间闭塞是在有区间占用检查的条件下,自动办理闭塞手续,列车凭信号显示发车后,出站信号机自动关闭的闭塞方法。

自动站间闭塞特征为:有区间占用检查设备;站间或区间只准走行一列车;办理发车进路时自动办理闭塞手续;自动确认列车到达和自动恢复闭塞。

(4)电话闭塞及电话中断时的行车

当基本闭塞法不能使用时,采用电话闭塞法。使用电话闭塞法行车时,列车占用区间的行车凭证为路票。车站行车室内一切电话中断,单线行车按书面联络法,双线行车按时间间隔法,列车进入区间的行车凭证均为红色许可证。

在双线自动闭塞区间,如闭塞设备作用良好时,列车运行仍按自动闭塞法行车,但车站与列车司机应以列车无线调度通信设备直接联系(说明车次及注意事项等)。如列车无线调度通信设备故障时,列车必须在车站停车联系。

3. 信号显示

信号是指示列车运行及调车作业的命令,有关行车人员必须严格执行,否则可能会造成行车事故。比如越过显示为停车信号的固定信号,就会构成列车冒进信号事故,是险性事故的一种,是造成列车冲突、脱轨等重大、大事故的重要的直接因素。

(1)轨道电路基本原理

轨道电路是信号联锁的重要室外设备,它是以钢轨为导线,一端接电源,另一端接受电器,通过轨道电流来工作。它可以反映线路和道岔区段是否有车占用。钢轨是否完整、监督线路占用情况,以及将列车运行与信号显示联系起来。

采用直流电源的轨道电路叫作直流轨道电路。在直线段上,直流轨道电路主要由分界绝缘节、轨道电源、限流电阻、轨道继电器等组成。分界绝缘节安装在轨道电路分界处,以保证相邻轨道电路间互不影响。两个分界绝缘节之间的钢轨线路,是轨道电路的控制区段,也是轨道电路的长度。轨道电路的长度受轨道电路工作状态的制约,不同类型的轨道电路其长度也不同。

当列车未进入轨道电路,即该区段空闲时,电流从轨道电路电源正极经过钢轨进入轨道继电器,再经另一股钢轨回到电源负极。这时轨道继电器衔铁吸起,其后接点断开、前接点闭合,信号机的电路就通过前接点闭合绿灯电路,使信号机亮绿灯,允许列车进入轨道,如图 4-3(a)所示。

当列车进入轨道电路,即线路控制区段有车占用时,电流同时流过机车车辆轮对和轨道继电器线圈。由于轮对的电阻比轨道继电器线圈电阻小很多,可以认为轨道电路从列车轮对处被短路,轨道继电器衔铁被释放,用它的后接点闭合信号机的红灯电路,信号机点亮红灯,表示轨道有车占用,向后续列车发出停车信号,以保证列车在该轨道电路区段内运行的安全,如图 4-3(b)所示。钢轨折断时的情况与有车占用时相同。采用这种轨道电路,当轨道电路的任一部分发生故障时,均能导致轨道继电器失磁落下,使信号机点亮红灯,从而保证了行车的安全。

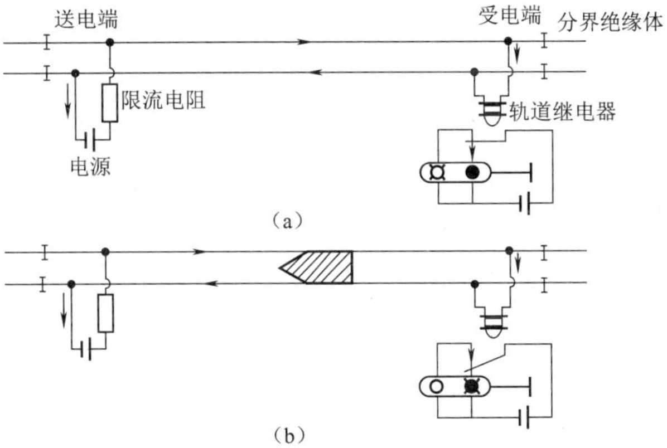

图 4-3 直流轨道电路工作原理

(2)色灯信号显示

色灯信号机在铁路应用最为广泛,属于铁路固定信号,行车时显示红、黄、黄绿、绿等颜色,调车时显示蓝、白色,在采用不同闭塞法的区段及不同位置,色灯表示的含义不同。本书仅以当前应用最多的四显示自动闭塞为例。

①进站信号机

(a)一个绿色灯光——准许列车按规定速度经道岔直向位置进入或通过车站,表示运行前方至少有三个闭塞分区空闲,如图 4-1(c)所示。三显示地段绿灯表示前方至少有两个闭塞分区空闲。

(b)一个绿色灯光和一个黄色灯光——准许列车按规定速度经道岔直向位置进入站内,表示次一架信号机经道岔直向位置开放一个黄灯,如图 4-4(a)所示。

(c)一个黄色灯光——准许列车按限速要求经道岔直向位置进入站内正线准备停车,如图 4-1(b)所示。

(d)一个黄色闪光和一个黄色灯光——准许列车经 18 号及以上道岔侧向位置,进入站内越过次一架已经开放的信号机且该信号机防护的进路经道岔直向位置或 18 号及以上道岔侧向位置,如图 4-4(b)所示。

(e)两个黄色灯光——准许列车按限速要求越过该信号机,经道岔侧向位置[但不满足上述第(d)项条件]进入站内准备停车。

(f)一个红色灯光——不准列车越过该信号机,如图 4-1(a)所示。

进站及接车进路、接发车进路色灯信号机的引导信号显示一个红色灯光及一个月白色灯光——准许列车在该信号机前方不停车,以不超过 20 km/h 速度进站或通过接车进路,并须准备随时停车,如图 4-4(c)所示。引导信号是在该信号机因故不能正常显示时使用。

(a)　　(b)　　(c)

图 4-4　色灯信号机信号显示

②出站信号机

出站信号机无须设置引导信号,如信号机故障,值班员根据情况发放许可证发车。

(a)一个绿色灯光——准许列车由车站出发,表示运行前方至少有三个闭塞分区空闲。

(b)一个绿色灯光和一个黄色灯光——准许列车由车站出发,表示运行前方有两个闭塞分区空闲。

(c)一个黄色灯光——准许列车由车站出发,表示运行前方有一个闭塞分区空闲。

(d)两个绿色灯光——准许列车由车站出发,开往半自动闭塞或自动站间闭塞区间。

(e)一个红色灯光——不准列车越过该信号机。

(f)在兼作调车信号机时,一个白色灯光——准许越过该信号机调车,如图 4-5 所示。

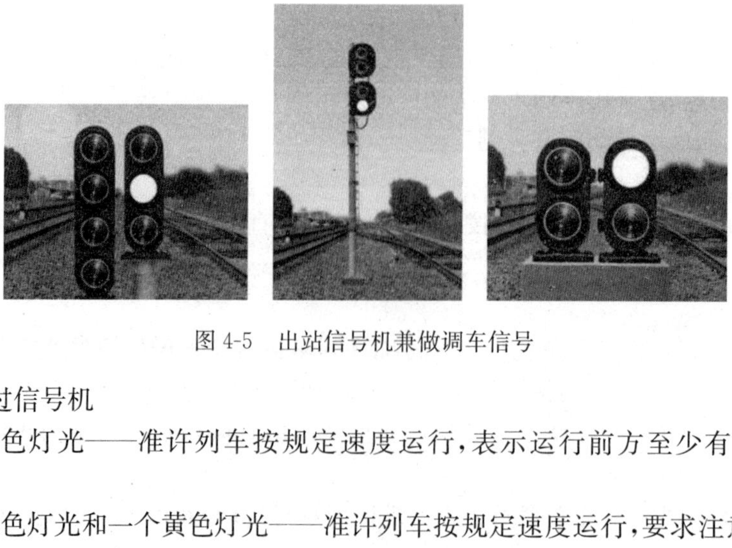

图 4-5　出站信号机兼做调车信号

③区间通过信号机

(a)一个绿色灯光——准许列车按规定速度运行,表示运行前方至少有三个闭塞分区空闲。

(b)一个绿色灯光和一个黄色灯光——准许列车按规定速度运行,要求注意准备减速,表示运行前方有两个闭塞分区空闲。

(c)一个黄色灯光——要求列车减速运行，按规定限速要求越过该信号机，表示运行前方有一个闭塞分区空闲。

(d)一个红色灯光——列车应在该信号机前停车。

(e)容许信号显示一个蓝色灯光——准许列车在通过色灯信号机显示红色灯光的情况下不停车，以不超过 20 km/h 的速度通过，运行到次一架通过信号机，并随时准备停车(图 4-6)。

图 4-6　容许信号

行车凭证

4. 行车凭证

使用自动闭塞法行车时，列车进入闭塞分区的行车凭证为出站或通过信号机显示的允许运行的信号。非正常情况下的行车凭证见表 4-1。

表 4-1　自动闭塞区段特殊情况行车凭证表

列车出发情况	行车凭证	发给行车凭证的依据	附带条件
1. 出站信号机故障时发出列车	绿色许可证	1. 监督器表示第一个闭塞分区空闲，不表示时为接到前次列车到达邻站的通知或前次列车发出后不少于 10 min 的时间 2. 确认道岔位置正确及进路空闲 3. 单线需取得对方站确认区间内无迎面列车的电话记录号码	从监督器上不能确认第一个闭塞分区空闲时，车站应发给司机书面通知(附件 8)，司机以在瞭望距离内能随时停车的速度，最高不超过 20 km/h，运行到第一架通过信号机，按其显示的要求执行
2. 由未设出站信号机的线路上发出列车			
3. 超长列车头部越过出站信号机发出列车			
4. 发车进路信号机发生故障时发出列车		确认道岔位置正确及进路空闲	列车到达次一信号机按其显示的要求执行
5. 超长列车头部越过发车进路信号机发出列车			
6. 自动闭塞作用良好，监督器故障时发出列车	出站信号机显示的允许运行的信号		与邻站车站值班员及本站信号员联系
7. 双线双向闭塞设备的车站，反方向发出列车		1. 区间占用表示灯表示区间空闲 2. 双线反方向行车的调度命令	反方向发车进路表示器显示正确(进路表示器故障时通知司机)

半自动闭塞区段，遇超长列车头部越过出站信号机而未压上出站方面的轨道电路发车时，行车凭证为出站信号机显示的允许运行的信号，并发给司机调度命令；遇发车进路信号机故障

或超长列车头部越过发车进路信号机发车时，列车越过发车进路信号机的行车凭证为半自动闭塞发车进路通知书。

使用电话闭塞法行车时，列车占用区间的行车凭证为路票。当挂有由区间返回的后部补机时，另发给补机司机路票副页。

车站行车室内一切电话中断，单线行车按书面联络法，双线行车按时间间隔法，列车进入区间的行车凭证均为红色许可证。

向施工封锁区间开行路用列车时，列车进入封锁区间的行车凭证为调度命令。该命令中应包括列车车次、停车地点、到达车站的时刻等有关事项，需限速运行时在命令中一并注明。

5. 列车调度指挥系统（TDCS）和调度集中系统（CTC）

列车调度指挥系统（TDCS）是铁路运输调度指挥的基础设施，是铁路各级列车调度实现透明指挥实时调整的现代化信息系统，是保证行车安全、提高运输效率、改善行车指挥人员工作条件的重要行车指挥设备。TDCS 系统由国铁集团、铁路局集团公司及车站三级组成。

列车调度指挥系统能实时自动采集列车运行及现场信号设备状态信息，并传送到国铁集团调度指挥中心和铁路局集团公司调度所，完成列车运行实时追踪、无线车次校核、自动报点、正晚点统计分析、交接车自动统计、列车实际运行图自动绘制、阶段计划人工和自动调整、调度命令及行车计划下达、站间透明、行车日志自动生成等功能，实现各级运输调度的集中管理、统一指挥和实时监督。

列车调度指挥系统能满足高安全、高可靠、高实时性的要求，建立维护管理体制，保证设备不间断使用。

列车调度指挥系统配置独立的处理平台，关键设备采用冗余配置。列车调度指挥系统采用独立的业务专网，国铁集团调度指挥中心和铁路局集团公司调度所采用双局域网，车站采用单局域网。各级局域网通过专用数字通道互连。

调度集中系统（CTC）在列车调度指挥系统基础上构建，由铁路局集团公司、车站两级构成。调度集中区段，车站应设集中联锁，区间应设自动闭塞或自动站间闭塞。

调度集中除能实现列车调度指挥系统的全部功能外，还能实现列车编组信息管理、调车作业管理、综合维修管理、列/调车进路人工和计划自动选排、分散自律控制等功能。

调度集中原则上应将同一调度区段内、同一联锁控制范围内所有车站的信号、联锁、闭塞设备纳入控制范围。当调度集中设备出现故障、维修、施工及运输需要时，由中心控制转为车站控制。

任务 4.2　行车安全装备

4.2.1　任务目标

通过学习行车安全装备基本知识，能够完成以下任务：

1. 掌握机车信号显示含义；
2. 掌握列车无线调度电话使用方法；
3. 掌握 GYK 运行监控装置的功能和模式。

4.2.2　相关配套知识

大型养路机械自轮运行或由重型轨道车牵引运行时需要设置机车信号、列车无线调度电话、轴温监测装置及运行监控装置等设备，以确保车辆运行安全。

1.机车信号

机车信号装置是将列车运行前方铁路地面信号的显示状态，正确地复示于机车上的一种单方向的远程控制设备。它由信息接收、信息鉴别、信息译解、信息放大和双面六显示（或八显示）色灯信息柱及电源灯部分组成。

机车信号与无线列车调度电话

机车信号机分为连续式、接近连续式和通用式机车信号机三类。

(1)四显示自动闭塞区段连续式机车信号机

①一个绿色灯光——准许列车按规定速度运行，表示列车接近的地面信号机显示绿色灯光(图 4-7)。

②一个半绿半黄色灯光——准许列车按规定速度注意运行，表示列车接近的地面信号机显示一个绿色灯光和一个黄色灯光(图 4-8)。

③一个带“2”字的黄色闪光——要求列车减速到规定的速度等级越过接近的显示一个黄色灯光的地面信号机，并预告次一架地面信号机开放经 18 号及以上道岔侧向位置的进路，且列车运行前方第三架信号机开通直向进路或开放经 18 号及以上道岔侧向位置的进路(图 4-9)。

图 4-7　一个绿色灯光

图 4-8　一个半绿半黄灯光

图 4-9　一个带“2”字的黄色闪光

④一个带“2”字的黄色灯光——要求列车减速到规定的速度等级越过接近的显示一个黄色灯光的地面信号机，并预告次一架地面信号机开放经道岔侧向位置的进路(但不满足上述第③项条件)。

⑤一个黄色灯光——要求列车减速到规定的速度等级越过接近的显示一个黄色灯光的地面信号机，并预告次一架地面信号机处于关闭状态(图 4-10)。

⑥一个双半黄色灯光——要求列车限速运行，表示列车接近的地面信号机开放经道岔侧向位置的进路、显示两个黄色灯光或其他相应显示(图 4-11)。

⑦一个半黄半红色闪光——表示列车接近的进站、接车进路或接发车进路信号机显示引导信号或通过信号机显示容许信号(图 4-12)。

图 4-10　一个黄色灯光

图 4-11　一个双半黄色灯光

图 4-12　一个半黄半红色闪光

⑧一个半黄半红色灯光——要求及时采取停车措施，表示列车接近的地面信号机显示红色灯光(图 4-13)。

⑨一个红色灯光——表示列车已越过地面上显示红色灯光的信号机(图 4-14)。

⑩一个白色灯光——不复示地面上的信号显示，机车乘务人员应按地面信号机的显示运行(图 4-15)。

图 4-13　一个半红半黄灯光

图 4-14　一个红色灯光

图 4-15　一个白色灯光

(2)机车信号机运用

连续式机车信号机在自动闭塞区段采用，三显示区段与四显示区段相比，少了一个半绿半黄色灯光和带“2”字的黄色灯光，其他颜色灯光的显示均相同。

接近连续式机车信号机设在非自动闭塞区段，显示方式与连续式机车信号机相同。GYK 运行监控装置显示器的机车信号显示与机车信号机的显示含义相同。

2. 列车无线调度通信

列车无线调度通信系统包括：铁路 450 MHz 列车无线调度通信系统和利用 GSM-R 数字移动通信系统承载的列车调度通信系统。既有普速铁路大多采用 450 MHz 列车无线调度通信系统，在高速铁路及新建线路上列车无线调度通信都是由 GSM-R 网络系统承载。机车综合无线通信设备(CIR)就是为了解决 450 MHz 列车无线调度通信系统和利用 GSM-R 数字移动通信系统兼容而设计的。

机车综合无线通信设备(CIR)广泛应用于高铁动车组、机车、轨道车以及大型养路机械，具备功能强大、标准化程度高、操作灵活的特点；在两种模式下均能完成列车调度通信、车次号传送、调度命令传送、列尾风压信息传送等功能，在 GSM-R 模式下，具有极强的功能扩展性。它由主机(图 4-16)、MMI 操作显示终端(图 4-17)、送受话器(图 4-18)、打印机、扬声器、天线等组成。天线装于机车顶部，其他部件安装于司机室内。

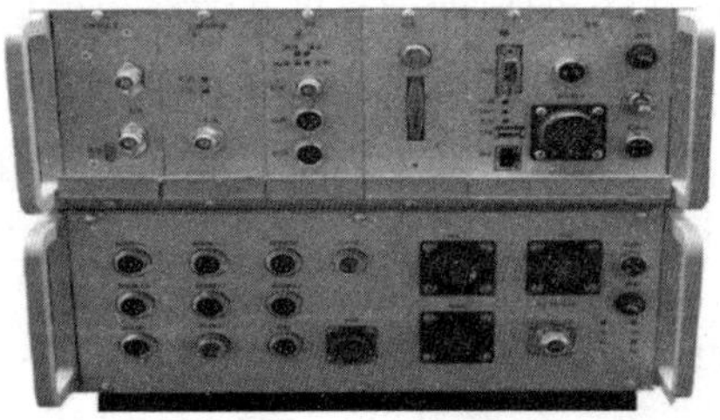

图 4-16　主机

图 4-17　MMI 操作显示终端

图 4-18　送受话器

现以 450 MHz 模式下机车呼唤车站为例，说明 CIR 的使用方法：司机首先摘下送受话器，然后按下呼叫车站按钮，CIR 开始呼叫对方。处于值班状态的车站台可以从扬声器中听到呼叫，如被呼叫的车站台为主呼对象，车站台应摘下送话器并应答对方，双方可以进行通话联系。根据行车指挥需要，列车调度员与司机通话时，由列车调度员直接控制。司机要与列车调度员通话时，必须由车站值班员转达，经调度员同意，再由调度员办理呼叫才能与司机通话，因此主控权在列车调度员。

列车在运行中，司机使用 CIR 与车站联系执行车机联控用语。不得使用 CIR 进行与行车无关的通话，并应遵守保密的规定。

3. GYK 运行监控装置

GYK 运行监控装置具有轨道电路信号接收、速度及轴温监控、数据记录、显示、警惕警报和语音提示等功能，可以监控轨道车运行状况及司机操作情况，正确使用 GYK 运行监控装置，可以有效防止冒出信号、超速行车等情况发生。

(1)基本构成及原理

GYK 包括主机、人机交互界面(DMI)、机车信号机、接收线圈、速度传感器、压力传感器、制动装置、熄火装置、故障隔离装置、警惕警醒按钮、轴温检测装置等。

GYK 根据控车数据、机车信号信息和前方目标距离，自动生成目标距离模式曲线，采用分级速度控制和速度连续控制方式，监控轨道车安全运行。

轨道车在区间正常运行时采用速度分级控制，根据机车信号信息，以进入闭塞分区后 700 m 处为目标点，计算产生控制曲线，防止轨道车超速或越过关闭的信号机。

轨道车在区间作业和限速区段采用速度连续控制，以轨道车计划停车地点或限速区段起点为目标点，计算产生连续的速度控制曲线，防止轨道车越过设定的停车点或超过限速区段的限制速度。

当轨道车实际速度曲线达到速度控制曲线 3 km 以内时，GYK 对轨道车实施常用制动，并报警提示；当实际速度曲线与速度控制曲线相交或超过速度控制曲线时，GYK 对轨道车实施紧急制动，防止轨道车“两冒一超”，即冒出或冒进关闭的信号机与超速行驶。

(2)模式设定

GYK 具有正常监控模式、调车模式、目视行车模式、区间作业模式和非正常行车模式等五种监控模式，在某种控制模式时显示器左上角以文字形式提示该模式的名称。

①调车模式。调车模式是轨道车进行调车作业的固定限速模式，限速值牵引按 40 km/h，推进 30 km/h，连挂 5 km/h 设置。

②目视行车模式。该模式应用于出入库作业、正常监控时出现停车信号或信号突变、机车信号故障等情况。

目视行车时，按 20 km/h 限速曲线控制轨道车运行，并周期报警。每运行 100 m 或 30 s，GYK 发出报警声，司机按压警惕按钮可继续运行；如果司机在警报声结束前未按压警惕按钮，则限速变为 0，并输出紧急制动指令，停车后允许缓解。机车信号变化时，GYK 根据允许信号自动退出目视行车模式，恢复正常监控模式。

③区间作业模式。区间作业模式用于进入封锁区间进行区间作业的控车模式。具有五种状态，分别是区间作业进入、区间作业返回、区间作业防碰、区间作业编组及 5 km/h 连挂。

④补机状态。轨道车不作为本务机时，GYK 使用补机状态。在补机状态下，GYK 只记录不控制。

(3)基本参数设定

开车前，司机必须输入行车信息，作为 GYK 的控车参数。司机通过参数设定和揭示输入完成。参数设定需要输入司机号、副司机号、车次编号、本/补、交路或监控交路号、车站号、对标公里标、公里标趋势、编组限速、总重、辆数、计长等。

揭示信息通过 U 盘转储器输入，内容包括临时限速、绿色许可证、路票、区间作业调度命令、线路里程断链等信息。遇有无法及时编辑或传送运行揭示文件等特殊情况时，也可以由司机人工输入运行揭示信息。

任务 4.3　行车及调车作业标准

4.3.1　任务目标

通过学习行车安全装备基本知识，能够完成以下任务：

1. 掌握大机运行的基本原则和设备条件；

2. 掌握大机司机一次出乘作业标准；

3. 掌握确认呼唤（应答）的基本要求；

4. 掌握调车作业的基本程序和要求。

4.3.2　相关配套知识

1. 大型养路机械运行基本原则

（1）大型养路机械自轮运行或由重型轨道车牵引运行时，按列车办理。

（2）综合作业时，大型养路机械可以编挂其他作业车辆运行；严禁用作其他用途牵引车使用。大型养路机械连挂运行时，具有相同牵引特性的机械可同时用作动力，由第一位车担当本务车。

行车基本要求

（3）大型养路机械按重型轨道车运行时，必须全列通风。

（4）由机车牵引或编挂在其他工程列车中一起运行时，大型养路机械必须处于无动力状态，且应加入全列车的制动系统。

（5）大型养路机械机组在施工调动、转移时，下列情况需安排机车或大功率轨道车牵引，其他情况允许大型养路机械自轮运行：

①大型养路机械和施工附属车辆（如宿营车、材料车等）一起调动转移。

②大型养路机械单向运行距离超过 100 km（高铁除外）。

（6）大型养路机械禁止溜放和通过驼峰。

2. 大型养路机械运行设备条件

（1）大型养路机械必须取得年检合格证方准投入运用。

（2）大型养路机械应配设轴温监控装置。自轮运行的大型养路机械必须装设 GYK、CIR，根据需要配备 GSM-R 手持终端（OPH），还应配备防护信号用品、防溜器具、灭火器具、复轨设备等，且各项设备技术状态必须完好并处于有效期内。

（3）对新造和厂修出厂的大型养路机械，应经工务机械车监造部门监造合格，并提供监造证明或设备竣工移交记录，方准编挂列车运行；返厂修理的大型养路机械应经车辆部门办理过轨手续，进行过轨技术检查合格后，方准编挂列车运行。

（4）上线运行的大型养路机械应随车携带以下资料，司机应在运行前进行检查，并核实有效性：

①《铁路技术管理规程》（高速、普速部分）、《普速铁路工务安全规则》《高速铁路工务安全规则》《铁路交通事故调查处理规则》《大型养路机械使用管理规则》《郑州铁路局集团公司普速铁路行车组织规则》《郑州铁路局集团公司高速铁路行车组织细则》。

②大型养路机械日志及技术资料(含车辆结构及各系统图、应急预案、液压顶复作业手册等)。

③大型养路机械行车备品及明细表,大型养路机械应急设备及明细表。

④年检合格证、探伤合格证、制动检验合格证。

⑤GYK、CIR等行车安全装备使用手册及合格证。

(5)高速铁路运行的大型养路机械还应满足:

①司机必须配备GSM-R作业手持终端;按规定配齐有关安全备品,携带有关资料,备品必须按期鉴定,保证正常使用。

②运行司机应熟悉高铁运行区段内的设备情况及线路、道岔的允许速度以及外轨超高大于125 mm、线路坡度大于12‰等特定区段及有关运行、作业安全控制措施;熟练掌握GYK、CIR、GSM-R等有关设备的正确使用方法以及应急设备使用和维修保养等知识。

③由铁路局集团公司主管专业部门按有关标准对车辆及GYK、CIR等设备逐台组织验收,未经验收或验收不合格的大型养路机械一律不准上线运行。

④配属单位须根据大型养路机械长距离自轮运行及高铁的特点,制定针对性运行安全保障措施,确保运行安全。

3. 司机一次出乘作业标准

(1)出勤

大机司机出乘前严禁饮酒,出勤前24 h内休息时间不应少于6 h,保持精力充沛;按规定着装,携带工作证、大型养路机械驾驶证、岗位培训合格证等。

按规定时间到派班室(出勤点)出勤,接受指纹影像识别,酒精含量测试,领取运行揭示、GYK U盘、作业计划等行车资料,然后到运行揭示栏处,由副司机阅读出示的运行揭示,司机核对领取的运行揭示。

作业负责人向所有机班传达上级有关指示、电报精神,传达完毕后,各机班分别在出勤传达登记簿签名;组织召开方案布置会,安排进行任务交底,告知司机及相关出乘人员重点事项,根据担当区段、施工计划、天气、本机班人员状况、使用车型及有关要求,订出安全措施,并全程视频记录。

(2)整备作业

①静态检查。按规定时间上车,检查行车安全装备合格证齐全、检验日期符合规定,查看大型养路机械运行日志;检查行车备品、应急救援器具、消防器材齐全、完整,作用良好,不超有效期限。

②启动发动机。按程序范围静态检查机械车各部件后,启动发动机,并开启轴温报警及视频监控装置,二人双重检查机械车行车安全装备并开机确认。进行GYK自检,试验列车无线调度通信设备、机车信号,核对GYK版本信息,转入U盘数据,与运行揭示内容核对(司机阅读,副司机核对),输入GYK相关数据,检查确认无误,GYK设置为目视行车模式。

③动态检查。二人分别下车检查闸瓦与轮对踏面接触情况、制动活塞行程是否符合要求、缓解状态下闸瓦与轮对踏面的间隙等走行部情况。检查走行传动系统、悬挂部件状态良好;各工作装置、检测装置、回转输送装置等锁定应到位、可靠,安全链栓挂有效;物料、工机具装载加固良好。

④撤除防溜。施行制动后,撤除止轮器、防溜枕木、松开手制动机,做好出库前的准备。

(3)发车

发车时,正副司机必须严格执行“五不动车”规定,即车辆未检查不动车,正副司机少一人不动车,未正确设置 GYK 不动车,未确认进路信号及车机联控不正确不动车,未撤除防溜设施不动车。本规定可消除发车时的安全隐患,需要值乘人员逐项检查确认后方可发车。

开车前需进行试拉,GYK 设置为调车模式。单机试拉时速度不超过 3 km/h、走行距离不超过 5 m 停车,试验单阀作用;整组试拉时,速度不超 3 km/h、走行距离不超过 10 m 停车,试验列车管贯通状态和车辆连挂情况。两台或多台大机重联时,施行正向操纵,由运行方向前端的司机负责(指挥)操纵,需换端时,应先将自阀手柄置制动区,确认制动缸压力不低于 300 kPa,再将自阀手柄置于手柄取出位。

正副司机共同确认 GYK 设置为正常监控模式,确认出站(进路)信号(行车凭证、进路表示器)、发车手信号或发车表示器显示正确,执行车机联控,呼唤后方可鸣笛动车。车站使用联控发车时,需确认联控正确、执行呼唤后方可鸣笛动车。

车组起动时,司机应检查自阀、单阀手柄是否在正确位置,确认各仪表显示状态;车组起动后及时进行后部瞭望,确认按压开车键地点,对标开车。出站后,各车均需确认仪表显示,本务司机与补机司机核对风压。

(4)途中运行

①大型养路机械运行时,运行司机必须集中精力,严格执行“彻底瞭望、确认信号、准确呼唤、手比眼看”的“十六字令”,严禁酒后开车,臆测行车,相关号位作业司机应随时巡查各部件的运转情况。

②本务司机必须在运行方向前端司机室(调车作业推进运行除外)操纵,做到平稳操纵,按规定速度运行,认真执行鸣笛、呼唤应答制度和车机联控标准,发现车机联控重要信息时,要立即报告列车调度员或就近车站值班员。司机均应时刻注意相关仪表和故障显示屏的显示,发现故障信息和非正常情况时,要迅速判明原因并妥善处理,并将故障现象及处理情况记录于“大型养路机械运行日志”。

③严格遵守列车限制速度,线路、桥隧、信号容许速度,车辆最高运行速度,道岔、曲线及各种临时限制速度,以及 GYK 速度控制模式设定的限制速度等规定。做到彻底瞭望,确认信号,严格按信号显示要求行车,确保行车安全。

④机车信号、列车无线调度通信设备、GYK 等行车安全装备必须全程运转,按规定使用,严禁擅自关机。遇机车信号、GYK 发生故障时,司机须立即使用列车无线调度通信设备报告就近车站值班员或列车调度员,并按规定控制运行速度;遇机车信号、GYK 发生故障时,司机应控制列车运行至前方站停车处理,在自动闭塞区间,列车运行速度不超过 20 km/h;遇列车无线调度通信设备故障,与车站联系不上时,司机应在前方站停车报告。

⑤连挂运行时,本务车运行司机与其他连挂车运行司机应使用无线通信设备保持联系,根据需要提出加速、减速或制动的要求,确保操纵同步。运行中各车均应随时检查车辆总风缸、制动缸、制动主管压力,检查柴油机的各部状态及其转数等情况。

⑥列车进站前,本务车司机按规定与车站联控,确认进站信号显示,按进站信号显示要求运行,做到进站稳,停车准,停车后及时保压,并按规定显示列车标志。

在站内停车待避时,应施行保压制动,不准关闭空气压缩机;发动机熄火等待时,应设置防溜;值乘司机不得同时离车,并应将头灯灯光熄灭。自进站前至出站后,无论停车或通过,副司机需全程立岗(停车后至再开前除外)。在车站停留时间超过20 min时,在保证人身安全的前提下,值乘人员应下车重点检查走行系统、制动系统、轴箱温度、车钩联结和装载加固等情况,并观察各部有无漏油、漏水、漏风情况,再开车前,应按规定进行制动机简略试验。

⑦列车停车再开车后,应选择适当地点进行贯通试验。本务车司机确认制动主管排风结束、运行速度下降,并与最后一辆车辆司机核对风压后方可缓解,同时注意风表压力及列车管充、排风时间。发现制动主管的压力异常时,应立即停车,停车后,查明原因妥善处理,并通知就近车站值班员或列车调度员。

⑧运行中,司机发现监控装置输入的U盘信息与地面标志显示要求不一致或在相应区段未达到正常控制要求时,要立即采取有效措施。遇信号显示不明或危及行车和人身安全时,应立即采取减速或停车措施。

⑨列车在区间被迫停车后不能继续运行时,司机应立即使用列车无线调度通信设备通知两端站、列车调度员,报告停车原因和停车位置,根据需要迅速请求救援并按规定设置防护,做好防溜工作。遇车辆故障10 min内不能恢复运行时,司机应迅速请求救援。已请求救援的车组,不得再行移动。

(5)施工区间运行

①作业前,须掌握施工任务、施工地点、封锁区间、封锁时间、运用安全措施等内容。

②司机接收车站送达的调度命令并与车站核对,作为进入封锁区间的行车凭证;副司机诵读,司机确认调度命令正确无误。多台车编组运行时,调度命令由本务机司机传达至每台机械车。

③进入区间作业,GYK设置为区间作业进入模式。

④确认出站信号机显示的允许运行的信号,与车站进行车机联控后,司机、副司机共同确认发车手信号或列车无线调度通信设备的发车通知,司机鸣笛动车,副司机立岗。在封锁前已进入封锁区段时,确认进路准备妥当与车站进行车机联控后,司机鸣笛动车,副司机立岗。

⑤在封锁区间内需分解作业时,需在施工前制订安全卡控措施,明确分解地点、各自作业范围、连挂时间及地点。分解后的车组按规定设置防护,须显示移动停车信号。分解、连挂地点应选择在平直线路上或坡度和曲线超高较小的地段,严禁顺坡连挂。

⑥进入封锁区间的作业地点后,应根据施工计划进行分解、对位、作业,需临时改变计划时,施工负责人应使用无线通信设备通知各车司机长。

⑦在封锁区间各自运行时,需正确设置GYK控制模式,续行间隔不得小于300 m,续行速度不得超过40 km/h,并做好随时停车的准备。各车运行司机应保持前后车的联络通畅,当途中停车时,应立即通知后续车辆,提醒注意并通报停车地点。

⑧车辆在区间连挂前,连挂车辆之间加强联系,明确连挂地点、方式;连挂车辆时,由被挂车的副司机负责,提前显示停留车位置和连挂信号。

⑨推进连挂由副司机引导,正确显示"十、五、三车"距离信号;牵引连挂时,司机、副司机呼唤"十、五、三车"距离,司机严格控制速度。

⑩接近被连挂车辆10 m前、2 m处停车;连挂速度不超过5 km/h;每次显示手信号后,司机必须鸣笛回示。

⑪车辆连挂后,必须进行"试拉"及制动机简略试验。

⑫GYK使用区间作业返回模式,并按规定输入参数;作业结束后,须确认各作业机构复位并锁闭良好、作业人员处于安全位置,方可动车返回。

⑬开车后选择适当地点进行贯通试验，本务司机与尾部司机核对风压；司机按规定与车站联控，副司机立岗，共同确认进站信号或进路准备情况，按信号显示要求运行（封锁车站时确认进路准备情况），待确认进站信号显示正确（进路准备妥当）且得到车站值班员（列车调度员）的同意后方准进站，禁止盲目进站。进站后按规定停车设置防溜。

(6)到达入库

①返回驻地及到达基地所在车站后，司机向车站请求转入停车线或进入基地，待调车信号开放后，GYK 转入调车模式，执行调车联控，按调车信号显示运行。

②入库作业时，按信号显示要求运行到站、库分界点处停车，GYK 转入目视行车模式，确认入库信号、股道号码信号、道岔开通信号、道岔表示器显示正确，执行确认呼唤（应答），鸣笛动车入库。

③进入基地停车线停妥后，发动机熄火前应做好铁鞋防溜。

④按规定进行检查、保养、整备工作及交接制度，遇有故障时及时报修。

⑤做好防溜、防寒等工作并检查确认，用 U 盘转储 GYK 运行记录文件，正确填写大型养路机械运行日志，锁闭门窗，办理钥匙交接手续。

(7)退勤

退勤前，作业负责人在派班室（退勤点）组织各车机班召开退乘会，对作业任务的完成情况及作业中的问题进行总结。由司机汇报本次运行及安全情况，对 GYK 使用中发生的问题及非正常停车等情况做出说明。退勤时，转储 GYK 运行记录文件，进行酒精测试，将书面运行揭示、联控信息卡、事故（防止）概况等资料交给作业负责人。

4. 确认呼唤（应答）

(1)基本要求

①确认呼唤（应答）需掌握“清晰短促、提示确认、全呼全比、手势正确”的作业要领。

②列车运行中必须对所有地面主体信号显示全部进行确认呼唤（应答）。

③凡信号、道岔看不到、无法确认，一律呼唤：××注意，并手比；如另一人能确认，按规定用语呼唤，其他人员呼“注意”，并手比，待看清信号后，再次主动呼唤。

④出入转挂调作业时，第一架开放的调车信号机（门灯）前停车，司机、副司机打开同侧门或窗对信号呼唤手比确认，之后逐架信号机室内呼唤手比确认。

(2)信号确认呼唤时机和手比标准

信号确认呼唤时机应遵循“信号好了不早呼、信号不好提前呼”的原则，瞭望条件良好时，进站（进路）信号不少于 800 m；出站、通过、接近、预告信号不少于 600 m；信号表示器不少于 100 m。

手比标准动作：

①地面信号显示要求通过（显示绿灯、绿黄灯）时：伸出食指和中指并拢，拳心向内，指向确认对象。

②地面信号显示要求正向径路运行（显示黄灯）时：单臂拢拳伸拇指直立，拳心向内。

③地面信号显示要求侧向径路运行（显示双黄灯、黄闪黄）时：单臂拢拳伸拇指和小指，拳心向内。

④地面信号显示要求停车（显示红灯，包括固定和临时）时：单臂拢拳，举拳与眉齐，拳心向内，小臂上下摇动 3 次。

⑤注意警惕运行（包括通过信号机显示黄灯）时：单臂拢拳，大小臂成 90°，举拳与眉齐，拳

心向内。

⑥确认仪表显示、调车信号、复示信号、各类手信号、防护信号(脱轨器)、道岔开通位置和防溜设置或撤除时:伸出食指和中指并拢,拳心向内,指向相关确认设备。

⑦所有手比姿势要求司机伸右手、副司机伸左手,手比以注意警惕姿势开始和收回,手比动作稍作停顿。

5. 调车作业

大型养路机械进行转线、进出库、连挂车辆以及在车站、停留线等移动时,按调车作业办理。调车作业要求由车间副主任及以上职务人员担当调车负责人,每车均配备正、副司机,车站调车时增配驻站联络员 1 名。

(1)司机在调车作业前,需逐项确认"五不动车"规定,GYK 设置为调车模式,熟悉站内线路(包括专用线)、信号机以及各种标志。

(2)司机在调车作业中,需执行以下规定:

①认真执行"十六字令",正确执行信号显示要求和确认呼唤应答制度,没有信号不准动车,信号中断或不清立即停车。

②正确执行门灯确认制度。每次动车(包括停车再开)时前方第一架信号机为门灯,动车前必须认真确认。在司机室能看到信号时,值乘司机打开信号机一侧的门或窗,并将手臂伸至司机室外指向门灯,同时口呼确认(司机室未设置活动窗的,司机可在室内确认);在司机室不能看到信号时,副司机必须下车确认。遇信号在右侧时,司机、副司机到右侧确认。车站使用手信号按照列车方式发车时,司机应按照门灯确认的方式对手信号进行确认。由近及远、依次呼唤确认调车信号,执行"看一架、呼一架、指一架、过一架"要求,正常情况下调车信号呼唤及手指确认时机掌握在 50 m 左右。

③调车作业应准确掌握速度及安全距离。在空线上牵引运行时,不得超过 40 km/h;推进运行时,不得超过 30 km/h;调动有乘坐人员或装载爆炸品、气体类危险货物、超限货物的车辆时,不得超过 15 km/h。连挂时严格按照十、五、三车距离控制速度,距被挂车 10 m 前、2 m 处两度停车,接近被连挂车辆时不得超过 5 km/h;遇有天气不良等情况,应再降低速度;在尽头线上调车时,距线路终端应有 10 m 的安全距离;遇特殊情况,必须近于 10 m 时,严格控制速度。

④摘车时,必须停妥,车辆摘解前必须停妥,被摘车辆不停机时采取保压制动;被摘车辆停机时拧紧手制动机,同时放置铁鞋。摘解作业应由专人负责指挥。摘车作业需严格执行"一关前后折角塞门、二摘风管、三提钩"的作业程序。挂车作业须严格执行"一试拉、二接风管、三开前后折角塞门、四试风、五撤防溜(松开人力制动机)"的作业程序。调车指挥人员白天使用信号旗,夜间使用信号灯;无线通信设备可作为提示注意、相互联系的辅助手段。

(3)调车作业结束后,司机应关断车辆电源,设置防溜设施,移动停车信号牌(灯)等防护措施,锁闭车门后方可离开。

(4)安全注意事项:

①工务机械车出(入)库或由车站进入专用线时,应认真确认信号,严格遵守限制速度。停留时,全部车辆需停在警冲标内方;设有调车信号时需停在该信号机前方,不得压轨道绝缘。

②在纳入车站联锁范围的线路上调车作业动车前,必须按规定执行车机联控制度。遇切割正线调车信号,司机必须采取减速措施。

③调车作业前调车负责人应确认线路状态。

④加强对特殊站、特殊信号机、关键区段调车的培训,重点为站区示意图、站界位置、作业方式、限制速度及其他安全重点事项。各段每半年进行一次调车作业培训。

⑤调车作业时,司机上下车时要站稳抓牢,手持铁鞋、信号用品、无线通信设备等有关工具备品上下车时,必须在车辆停稳后方准上下车。

⑥安放、撤除铁鞋时,严禁将手伸入铁鞋与车轮踏面(钢轨面)间隙。

(5)人工道岔扳动的规定:

①调车作业时,人工道岔应穿好安全销并挂锁,作业结束后,将有关道岔开通规定的位置并加锁。

②扳动人工道岔时,应严格遵守以下规定:

(a)需扳动道岔时,严格执行"一看、二扳、三确认、四显示"制度。确认尖轨密贴、操纵手柄落槽、安全销穿好、道岔开通位置正确后,再执行要道还道制度。

(b)人工操纵准备进路时,应按先远后近的原则执行。

(c)工务机械车未全部越过道岔转辙部分时,不准接触道岔手柄。

(d)工务机械车未进入警冲标内方不准扳动道岔。

知识拓展

冒进信号险性行车事故

2005 年 4 月 6 日 20 时 41 分××次货物列车(××机务段 SS_{3B}6017 机车牵引,编组 50 辆,总重 4 052 t,换长 67.9)由××站开出时,司机将列车操纵权交给副司机。21 时该次列车距××站预告信号机 2 500 m 左右,操纵副司机联控后,在输入"运记"时错误的将Ⅰ道输入为 3 道,发现后采取措施不力,造成列车于 21 时 07 分越出Ⅰ道关闭的出站信号机2 m,停于 K175+189 处。构成货物列车冒进出站信号机险性事故。

原因分析

(1)该机班臆测、违章蛮干,在监控装置失去正常监控作用的情况下采取措施不当,错过制动时机是造成此次事故的直接原因。

(2)该机班在监控装置操作中,严重违反《机车乘务员监控装置一次作业标准》。在联控应答后,错误输入股道号码;站外调速违反制动机使用规程,减压量不足 50 kPa,致使长时间带闸运行,闸瓦发热,站内停车时制动力减弱;操纵列车在进站停车的关键环节中,司机对操纵副司机监督指导不力,在发现列车控速不当后采取措施不果断。严重违背操作规程,多环节的失误是导致此次事故的重要原因。

(3)基础管理不严,问题意识不强,对现场关键地段卡控不力,对执行标准化作业要求不高、考核不严是造成此次事故的间接原因。

复习思考题

1. 铁路信号是什么?
2. 信号的基本颜色及含义是什么?
3. 联锁设备需要满足哪些要求?
4. 我国铁路采用的基本闭塞行车法有哪几种?

5. 半自动闭塞法是如何组织行车的?
6. 自动闭塞法有什么特点?
7. 电话闭塞及电话中断时如何组织行车?
8. 轨道电路的工作原理是什么?
9. 区间通过信号机在四显示区段有几种色灯? 各有什么含义?
10. 绿色许可证用于哪些情况下?
11. GYK 由哪几部分组成?
12. GYK 是什么? 有几种控车模式?
13. “五不动车”的内容是什么?
14. “两冒一超”是什么意思?
15. 确认呼唤(应答)的基本要求是什么?
16. 扳动人工道岔时,应遵守哪些规定?
17. 大型养路机械运行基本原则是什么?

项目5　施工组织管理

项目描述

为了保证大型养路机械运用安全，确保施工过程有序可控，必须加强施工组织管理，按照施工等级的要求，制定施工组织方案。本项目主要介绍施工计划的申报与审批、施工组织方案的制定、一次施工标准、施工配合单位、施工质量控制等内容，通过本项目的学习，学生应基本了解铁路大型养路机械施工组织的基本流程与关键环节。

学习目标

1. 能力目标

(1)具有识读年度、月度、日计划的能力；

(2)具有申请施工日计划的能力；

(3)具有编制施工组织设计的能力。

2. 知识目标

(1)掌握铁路营业线施工分级分类；

(2)掌握施工年度、月度、日计划的申报流程等；

(3)掌握施工主体单位和配合单位的主要职责；

(4)掌握一次施工标准。

任务5.1　铁路营业线施工

5.1.1　任务目标

通过学习铁路营业线施工相关知识，能够完成以下任务：

1. 掌握营业线施工中施工与维修等级的含义；
2. 掌握营业线施工项目和等级划分；
3. 区分线路设备大修和维修；
4. 准确理解“维修”在不同范畴的涵义。

营业线施工等级及分类

5.1.2　相关配套知识

铁路营业线施工是指影响营业线设备稳定、使用和行车安全的各种施工作业，按照组织形式、影响程度分为施工和维修两类。邻近营业线施工是指在营业线两侧一定范围内，新建铁路工程、既有线改造工程及地方工程等影响或可能影响铁路营业线设备稳定、使用和行车安全的施工作业。

铁路营业线施工必须坚持“安全第一、预防为主、综合治理”的方针，坚持运输、施工兼顾的原则，提高施工作业效率和质量，确保施工安全。

根据《铁路营业线施工管理办法》(铁运〔2012〕280号)，铁路营业线分为高速铁路和普速铁路进行管理。普速铁路根据运量分为繁忙干线、干线和其他线路。繁忙干线有京哈、京沪、京广、京九(北京西—向塘西)、陇海(徐州—兰州北)、沪昆(上海西—株洲)、津山、沈山、大秦、石太、侯月、新焦、新兖、焦柳(焦作—石门县北)、襄渝(襄阳北—三汇镇)、兰新(兰州北—乌西)线等。

1. 营业线施工项目

营业线施工项目分为施工和维修两类，施工等级高于维修。

(1)工务施工项目

①线路大中修，路基、桥隧涵大修及大型养路机械作业。

②成段破底清筛，成组更换道岔(含钢轨伸缩调节器)及轨件，成段更换扣件，更换轨道板(道床板)，更换无砟道床，无缝线路应力放散。

③普速铁路成段更换钢轨或轨枕，使用冻害垫板一次总厚度大于等于40 mm的冻害整治等施工；高速铁路使用冻害垫板一次总厚度大于等于10 mm的冻害整治，更换钢轨或轨枕，更换道岔(含钢轨伸缩调节器)主要部件等施工。

④工程质量缺陷和高速铁路线路、路基、桥隧涵病害整治等施工。

⑤其他影响营业线设备稳定、使用和行车安全的施工。

(2)工务维修项目

维修项目是指作业开始前不需限速，结束后需达到正常放行列车条件，并且在维修天窗时间内完成的项目。维修项目分高速和普速，按照作业的复杂程度和设备影响范围，分为Ⅰ级维修和Ⅱ级维修。

高速铁路Ⅰ级维修项目包括开行路用列车运送作业人员，装卸机具、材料等。Ⅱ级维修项目包括钢轨、道岔大型养路机械打磨，工务设备上线检查、检测，轨道精调，采用改道、垫板方式处理零小线路病害，整理外观及修理油刷线路标志，螺栓扣件涂油以及其他可以在天窗内完成的作业项目。

普速铁路Ⅰ级维修项目包括更换道岔尖轨、辙叉、基本轨；更换道岔扳道器下长岔枕、可动心轨道岔钢枕及两侧相邻岔枕或辙叉短心轨转向轴处轨枕；开行路用列车运送作业人员，装卸机具、材料；利用小型爆破开挖侧沟或基坑(限于不影响路基稳定的范围)。

普速铁路Ⅱ级维修项目包括利用小型养路机械整治线路病害，对轨道伤损零件进行更换或修理；胶结、焊接钢轨；一次起道量、拨道量不超过40 mm的起道、拨道作业；螺栓扣件涂油以及其他在天窗内可以完成的作业项目。

2. 天窗

天窗是指列车运行图中不铺画列车运行线或调整、抽减列车运行线为施工和维修作业预留的时间，按用途分为施工天窗和维修天窗。

(1)天窗时间

天窗时间规定如下：高速铁路天窗原则上不应少于240 min；普速铁路施工天窗进行技改工程、线桥大中修及大型养路机械作业、接触网大修及改造时，不应少于180 min；普速铁路维修天窗，双线区段不少于120 min，单线不少于90 min。施工天窗等级高于维修天窗，维修天窗在时间安排上应与施工天窗重叠套用，原则上每月每区间不应少于20次(双线为单方向)。

各条线路天窗时间和位置在编制列车运行图时确定，铁路局集团公司如需临时调整高速铁路、繁忙干线和影响跨局运输的干线天窗时，必须报国铁集团运输调度指标中心(简称“调度中心”)批准，其中涉及调整跨局施工维修天窗和编制施工分号列车运行图时，由国铁集团运输部负责协调。不影响跨局运输的干线和其他线路，根据施工和维修需要，铁路局集团公司可适当增加天窗时间和次数或对天窗时段进行调整。

(2)施工天窗和维修天窗的规定

①施工天窗的安排

高速铁路、繁忙干线和干线集中修、图定货物列车对数少于12对的普速铁路施工时可以连续安排施工天窗；其余各线周六、周日不安排施工天窗。

②维修天窗的安排

高速铁路每日安排维修天窗；普速铁路国铁集团组织集中修的区段集中修时间外，周一至周四安排维修天窗，周五至周日不安排；其他区段周一至周五安排维修天窗，周六、周日不安排维修天窗。

(3)“V”形天窗与垂直天窗

天窗单元是电气化铁路区段以供电臂停电单元为天窗单元，一个天窗单元含数个基本天窗单元。基本天窗单元包含起始站内一个方向正线及该方向侧的到发线(包括衔接线路和有关道岔)和两站间区间正线。非电气化铁路双线区段中间站按上下行线分别延正方向自一站接车端正向进站信号机起，至下一站正向进站信号机止为一个基本天窗单元。单线区段按下行方向一站一区间依次划分基本天窗单元。大站按电务设备联锁关系划分基本天窗单元。

“V”形天窗：是一种形象的说法，指在行车调度员安排的列车运行图中给出的列车空余间隙就像一个“V”字模样，具体到工作现场，“V”形天窗就是在复线区段仅上行线或下行线作业，而不影响到另一条线路行车的情况。

垂直天窗：指需同时影响上、下行正线行车设备正常使用而安排的作业时间。

对于大型养路机械施工作业，线路捣固、打磨、清筛等作业仅影响本线，道岔捣固、打磨等作业在道岔调试阶段需要同时影响上、下行正线，故必须安排一定时间的垂直天窗。

3.施工等级的划分

(1)高速铁路施工等级分为三级。

①Ⅰ级施工

超出图定天窗时间且需要调整图定跨局旅客客车开行的大型站场改造、新线引入、全站信联闭改造、CTC中心系统设备及列控系统设备改造、换梁、上跨铁路结构物等施工。

中断跨局行车通信业务且影响范围内有图定列车运行的GSM-R核心网络设备施工。

②Ⅱ级施工

不需要调整图定跨局旅客客车开行的大型站场改造、新线引入、全站信联闭改造、CTC中心系统设备及列控系统设备改造、整锚段更换接触线或承力索、换梁、上跨铁路结构物施工。

中断跨局行车通信业务且影响范围内没有图定列车运行以及中断本铁路局集团公司行车通信业务且影响范围内有图定列车运行的通信网络设备施工。

③Ⅲ级施工

除Ⅰ级、Ⅱ级施工以外的各类施工。

(2)普速铁路施工等级分为三级。

①Ⅰ级施工

a.繁忙干线封锁5 h及以上、干线封锁6 h及以上或繁忙干线和干线影响信联闭8 h及以上的大型站场改造、新线引入施工；

b. 繁忙干线和干线大型换梁施工；

c. 繁忙干线和干线封锁 2 h 及以上的大型上跨铁路结构物施工。

②Ⅱ级施工

a. 繁忙干线封锁正线 3 h 及以上或影响全站(全场)信联闭 4 h 及以上的施工；

b. 干线封锁正线 4 h 及以上或影响全站(全场)信联闭 6 h 及以上的施工；

c. 繁忙干线和干线其他换梁施工；

d. 繁忙干线和干线封锁 2 h 以内的大型上跨铁路结构物施工。

大型养路机械维修、清筛，人工处理路基基床，成段更换钢轨和轨枕以及不影响相邻正线行车的更换道岔施工除外。

③Ⅲ级施工

除Ⅰ级、Ⅱ级施工以外的各类施工。

大型养路机械作业既可以独立进行，也可以作为高等级施工的一项工序进行。一般来说，在普速铁路上，大型养路机械维修、清筛作业均属于Ⅲ级施工，在高速铁路上，除钢轨、道岔大型养路机械打磨作业属于Ⅰ级维修项目外，其他大型养路机械作业属于Ⅲ级施工。大型钢轨探伤车检测作业不影响线路设备状态，不列入施工或维修。

4. 营业线施工组织领导

铁路局集团公司应成立营业线施工领导小组，组长由分管运输副总经理担任，副组长由分管工电、建设副总经理担任，成员由施工办、运输、客运、货运、安监、工务、电务、供电、建设、调度等部门负责人组成，全面领导营业线施工管理工作。

(1)成立施工协调小组。

为加强施工组织领导，铁路局集团公司、站段应成立施工协调小组。

①Ⅰ级施工由铁路局集团公司分管运输副总经理、有关分管副总经理担任施工协调小组正、副组长，成员由行车组织、设备管理、建设、设计、施工、监理、安监等有关部门和单位负责人组成。

②Ⅱ级施工由铁路局集团公司施工办主任(副主任)、施工主体项目业务部室主任(副主任)担任施工协调小组正、副组长，成员由行车组织、设备管理、建设、设计、施工、监理、安监等有关部门和单位主管人员组成。

③Ⅲ级施工：

(a)在车站和车务负责行车组织的动车段(所)登记的Ⅲ级施工，由车务段(直属站)分管副段长(副站长)担任施工协调小组组长，施工主体项目专业的设备管理单位分管副段长担任施工协调小组副组长(建设项目由建设项目管理机构分管负责人担任施工协调小组副组长)，成员由行车组织、设备管理、建设、施工等有关单位成员组成。

(b)在调度所登记的Ⅲ级施工，由施工主体项目专业的设备管理单位分管副段长担任施工协调小组组长(建设项目由建设项目管理机构分管负责人担任施工协调小组组长，施工主体项目专业的设备管理单位分管副段长担任施工协调小组副组长)，成员由行车组织、设备管理、建设、施工等有关单位成员组成。

(c)在机务段(包括机辆段、机车检修段，以下简称机务段)、车辆段、非车务负责行车组织的动车段(所)登记的Ⅲ级施工，由机务段、车辆段、动车段分管副段长担任施工协调小组组长，施工主体项目专业的设备管理单位分管副段长担任施工协调小组副组长(建设项目由建设项目管理机构分管负责人担任施工协调小组副组长)，成员由行车组织、设备管理、建设、施工等有关单位成员组成。

(d)施工协调小组组长、副组长因Ⅲ级施工较多等原因不能亲自到现场组织时,可提前办理委托手续委托胜任人员,委托手续办理时机及委托期限由铁路局集团公司规定。

(2)施工协调小组的主要职责:

①负责组织相关部门和单位协调解决营业线施工运输、安全等问题,做到运输、施工统筹兼顾,确保行车、人身和施工安全。

②负责施工现场的组织协调工作。检查施工前的准备工作,检查各项安全措施的落实,掌握施工进度,维护施工期间的运输秩序,协调解决施工各部门临时发生的问题。

③负责施工现场的安全监控工作。按专业分工对施工期间运输、施工进行安全监控,协调解决影响安全的相关问题。

④负责组织召开施工预备会和总结会。

⑤Ⅰ、Ⅱ级施工协调小组负责审定相应施工等级的施工方案、施工过渡方案、施工安全措施等。

(3)施工负责人由施工单位按照施工等级安排相应人员担当。

建设项目Ⅰ级施工由标段项目负责人担当,Ⅱ级施工由标段副职担当,Ⅲ级施工由分项目负责人(副)担当。技术改造、大中修项目Ⅰ级施工由施工单位负责人担当,Ⅱ级施工由施工单位分管副职担当,Ⅲ级施工由施工单位段领导或车间主任(副)担当。配合人员资格由铁路局集团公司规定。

维修的组织领导工作由设备管理单位负责。Ⅰ级维修负责人由车间主任(副)担当(Ⅰ级维修较多时,车间主任可委托车间干部担当),Ⅱ级维修负责人由工(班)长担当。

施工负责人的主要职责:

①负责施工现场的组织指挥工作。检查施工和开通前的各项准备工作,指挥现场施工,安排施工防护,确认放行列车条件等。

②负责协调解决施工中发生的问题,协调各单位施工作业,掌握施工进度,反馈现场信息,及时向施工协调小组汇报施工情况。

③负责总结分析施工组织、进度和安全等情况,对施工现场的安全负责。

④施工现场为两个及以上施工单位综合利用天窗在同一区间作业时,由运输部门指定施工(维修)主体单位,明确主体施工(维修)负责人。主体施工(维修)负责人负责协调各单位施工组织,各单位必须服从主体施工(维修)负责人指挥,按时完成施工和维修任务,确保达到规定的列车放行条件。

⑤两个及以上单位作业车进入同一个区间移动作业时,由主体施工(维修)负责人统一划分各单位作业车作业范围及分界点,作业单位必须按规定分别设置防护。

⑥同一区间或站内施工和维修综合利用天窗时,维修组织由主体施工负责人统一指挥,维修单位参加施工预备和总结会。

5. 线路设备大修和维修

线路设备修理的基本任务是通过科学合理和经济的维修策略,保持和恢复线路设备安全性、可靠性。线路设备修理分为线路设备大修和维修。

线路设备大修是为全面恢复和提高线路设备固有可靠度而对线路进行的大规模修理。线路设备维修是根据线路设备变化规律,维持列车以规定速度安全和不间断地运行而对线路进行的日常维护和小规模修理。线路设备修理采用周期修与状态修相结合。线路设备大修以周期修为主,日常维修以状态修为主,应贯彻"修理标准与线路等级匹配、投入产出经济合理"理念，实行线路分级管理。

(1)线路设备大修

线路设备大修可分为：钢轨大修、道岔大修、轨枕大修、道床大修、线路中修、扣件大修、道口大修和其他大修(前七项未涵盖的线路设备大修项目列其他大修)。大型清筛机作业属于道床大修项目。

因线路设备大修引起其他设备变动时，应由铁路局集团公司在相应的大修计划中统一安排。

(2)线路设备维修

线路设备维修分为计划维修与临时补修。

①计划维修指根据线路及其各部件的变化规律，依据维修周期、结合设备状态评价，以大型养路机械为主要作业手段，全面调整和改善轨道空间线形线位，消除轨道结构病害，恢复道床弹性，更换失效轨枕和联结零件，调整轨道几何尺寸，消除钢轨轨头病害，达到钢轨目标廓形，以及其他各结构部件的修理等为主要内容的单项或多项修理，以恢复线路完好技术状态。大型养路机械线路及道岔捣固、打(铣)磨等均属于计划维修。

②临时补修指以小型养路机械为主要作业手段，对轨道几何不平顺超过临时补修容许偏差管理值及其他不良处所进行的临时性整修，以保证行车安全和平稳。

(3)不一样的"维修"

线路设备修理分为大修和维修，铁路营业线施工等级分为施工和维修，这两个"维修"具有不同的涵义，需要注意区分。线路设备维修是对线路设备检修的作业，与线路设备大修作业相对应，具有组织工序较少、规模较小、对行车设备影响较小的特点；在施工等级上，根据作业的组织形式、影响程度，有些线路设备维修项目属于施工级项目，有些属于维修级项目。营业线施工等级中的维修级项目不仅限于工务线路设备修理项目，还包括电务、供电、房建、车辆、货运等系统的设备修理。

任务5.2　施工计划管理

5.2.1　任务目标

通过学习施工计划管理相关知识，能够完成以下任务：

1. 掌握施工计划审批及施工方案审核程序；
2. 掌握年度、月度、日施工计划编制程序；
3. 掌握施工计划变更与临时施工计划申请程序。

5.2.2　相关配套知识

1. 施工计划审批

(1)施工计划审批权限

营业线施工实行国铁集团、铁路局集团公司、站段分级管理，逐级审批制度。国铁集团负责审批的施工计划主要包括：

①影响高速铁路和普速铁路跨局旅客列车(含高速铁路确认列车)的停运、变更运行区段、改变始发终到时刻和局间分界站运行时刻的施工。

②影响繁忙干线和干线跨局货物列车停运的施工。

③调整繁忙干线和干线跨局货物列车编组计划的施工。

④调整繁忙干线和干线跨局车流径路，实行迂回运输的施工。

⑤变更繁忙干线和干线跨局货物列车牵引定数的施工。

⑥编制跨局施工分号列车运行图的施工。

⑦繁忙干线封锁正线 3 h 及以上，影响全站(全场)信联闭 4 h 及以上的施工。

⑧中断跨局行车通信业务的施工。

⑨中断繁忙干线 6 h 及以上或干线 7 h 及以上，且同时中断两站以上行车通信业务的通信网络设备施工等。

维修计划和国铁集团负责审批以外的施工计划，全部由铁路局集团公司审批。正线、到发线以外的对运输影响较小的施工计划审批权限，由铁路局集团公司界定。

国铁集团审批的施工计划，由铁路局集团公司进行施工方案审核和施工计划编制，并制定运输组织方案和施工组织方案。国铁集团调度中心组织相关部门进行审批，运输组织方案由运输部门负责，施工组织方案由各专业部门对口负责。铁路局集团公司依据国铁集团批复，编制具体的施工计划并组织实施。

影响行车或影响行车设备稳定、使用的施工项目未经申报批准严禁施工，擅自施工或擅自扩大施工内容和范围的，一经发现立即停工并追究施工单位责任。

(2)施工方案审核

施工方案由施工单位制定，经相关设备管理单位会签后，上报铁路局集团公司主管业务部室。施工方案由铁路局集团公司主管业务处室负责组织审查，初步确定施工等级，Ⅰ、Ⅱ级施工分别报Ⅰ、Ⅱ级施工协调小组审定，Ⅲ级施工由主管业务部室组织有关业务部室共同审定。

施工方案审核通过后，施工单位应与设备管理单位或行车组织单位按施工项目分别签订施工安全协议，作为施工计划的附件一并上报，未签订施工安全协议的施工计划申请，铁路局集团公司主管业务处室不予审核，严禁施工。

施工安全协议书包括以下基本内容：

①工程概况(施工项目、作业内容、地点和时间、影响范围等)；

②施工责任地段和期限；

③双方所遵循的技术标准、规程和规范；

④安全防护内容、措施及专业结合部安全分工；

⑤双方安全责任、权利和义务(包括共同安全职责和双方各自安全职责)；

⑥违约责任和经济赔偿办法(包括发生铁路交通责任事故时双方所承担的法律责任)；

⑦安全监督检查和基建、更新改造项目配合费用；

⑧法律法规规定的其他内容。

2.营业线施工计划编制

(1)营业线施工计划

营业线施工计划分为年度轮廓施工计划、月度施工计划、施工日计划和维修计划。

①年度轮廓计划编制程序

铁路局集团公司施工办于每年 12 月初组织有关业务部室编制铁路局集团公司次年年度轮廓施工计划，内容包括站场、线路、桥隧、信联闭、通信、接触网等行车设备大、中修及技术改造等主要施工。国铁集团调度中心组织有关铁路局集团公司于每年 12 月份召开次年繁忙干线集中修年度轮廓施工计划协调会，协调铁路局集团公司繁忙干线集中修年度轮廓施工计划。

集中修是指集中调配施工机械、人员、路料，综合利用施工天窗，集中完成一条线路行车设备大中修、技术改造和维修任务的一种施工组织形式，有利于提高施工效率和质量，有利于减少施工对运输的整体影响，主要适用于通过能力紧张的繁忙干线。

②月度施工计划编制程序

铁路局集团公司施工办负责编制铁路局集团公司月度施工计，内容包括施工等级、线别、行别、施工项目、施工日期、施工地点（区间及起止里程）、封锁时间、施工内容及影响范围、限速及行车方式变化、设备变化、运输组织、施工单位及负责人等内容。施工计划申请使用施工管理信息系统。具体程序如下：

(a)施工单位应于每月9日前将经设备管理单位和行车组织单位会签的次月施工计划申请上报铁路局集团公司主管业务部室（建设项目施工计划申请应先报项目管理机构预审，再报主管业务部室）。各业务部室对施工计划申请进行审查汇总，由分管副主任批准后，于11日前向施工办提出月度施工计划申请。

(b)施工办每月组织相关业务部室，主要施工单位和有关站段审查编制月度施工计划。月度施工计划经营业线施工领导小组批准后，以铁路局集团公司文件形式下发站段和有关施工单位。

超出维修天窗时间的区间装卸路料计划应纳入月度施工计划；未纳入月度施工计划的临时区间装卸路料，有关业务部室提前3 d向施工办提出计划，由施工办负责协调安排。防洪、抢险区间装卸路料由调度所及时安排。

③施工日计划

铁路局集团公司施工办负责编制施工日计划，具体程序如下：

(a)施工单位于施工前3 d将施工日计划申请报铁路局集团公司主管业务部室，主管业务部室审核（盖章）后，于施工前2 d 9:00前向施工办提报施工日计划申请。

(b)编制施工日计划以月度施工计划为依据。施工办将主管业务部室提交的施工日计划申请与月度施工计划（批复文电）进行核对，编制施工日计划，经铁路局集团公司施工办主任（副主任）审批后，纳入调度日计划。

(c)施工办于施工前1 d 12:00前将施工日计划下达有关机务段、动车段、车务段（直属站），传（交）主管业务部室、相关计划调度台、列车调度台、供电调度台。主管业务部室负责通知施工单位、配合单位，车务段（直属站）负责通知相关车站。

④维修计划编制程序

a. 高速铁路维修计划实行日计划。

设备管理单位于维修作业前3日向本铁路局集团公司主管业务部室提报计划申请，铁路局集团公司主管业务部室根据设备管理单位的提报，与其他主管业务部室沟通协调后编制本专业维修计划，于维修作业前2日9:00前报铁路局集团公司施工办施工调度室，施工办负责审核维修日计划。

施工办于维修作业前1日12:00前将维修日计划下达相关车务段（直属站），传（交）主管业务部室和相关计划调变台、列车调度台、供电调度台。主管业务部室负责通知维修单位、配台单位，车务段（直属站）负责通知相关车站。

b. 普速铁路维修计划实行周计划。

维修日期、天窗时间由运输处在月度施工计划文件中公布，具体维修作业计划由设备管理单位向有关车务段提报，由车务段负责审核、编制后，报施工办所安排实施。各设备管理单位提报维修天窗计划时，要注明作业项目、地点、作业负责人、配合单位、影响范围等。

(2)计划变更及临时施工

①未纳入月度计划的施工项目

未纳入月度施工计划的施工项目原则上不准进行施工。特殊情况必须施工时，由施工单位提出施工申请，按规定进行施工方案审核，签订施工安全协议，制定安全措施，通过主管业务处室审查（建设项目施工计划应先报项目管理机构预审），报施工办审核后，经分管运输副总经理（总调度长）批准，由施工办安排施工。需增加国铁集团管理的施工计划时，铁路局集团公司提前 15 d 国铁集团调度中心提出申请电报（涉及修改 LKJ 基础数据的须提前 20 d，涉及旅客列车停运、提前开车和停站变化的须比预售期提前 15 d），经国铁集团调度中心批准后方可安排施工。

②月度施工计划变更

月度施工计划原则上不准变更。特殊情况必须进行调整时，由施工单位提前 5 日向铁路局集团公司主管业务部室和施工办提出书面申请，由施工办调整施工计划。涉及 LKJ 基础数据变化的施工日期不得提前。

纳入月度施工计划的施工项目原则上不准停止施工，因专特运及调整车流等原因需停止施工时，须经分管运输副总经理（总调度长）批准，原则上于前日 14:00 前以调度命令通知有关单位。已批准的国铁集团管理的施工项目需停止施工时，须经国铁集团调度中心主任（副主任）批准。

对于停止的施工，国铁集团调度中心和铁路局集团公司施工办应尽快重新安排，因停止施工引起的本月未按月计划完成的施工，可以顺延至下月。

③维修计划的变更

维修计划下达后，因特殊原因需临时增加维修作业时，在不与其他施工及维修作业产生冲突的前提下，高速铁路由设备管理单位报主管业务部室、普速铁路由设备管理单位报车务段（直属站）审核同意后，报铁路局集团公司施工办实施。

④临时施工计划

对突发性设备故障和灾害的紧急抢修及轨道状态超过临时补修标准和重伤设备处理等需临时封锁要点的施工，按下列程序办理：

a. 需临时封锁要点时，由设备管理单位向铁路局集团公司主管业务部室提出申请，主管业务部室审查，经分管运输副总经理（总调度长）批准后，由调度所安排施工。

b. 危及行车安全需立即抢修时，设备管理单位按规定采取措施，在“行车设备检查登记簿”内登记，高速铁路经调度所值班主任（高铁值班副主任）批准，普速铁路通过车站值班员报告铁路局集团公司列车调度员经调度所值班主任批准，发布调度命令进行抢修，设备管理单位同时通知配合单位和铁路局集团公司主管业务部室。

(3)行车计划申请

大型养路机械属于铁路特种车辆，上线运行按列车办理。施工单位在上线前 2 日向调度所提交上线运行申请，由调度所审核后于前 1 日通知施工单位施工调度室，并通知相关行车台安排运行车次、运行时间等。上线运行申请单包括运行时间、起止车站、本务机司机姓名、运行负责人及联系方式等信息。无批复的行车计划禁止运行。

任务 5.3 施工组织设计的编制

5.3.1 任务目标

通过学习施工方案相关知识，能够完成以下任务：

1. 掌握施工组织设计的基本内容；
2. 理解施工组织设计各部分内容的编写依据。

施工组织设计

5.3.2　相关配套知识

施工组织设计包括编制依据、施工方案、行车组织方案、人身安全方案、应急预案及施工图表等内容组成。经过上级部门批准的施工组织设计是施工项目的基本依据和执行标准，施工单位必须严格按照施工方案执行。如在施工过程中确需更改施工方案，必须重新审批。

铁路营业线施工组织设计编制依据是铁路各级部门现行的有效技术规章、管理文件、批准的设计文件、作业指导书等，施工组织设计任何条款不得违反现行的规章制度，没有明确规定的由施工单位拟定并上报主管部门批准后实施。本节以某线路机械化清筛施工组织设计为例说明各项基本内容。

1. 施工方案

施工方案应包括：施工项目及负责人、作业内容、地点和时间、影响及限速范围、设备变化、施工方式及流程、施工过渡方案、施工组织、施工安全和质量的保障措施、施工防护办法、列车运行条件、验收安排等基本内容。

(1)工程概况

工程概况包括施工项目及负责人、作业内容、地点和时间等。

施工项目名称根据《国铁集团铁路营业线施工管理办法》(铁调〔2021〕160 号)规定的项目名称书写，该办法中未列出的施工项目结合施工内容自行拟定项目名称，名称宜简洁明了，表达施工主要内容，比如大机线路清筛大修。

营业线施工等级分为三级，分别用大写罗马数字写成Ⅰ级、Ⅱ级、Ⅲ级，比如大机线路清筛大修属于Ⅲ级施工。未确定施工等级的施工方案制定后由上级主管部门确定施工等级后再按照相应施工等级组织。

作业地点的格式应包括线别、行别、区间及起止里程，这四项内容准确界定了作业范围，具有唯一性。例如作业地点为焦柳线，上行，商酒务—宝丰，K227＋800－K241＋870。K241＋870 的含义为距离本线路起点 241.870 km。

时间是指施工的起止日期，施工主体单位应依照起止日期按月提报月度施工计划，即使在某月的 30 日开始施工，也必须在前一月 9 日前提报月度计划。在作业地点每天的作业时间是封锁天窗，时间段和时长根据图定天窗确定，不属于工程概况内容。

作业内容的编制没有明确的规定，一般是把某一施工项目进行细分，具体到某一工序或施工中的一个环节。以大机清筛为例，其作业内容为：施工防护、预卸道砟、线路排障、开挖导槽口、拆除调高垫片、应力放散、拆铺道口、机械清筛、线路捣固、线路整修、补充道砟、人工清筛、边坡清筛、线路巡养、整平路肩、清理侧沟、刷新补充线路标志、外观整理、污土清运、回收道砟、线路验交。

(2)施工组织

施工组织部分依据《大型养路机械运用管理规则》《修规》等编写。施工组织包括人员、机械设备、材料的配置等。

施工人员组织包括施工管理人员及劳力分配等内容。施工管理人员包括施工负责人、安全负责人、技术负责人等，在每个断面根据要求安排相应人员作为断面负责人。劳力分配是根据施工作业内容，将参与施工人员分成人数不等的若干小组，每个小组负责一项具体的工作内容，每个小组至少配备现场防护员 1 名。

机械设备配置即清筛机、捣固车、稳定车、配砟车等机型的配置数量与编组顺序，编组顺序应与施工作业时的工序一致。

材料配置是指合理调配施工所需的石砟、轨枕等材料。

(3)影响及限速范围

施工影响范围是指在施工时行车设备不能正常使用的范围，比如道岔捣固作业时，对联动道岔的一组道岔进行捣固，另一组道岔不能正常扳动，那么该联动道岔即为捣固作业的影响范围。线路清筛施工时因施工造成停用的区间，为其影响范围。

限速范围是指施工期间邻线限速方式及本线施工结束后的限速方式。清筛施工邻线不限速，本线施工结束后按照规定阶梯提速。

行车方式变化是指因施工造成闭塞设备不能正常使用，需要改变行车方式的情况。清筛施工不会影响闭塞设备，不改变原有行车闭塞法，行车方式无变化。

(4)设备变化

设备变化是指线路数据变化；站场线路、道岔、径路变化；信号机位置及显示变化；接触网信号标志位置变化以及其他变化等。清筛施工，设备无变化。

(5)施工方式及流程

施工方式分为封锁和不封锁两种。大机线路清筛施工属于封锁施工，其主要工作均须在天窗点内完成，仅部分铁路限界以外的整理工作和线路开通后的巡养工作可以在天窗外进行。

施工流程是指施工中各工序的顺序，按照施工工序的先后顺序编制，无明确规定。

(6)施工过渡方案

如因施工造成线路长期中断行车时，必须制定过渡方案，建设过渡工程，以保障运输秩序正常。施工过渡是增建新线、新线引入、技术改造、电气化工程等营业线建设项目组织施工和运输配合的重要环节。大机线路清筛施工后，限速开通线路，无需过渡方案。

(7)施工安全和质量的保障措施

施工安全和质量保障措施根据《安规》《修规》《大型养路机械运用管理规则》等规章编写，应从施工日常管理、作业标准执行、机械设备状态、质量控制、质量监督措施等方面进行编制，尽可能内容全面，条理清晰。

(8)验收安排

验收安排根据铁路局集团公司《线路设备大修施工管理办法》及《修规》的相关规定编制验收程序及标准。

2. 行车组织方案

行车组织方案中必须明确工务机械车的运行径路、线路条件、运行揭示调度命令、驾驶人员、编组及车号、作业范围及内容、摘挂地点、作业条件、防溜措施、GYK 运用模式及操作转换时机、添乘人员盯控等内容。

3. 人身安全方案

人身安全方案包括施工防护办法和人身安全卡控措施。施工防护办法按照《安规》防护要求设置。大机清筛施工现场需要设置驻站防护员、若干现场防护员及相应的防护用品。防护方案中应包括防护体系、防护员职责、防护员作业标准、防护中断时的处置等内容。人身安全卡控措施应包括劳动安全、避车安全区、防爆炸及消防安全、驻地安全等内容。

4. 应急预案及施工图表

为了在发生意外事件后尽快处理，避免造成事故，施工组织设计中必须制定相应的应急预案。大机线路清筛施工应急预案有车辆故障破坏线路后处理预案、开通后线路晃车处理预案、施工延点的应急预案、防胀预案、防洪预案、机械事故应急救援预案、物料运输车安全应急预案、突发性设备故障和灾害的紧急抢修紧急处理等。

任务5.4 施工配合

5.4.1 任务目标

通过学习施工配合相关知识，能够完成以下任务：

1.掌握施工主体单位的职责；

2.掌握不同施工项目所需的配合单位；

3.了解各配合单位在不同施工项目中的职责。

5.4.2 相关配套知识

铁路营业线施工都是由施工主体单位和配合单位共同完成的。施工主体单位负责申请施工计划，组织相关单位共同完成施工任务，在施工中起主导、组织、协调作用。施工配合单位在施工中负责监控设备安全、恢复受影响的设备，确保线路开通时本单位设备正常，起配合、监控、监督作用。不同施工项目的配合单位有所不同，配合单位的作业内容也有所不同。工务施工中的配合单位主要有车务段、电务段、通信段、供电段、车辆段、建筑段等。

1.施工主体单位的职责

按照时间先后顺序：

(1)前一年的12月份向铁路局集团公司主管业务部提报次年的年度施工轮廓计划。

(2)施工前一个月的9日前完成施工组织设计的编制、审批，并与配合单位签订施工安全协议，完成配合单位会签。

(3)施工前3日根据月度施工计划提报施工日计划申请，施工前2日根据施工计划提报行车计划申请。

(4)施工前1日由施工登记车站召集施工主体单位和配合单位，召开施工预备会。

(5)施工前1日根据调度所下发的施工日计划通知配合单位，组织召开施工方案布置会。

(6)施工当日根据施工日计划在车站登记申请封锁命令，召开碰头会然后进行作业。

(7)施工安全防护由施工主体单位负责，各配合单位均要派出驻站防护员和现场防护员防护本单位人员。

(8)施工当日作业完成后确认开通放行条件，开通线路，施工销记。

(9)施工主体单位与车务部门分别召开施工总结会总结当天工作得失并加以改进。

2.工务段与工务机械段

在工务施工中，当工务段或工务机械段的一方为施工主体单位时，另一方为施工配合单位。一般来说，道床破底清筛施工由工务机械段为施工主体单位，工务段为配合单位；大型养路机械线路维修施工以工务段为施工主体单位，工务机械段为配合单位。

(1)工务机械段为施工主体的施工

大型养路机械线路大修施工是以工务机械段为施工主体单位，包括线路大机清筛、大修列车换轨、换枕施工等。工务段作为配合单位，其主要职责为：

①按规定时间完成施工月度计划的会签、施工安全协议签订，根据工务机械段的施工组织

设计制定本单位施工配合组织设计。

②施工前会同工务机械段调查线路，对施工地段影响因素进行排查并标记记录，形成联合调查资料。

③按时参加施工相关会议。

④工务段应及时提供施工地段的有关技术资料，包括线路站场图、线路综合图、曲线资料、锁定轨温等。

⑤工务段在施工中负责拆除影响大型养路机械施工的设备，并在施工完毕后恢复。比如清筛施工时地锚拉杆、枕下垫片及护轮轨拆装。

⑥工务段全程委派安全监督检查员，掌握施工方案、工艺流程、作业标准，履行监督检查责任，对违反施工组织设计或危及行车安全的施工，有权下发停工整改通知书，限期整改后方可复工。

⑦工务段应全程监控本单位设备安全，因施工原因造成线路设备损坏时，应尽快修复优先保证及时开通线路，赔偿责任根据双方协议划分，事故责任划分由主管业务处和安全部门根据相关规章裁定。

⑧工务段负责本单位作业人员的人身安全防护。

(2)工务段为施工主体的施工

大型养路机械线路维修施工由工务段作为施工主体单位，工务机械段为配合单位。大型养路机械线路维修主要包括线路捣固、线路打磨、道岔捣固、道岔打磨等四种施工。

工务机械段作为施工配合单位，其主要职责是：

①按规定时间完成施工月度计划的会签、施工安全协议签订，根据工务段的施工组织设计制定本单位施工配合组织设计。

②施工前会同工务段调查线路，对施工地段线路状态进行排查，制定施工工艺方案。

③按时参加施工相关会议，按施工日计划提报行车计划申请。

④工务机械段负责大型养路机械的运用、保养、维修，确保设备状态。

⑤工务机械段对大型养路机械的运用安全负责，因施工原因造成线路设备损坏时，应尽快修复优先保证及时开通线路，赔偿责任根据双方协议划分，事故责任划分由主管业务处和安全部门根据相关规章裁定。

⑥工务机械段对大型养路机械的施工质量负责，因施工质量不达标造成施工延点由工务机械段负责。

⑦工务机械段对大型养路机械的行车安全、人身安全负责。

⑧工务段在当日施工结束后填写“大机维修作业达标工地互控考核表”“大机维修日作业验收单”等验收资料。格式见表5-1、表5-2。

表5-1　大机线路、道岔维修作业达标工地互控考核表

施工单位：______工务机械段______车间　　工务(桥工)段：		
作业地点：______线______行　　实际作业里程：　＋　～　＋		
封锁时间：　—　　封锁时分：		
1	道床板结(严重板结)地点及数量	
2	道床缺砟地点及长度	
3	提供线路技术资料是否及时正确	
4	无成段扣件松动，轨枕无连二以上失效	

续上表

<table>
<tr><td colspan="4">施工单位：________工务机械段________车间　　　　工务（桥工）段：</td></tr>
<tr><td colspan="4">作业地点：________线________行　　　　实际作业里程：　＋　～　＋</td></tr>
<tr><td colspan="4">封锁时间：　　—　　　　　　　　封锁时分：</td></tr>
<tr><td>5</td><td colspan="2">各种标记是否准确无误</td><td></td></tr>
<tr><td>6</td><td colspan="2">高温季节准轨地段是否存在连三瞎缝</td><td></td></tr>
<tr><td>7</td><td colspan="2">封锁施工防护是否正确设置</td><td></td></tr>
<tr><td>8</td><td colspan="2">应事先拆除设备是否影响作业及影响时分</td><td></td></tr>
<tr><td>9</td><td colspan="2">大机不能捣固处所地点及数量</td><td></td></tr>
<tr><td>10</td><td colspan="2">起道量是否达到要求</td><td></td></tr>
<tr><td>11</td><td colspan="2">接头、桥头、道口薄弱处所是否进行重捣</td><td></td></tr>
<tr><td>12</td><td colspan="2">捣固作业是否碰伤轨枕及数量</td><td></td></tr>
<tr><td>13</td><td colspan="2">捣镐数量及几何尺寸是否符合规定</td><td></td></tr>
<tr><td>14</td><td colspan="2">下插深度是否达到要求</td><td></td></tr>
<tr><td>15</td><td colspan="2">捣固速度是否符合规定</td><td></td></tr>
<tr><td>16</td><td colspan="2">发生机械故障的台次及影响的时分和进度</td><td></td></tr>
<tr><td>17</td><td colspan="2">锁定轨温</td><td></td></tr>
<tr><td rowspan="2">18</td><td rowspan="2">无缝线路高温季节作业轨温</td><td colspan="2">工务（桥工）段测量：作业前：　作业中：　作业后：</td></tr>
<tr><td colspan="2">工务机械段测量：作业前：　作业中：　作业后：</td></tr>
<tr><td colspan="4">工务机械段　　　　　　　　　　工务（桥工）段
负责人：　　　　　　　　　　　施工负责人：
年　　月　　日</td></tr>
</table>

说明：（1）本表一日一签，其中 1～8 项由工务机械段填写，9～17 项由工务（桥工）段填写，第 18 项双方各自测量后分别填写。道岔捣固作业时，只填写有关项。

（2）本表经工务段签认后由工务机械段存档。

表 5-2　大机线路、道岔维修日作业验收单

<table>
<tr><td>施工单位</td><td>________工务机械段________车间</td><td>工务（桥工）段</td><td></td></tr>
<tr><td>作业日期</td><td>年　月　日</td><td>作业地点</td><td>________线（站）________行</td></tr>
<tr><td>作业里程</td><td></td><td>作业数量</td><td>km（组）</td></tr>
<tr><td>封锁时间</td><td>—</td><td>封锁时分</td><td></td></tr>
<tr><td colspan="4">作业后线路静态质量检查（不含大机未捣固处所）</td></tr>
<tr><td>检查项目</td><td colspan="3">检　查　结　果</td></tr>
<tr><td rowspan="2">轨距</td><td colspan="3">超作业标准　处，具体里程：</td></tr>
<tr><td colspan="3">超保养标准　处，具体里程：</td></tr>
<tr><td rowspan="2">水　平</td><td colspan="3">超作业标准　处，具体里程：</td></tr>
<tr><td colspan="3">超保养标准　处，具体里程：</td></tr>
<tr><td rowspan="2">三角坑</td><td colspan="3">超作业标准　处，具体里程：</td></tr>
<tr><td colspan="3">超保养标准　处，具体里程：</td></tr>
</table>

续上表

施工单位	________工务机械段________车间	工务(桥工)段	
作业日期	年　月　日	作业地点	________线(站)________行
作业里程		作业数量	km(组)
封锁时间	—	封锁时分	
作业后线路静态质量检查(不含大机未捣固处所)			
检查项目	检　查　结　果		
高　低	超作业标准　处,具体里程:		
	超保养标准　处,具体里程:		
方　向	超作业标准　处,具体里程:		
	超保养标准　处,具体里程:		
捣固频率	超作业标准　处,具体里程:		
回落量	超作业标准　处,具体里程:		
镐掌磨损	超作业标准　处,具体位置:		
镐头高度	超作业标准　处,具体位置:		
故障延时	分钟　次,具体时间:		
静态质量评定	优良:　km(组);　合格:　km(组);　失格:　km(组)		

工务机械段　　　　　　　　工务(桥工)段
负责人:　　　　　　　　　施工负责人:

年　月　日

3. 电务部门配合

所有大型养路机械施工均需要电务部门配合,电务设备包括信号线、色灯信号机、道岔转辙设备、导电接头连接线等。配合内容可以概括为:按规定时间完成施工月度计划的会签、施工安全协议签订,根据施工主体单位的施工组织设计制定本单位施工配合组织设计;根据施工日计划及施工命令参加相关施工会议;防护线路上的电务设备,确保设备安全;拆除影响施工的电务设备并在施工完毕后及时恢复;委派安全监督检查员监督施工,对于危机行车设备安全的施工有权下发停工整改通知书。具体要求按照施工安全协议条款执行。对于不同施工,其配合内容有所不同。

(1)大型机械清筛施工。施工前,电务段对电缆隐蔽部分进行现场交底标记并确认,大型机械清筛时,影响大机施工作业的所有电务设备,电务段须提前迁移出限界,施工完后及时恢复。电务段在封锁前派业务熟练的技术人员,全程配合大机清筛施工。电务人员应在线路开通前 10 min 内将电务设备调试完毕。

(2)线路捣固、打磨施工。施工中防护线路上的补偿电容、信号线等电务设备,确保设备功能正常,损坏时及时更换或修复;线路开通前 10 min 内完成轨道电路调试。

(3)道岔捣固施工。如进行脱杆捣固,电务部门需在天窗开始后捣固作业前将道岔的连杆、拉杆等拆除,捣固完毕后恢复;同时防护电务设备安全。线路开通前申请 15 min 垂直天窗进行道岔调试,调试捣固后所有转辙设备。

(4)道岔打磨施工。电务部门在打磨作业中防护电务设备安全,作业后检查尖轨密贴情况,线路开通前申请 15 min 垂直天窗进行道岔扳动试验,功能良好方可开通。

4. 供电部门配合

供电部门的线上设备是接触网，如图 5-1 所示。

图 5-1　接触网

接触线与受电弓的接触必须在规定范围内、接触良好且压力适当；普速铁路接触线导高（导高是指接触线悬挂点距轨面的垂直距离）正常为 5 700～6 500 mm，高速铁路及客运专线不考虑特种车辆，一般设置为 5 000～5 500 mm。因施工改变线路几何形位，会引起钢轨与接触网相对位置的变化，如超出允许值，则可能会危及行车安全。一切会造成线路几何形位变化的施工均须供电部门配合，确保施工后接触线导高、侧面限界、接触线与轨面相对位置符合行车条件。对于大型养路机械施工，除线路道岔打磨作业外，其他施工均需供电部门配合部分施工需停电配合。配合施工时具体要求如下：

（1）按规定时间完成施工月度计划的会签、施工安全协议签订，根据施工主体单位的施工组织设计制定本单位施工配合组织设计。

（2）根据施工日计划及施工命令参加相关施工会议。

（3）施工前供电部门对接触网设备进行测量，提供施工区段起道、拨道和超高调整允许值。

（4）施工中对作业后线路进行实地测量，超过允许范围时通过接触网调整或线路几何形位调整修正。

（5）委派安全监督检查员监督施工，对于危及行车设备安全的施工有权下发停工整改通知书。

5. 车务配合

车务部门是行车组织单位，在施工中起行车组织、调车指挥、施工协调、施工登销记等工作。具体内容如下：

（1）施工前 1 日负责召集相关单位召开施工预备会，协商施工具体事宜。

（2）施工期间负责大型养路机械的行车与调车指挥，监控车辆的运行及司机的车机联控。

（3）施工前施工主体单位与配合单位派施工负责人（或指派胜任人员）到车站施工登记，车站负责向调度所申请，接收调度所下达的调度命令，并传达给各单位及大型养路机械司机。

（4）施工开始后，在车站控制台锁闭施工进路，准许作业。

（5）作业完毕后，施工负责人（或指派胜任人员）在车站施工销记，在所有单位签字确认后，车站值班员向调度所申请开通命令，待开通命令下达后，传导给施工各单位。

（6）组织召开施工总结会。

6. 施工安全协议范本

为确保施工过程中各施工单位均能认真负责，承担各自的责任和义务，施工单位与相关配合单位需要签订施工安全协议。协议具体条款可以在双方协商一致的情况下在范本中添加，格式须按照范本编写。范本最后应有甲乙双方代表签字、单位公章、联系电话、签订日期等内容。

营业线施工安全协议书（范本）

（工务大修、大型机械）

甲方：（设备管理单位）

乙方：（施工单位）

本着安全第一、共同负责的原则，为了互相配合共同搞好××项施工，确保施工期间铁路交通安全，据《铁路法》《合同法》《铁路运输安全保护条例》及《铁路营业线施工安全管理办法》的要求，签订以下施工安全协议：

一、施工名称：……

二、施工内容：……

三、施工范围：……

四、施工期限：……

五、双方责任和义务：

1. 乙方负有确保施工范围内铁路交通安全和设备安全的责任，甲方负有施工安全监督的责任。造成设备损坏和影响铁路交通安全构成事故的，按上级文件有关责任划分规定，追究双方单位和当事人的责任。因施工晚点或设备不良影响铁路交通安全的由施工单位负责任。

2. 乙方施工前应制定施工组织设计文件交甲方和上级有关部门审查批准。

3. 乙方应按照《普速铁路工务安全规则》《普速铁路线路修理规则》《高速铁路无砟轨道线路维修规则(试行)》《大型养路机械使用管理规则》和《铁路营业线施工安全管理办法》等有关标准及设计文件组织施工，确保施工质量和安全。

4. 施工期间甲方派出专职安全监督检查员进行全过程监督检查，发现质量不合格或施工安全隐患要立即纠正，危及铁路交通安全时，有权发停工通知书责令立即停工整改，乙方不得拒绝，整改合格双方确认签字后放准复工。

5. 当日施工作业完毕后，乙方负责人应对施工线路进行检查，并决定是否开通线路放行列车，甲方应检查认定，达不到放行列车条件严禁放行列车。

6. 乙方在施工中如造成营业线行车设备损伤的，应及时通知甲方，并及时进行抢修和维护，造成损失的要按规定和划分责任进行赔偿。若乙方请求甲方帮助时，甲方应积极予以支持、配合，确保行车安全。

7. 施工中涉及水利、电力、公路等其他方面时，应遵循相关法律法规规定。

六、本协议一式 6 份，双方各执一份，分别报上级主管部门核备 2 份，转施工工程队及施工所在地甲方车间各 1 份。未尽事宜由甲乙双方另行商定，作为本协议附件一并执行。

任务 5.5　一次施工标准

5.5.1　任务目标

通过学习一次施工标准相关知识，能够完成以下任务：

1. 掌握一次施工作业的标准程序；
2. 掌握班前点名及安全技术交底内容；
3. 掌握施工过程控制关键环节。

5.5.2　相关配套知识

大型养路机械一次施工标准过程按照时间顺序包括：施工日计划申请、施工预备会、施工方案布置、班前点名会、机组动车前检查、施工登记、施工调度命令接收、施工过程控制、开通线路放行列车、施工总结会。

1. 施工日计划申请

施工日计划由施工主体单位负责申请，根据月度施工计划、施工进度及机组设备情况等编制，不得超出月度施工计划范围，否则不予批准。

施工日计划申请单格式包括施工内容、限速要求及行车办法、施工单位、配合单位等内容。施工内容包括施工日期、线别、行别、施工区间及里程、作业项目等。

调度所根据月度施工计划和各单位日计划申请单，统筹安排，当不同施工项目地段冲突时，调度所根据施工等级、施工重要性及施工性质，在该地段仅保留一项施工，或在保证安全的前提下，协调施工单位联合施工。施工日计划申请单格式见表 5-3。

(1)施工日期——按照月、日格式填写，例：5 月 6 日。

(2)线别——指施工地点所在的线路，例：京广线、陇海线等。

(3)行别——指施工地点所在线路哪一行，上行或下行。

(4)施工区间及里程——指施工地点在线路的哪一区间和具体里程范围，站名及里程须按照行车方向编写。例：许昌——临颍(含)K768＋000—K788＋400，说明施工区段列车运行方向是由许昌开往临颍方向，为京广线下行；临颍站后的“(含)”表示封锁范围包含临颍站内，起点里程则在许昌站外；起止里程统一采用大写字母 K 公里数＋米数的格式，公里数写实际数字，米数由三位数组成，不足三位的前面加零补齐，例：K21＋029 表示该线路 21 km 29 m 处。

(5)作业内容——指施工项目包含的具体内容。包括施工项目名称及施工中的具体工作。例：施工项目名称：大机线捣(“大型养路机械线路捣固稳定作业”的简称)；作业内容：施工点内捣固车机组进入封锁区间进行大机线路捣固、稳定作业并返回；点毕前 10 min 电务调试轨道电路；点毕常速开通(点毕后需设置慢行的施工在此处写明慢行设置及阶梯提速办法)。

表 5-3　施工日计划申请单

________(　　)号

<table>
<tr><td colspan="2">月度施工计划编号：
(或铁路局集团公司批复电报号)</td><td colspan="4"></td></tr>
<tr><td colspan="6">一、施工内容：
二、限度要求及行车办法：
三、施工单位：
四、配合单位：</td></tr>
<tr><td>备注：</td><td colspan="5"></td></tr>
<tr><td rowspan="2">施工单位申请人</td><td rowspan="2"></td><td>办公电话</td><td></td><td rowspan="2">审核人</td><td rowspan="2"></td></tr>
<tr><td>手机</td><td></td></tr>
<tr><td colspan="2">项目管理机构审核人</td><td colspan="4"></td></tr>
<tr><td colspan="2">主管业务部室审核人</td><td colspan="4"></td></tr>
</table>

申请单位(盖章)　　　　项目管理机构(盖章)　　　　主管业务处(盖章)
年　月　日　　　　年　月　日　　　　年　月　日

(6)限速方式及行车办法——指施工中和施工后行车设备限制速度要求、大型养路机械机组当次施工的运行径路。例：假设施工区间为许昌—临颍(含)K768＋000—K788＋400，机组停靠在许昌站，因封锁范围包含临颍站内，故必须在临颍车站登记施工，由临颍站进入封锁区间并返回，行车办法编写如下：机组(所有机械车车号)天窗点前由许昌站运行至临颍站停靠；点内由临颍站Ⅰ道反方向进入封锁区间，并正方向返回临颍站内；点毕后由临颍站返回许昌站停靠。

(7)施工申请人——一般由施工主体单位车间(副)主任担任。

(8)施工单位和配合单位——必须与月度施工计划一致。

(9)主管业务部室——工务施工主管业务处室均为工务部。

2. 施工预备会

施工预备会由相应等级的施工协调小组组长单位负责召集，行使施工协调小组职责。会议由行车组织单位(即车务段或直属站)具备相应职务的人员主持，施工主体单位施工负责人、各配合单位指派胜任人员参加，会议地点一般在施工登记站。

施工预备会在收到调度所下发的施工日计划的当日进行，主要协调各施工单位之间、施工单位与配合单位之间的配合问题。

3. 施工方案布置

(1)方案制定会

施工方案布置之前，由生产车间施工负责人，安全、技术负责人，工长等车间管理人员根据施工日计划和施工预备会纪要，召开施工方案制定会，编制日施工方案。日施工方案除了包含施工日计划的全部内容以外，还应包括针对次日施工的作业方案、人身安全方案、行车组织方案、应急预案、作业命令单、防护分区图、施工节点图等内容。

(2)方案布置会

施工方案制定完成之后召开施工方案布置会，布置次日施工方案及安全风险控制。施工负责人主持布置会，包保干部，车间安全、技术等管理人员，工长、班长，驻站联络员(防护员)，现场防护员以及独立作业人员参加，布置施工方案，研判安全风险及控制措施，采用视频讲解、现场提问等形式确保施工方案传达准确、有效。

4. 班前点名会

(1)基本要求

①凡从事工务机械车工作的人员，必须严格执行《铁路技术管理规程》、《普速铁路工务安全规则》、《高速铁路工务安全规则(试行)》和大型养路机械、轨道车相关规章制度的安全规定。

②工务机械车的安全工作应贯彻“安全第一、预防为主”的方针，防患于未然。机组人员应严格执行岗位责任制，遵守作业规章和劳动纪律，保证工务机械车运用安全。

③工务机械车作业要严格按照铁路局集团公司营业线施工的相关要求、流程执行，确保施工安全。

④每次出车准备前召开班前点名会，工班长在点名会上对机组全体人员进行不低于 20 分钟的班前教育和任务交底。

⑤根据车间施工方案布置会的施工方案和作业分工，明确具体作业任务、人员分工、作业地点、车辆编组、开行计划、解体地点、线路条件、作业标准和质量要求。

⑥对当次施工过程中人身安全、行车安全、设备安全等方面潜在的安全风险进行重点提示，并做好风险控制措施。

(2)班前安全教育内容(表 5-4)

表 5-4　工务机械车班前安全教育内容

序　号	安全项点	教育内容
1	人身安全	职工上岗必须按规定着装、佩带标志和正确使用劳动保护用品
2		上道作业必须设置专人防护
3		横越线路应“手比、眼看、口呼”，做到“一停、二看、三确认、四通过”，绕行停留车辆时其距离应不小于 5 m，严禁钻车

续上表

序　号	安全项点	教育内容
4	人身安全	任何情况下严禁坐在钢轨、轨枕头、道床上或在停留车辆下坐卧休息
5		上下车辆时，严禁飞上飞下，应面对扶梯上下，严禁车辆运行中上下车
6		电气化区段作业，所携带物体顶端与接触网带电部分保持必须保持 2 m 以上距离
7		车辆运行时，车门、扶手栅栏必须关闭
8		禁止在动态中进行调整车钩、连接风管作业
9		不准在运行的平板车上站立或坐在侧板、端板及连接处
10		不准跳车、钻车、扒车和由车底下、车钩上传递工具材料
11		不准从相邻线路侧的车门上、下人员和装卸料具
12		设备保养检修时，必须设置防溜后方可进行
13	行车安全	动车前必须正确设置 GYK 参数，值乘司机共同确认
14		动车前必须确认已撤除铁鞋、松开手制动机，确认信号
15		运行前必须确认行车安全用品齐全有效
16		按规定运行速度运行，严禁超速，严禁违规解锁 GYK
17		运行中，GYK、CIR 或无线列调必须全程运转，严禁擅自关机或变相关机
18		车辆开车前必须进行制动机简略试验，确认制动主管贯通良好
19		装载货物按标准锁定、捆扎牢固
20		检查制动装置、走行传动系统、悬挂部件状态，确认良好
21		检查工作装置、检测装置锁定良好，各安全链拴挂齐全、有效

(3)班前任务交底规定

①班前任务交底内容。

a. 明确运行径路、线路条件。其中运行径路包括运行区间(由××站至××站)、运行里程(××线×行 K××＋×××至××线×行 K××＋×××或××信号机至××信号机间)，线路条件包括运行区段长大下坡道地点(××线×行 K××＋×××)、小半径曲线地点(××线×行 K××＋×××)、超高大于 125 mm 的曲线地段(××线×行 K××＋×××至××线×行 K××＋×××)、长短链地点(××线×行 K××＋×××至××线×行 K××＋×××)。在运行径路存在信号机右侧设置、复示信号机、进路表示器等特殊信号及瞭望条件严重不良地段(小半径曲线、隧道、恶劣天气等情况)，要进行重点提示，司机应加强瞭望并掌控好运行速度。

b. 明确作业任务内容、人员分工、作业时间安排、联系方式(手持机频道、GSM-R 手持终端号码)、作业地点(××线×行 K××＋×××至××线×行 K××＋×××或××信号机至××信号机间)、解体地点(××线×行 K××＋×××)、作业后连挂地点(××线×行 K××＋×××)、作业后到达车站(作业后连挂运行至××站)。

c. 明确运行揭示调度命令、慢行地点。值乘司机共同对接收的运行揭示调度命令数据文件逐条核对，由司机输入或导入 GYK 设备，值乘司机做好过程盯控工作，确保命令输入准确。司机、值乘司机对慢行地点进行重点掌控。

d. 明确 GYK 监控模式及上下行转换的操作时机。根据工务机械车运行和作业特点，司机正确选取 GYK 的监控模式(正常监控模式、目视行车模式、调车模式、区间作业模式、非正常行车模式);运行方向与线路行别不一致、通过特殊枢纽地段时掌控好 GYK 上下行转换的操作时机,正确设定 GYK。

e. 使用共用天窗或进入工程线作业,应提前与其他施工单位协调好工务机械车进出时机及作业地段,运行期间值乘司机应加强瞭望,并做好与车站及其他施工单位之间的联控。

f. 班前充分开展安全预想,重点对人身安全、行车安全、作业安全、设备安全等方面存在的安全风险进行交底,做好风险控制措施。

②临时变更任务信息传递方式及要求。

a. 临时变更任务信息,应由运用车间向本段施工调度室提报申请单,再由段施工调度室审核后向铁路局集团公司调度所提报"上线运行申请单"。经调度所值班主任同意后,由列车调度员将临时加开的调度命令通知车站值班员,同时段施工调度室通知运用车间做好开行准备。

b. 运用车间将临时变更任务信息传达至机组负责人,机组负责人通知司机接收变更区段的调度命令。司机接收命令后,应主动联系车站值班员(列车调度员)进行命令确认,核对无误后输入 GYK。

c. 司机应明确变更区段的运行径路、线路条件、长短链地点、慢行地点等任务信息,段施工调度室、运用车间、机组做到命令传递及时、准确。

5. 机组动车前检查

动车前检查是确保行车安全的关键一环,运行司机和操作司机必须按操作规程对机械车进行车辆整备,具体内容见司机一次出乘作业标准整备作业环节。

6. 施工登记

在机组检查整备完毕之后,若机组停靠站不是施工登记站,则通过列车无线调度通信设备通知车站整备完成,驻站联络员或运行司机到车站申请运行登记,列车调度员根据前发施工日计划,安排运行车次,机组按照提前 1 h 运行至施工登记站;若机组停靠在施工登记站,则在天窗前 1 h 通知车站整备完毕可以动车。

施工主体单位和配合单位的驻站联络员提前 1 h 到车站行车室进行施工登记,填写"行车设备施工登记簿"(简称运统-46)第一项内容,包括月度施工计划编号、施工项目、申请时间(精确到分钟)、影响适用范围、各单位签字(一般委托驻站联络员)、申请时长等内容,在天窗点前 40 min 填写完毕。登记簿格式见表 5-5。

表 5-5 行车设备施工登记簿

运统-46(施工)

请求施工(慢行及封锁)登记				承认施工		施工后开通检查确认、销记		施工开通	备　注
本月施工编号	施工项目	月日时分	(1)影响使用范围(需要的慢行或封锁条件) (2)施工负责人签名 (3)设备单位检查人签名 (4)车站值班员签名	所需时分	(1)命令号及发令时间 (2)慢行及封锁起止时间 (3)车站值班员签名 (4)施工负责人签名	月日时分	(1)恢复使用范围和条件 (2)施工负责人签名 (3)设备单位检查人签名 (4)车站值班员签名	(1)开通(恢复常速)命令号及开通时间 (2)施工负责人签名 (3)设备单位检查人签名 (4)车站值班员签名	

续上表

请求施工(慢行及封锁)登记				承认施工		施工后开通检查确认、销记		施工开通	备　注

车站值班员根据施工主体单位的登记，向调度所申请施工天窗；调度所审核后，下发准许施工调度命令；车站值班员打印调度命令，核对无误并签章后，将命令号和发令时间、慢行及封锁起止时间填写在运统-46中第二项，同施工负责人(委托人)一起签名后，将签章后的纸质命令交助理值班员(外勤)。

助理值班员将调度命令送交施工负责人并大型养路机械司机。大型养路机械机组本务机正副司机接到命令后，按照以下程序操作：

(1)由正司机诵读、副司机核对确认。

(2)确认无误后将命令内容传达到整个机组。

(3)将命令内容输入GYK，并调整GYK为区间作业进入模式。

(4)使用记录仪对调度命令拍照上传至段综合分析室。

(5)妥善保存调度命令，作为进入施工区间的行车凭证。

(6)使用列车无线调度通信设备向车站值班员确认收到命令并请求发车。

7.施工过程控制及放行条件

机组接到施工调度命令和车站值班员进路确认后，由车站发车进入封锁地段开始作业。营业线施工内容需在天窗内完成，天窗结束时须确保行车设备状态符合开通条件，一旦砸点，依据《铁路交通事故调查处理规则》(简称《事规》)，将被列为铁路交通事故。

施工延点是指因施工中出现意外情况，施工负责人预计无法按时开通线路时，在天窗结束前30 min及以上向调度所申请延长施工时间，并进行延点登记，经调度所批准后延长施工天窗用以恢复行车设备状态，不构成铁路交通事故。砸点是指因施工造成无法按时开通线路且施工负责人未进行延点登记，线路开通晚于天窗结束时间，延误本线列车运行，依据《事规》构成铁路交通一般D类事故。

在施工过程中落实逐级负责、岗位负责的原则，一切重点工作围绕行车设备安全、施工过程有序、节点时分可控、施工质量达标、施工进度合理来开展。

大型养路机械线路设备大修主要包括成段道床清筛及大修列车换轨换枕施工。线路设备维修工序相对较少，本节以大修施工为例。

(1)线路封锁前，线路作业人员在作业门外等候，清点携带入网的工、机具并登记；封锁命令下达后，机组连挂进入区间，按施工日方案解体并分别就位，线路作业人员由作业门进入作业地点。

(2)现场防护员按照施工日方案中安全防护网络图要求就位，建立现场防护体系后，施工人员方可开始作业。现场防护员在整个施工过程中与驻站联络员的联系不得中断，一旦中断必须按照《安规》果断采取相应措施。

(3)作业人员根据施工日方案进入各自工位进行作业，各断面负责人监控作业质量和节点时分控制，并及时向施工负责人汇报。各机械车在断面负责人的指挥下开始作业。

(4)施工负责人负责宏观把控施工现场，注重各环节、各工序之间的协调与衔接，掌握施工进程情况及机械设备运转情况，严密做好线路开通前的各项准备工作；包保干部负责监控施工现场关键环节。

(5)配合单位按照施工安全协议，负责监控各自设备安全、拆除并恢复影响施工的本单位设备，开通前确认本单位设备状态正常。工务段还需采用小型养路机械配合大机作业。

(6)施工完毕后，各机械车连挂成列，由施工负责人通过驻站联络员与车站联系，使机组及时返回车站，运行期间注意加强瞭望，确保行车安全和施工人员人身安全。

(7)施工负责人会同配合单位人员共同确认线路状态，开通条件见表 6-3 和表 6-4。确认行车设备达到开通条件后通知驻站联络员施工销记，填写运统-46 第三项、第四项，调度所发布开通命令，施工结束。

(8)现场施工防护由停车信号防护转换为慢行信号防护。

(9)施工结束后由行车组织部门召开施工总结会。

知识拓展

大型养路机械线路维修配合施工日方案示例

工务机械车施工日方案(一施工三方案)

施工负责人：

施工方案

1.时间：20______年______月______日

2.日计划命令号：______________号　月计划号：______________

3.作业项目：大机______________

4.施工地点：　站—　站(含　信号机至　信号机间上行正线)　上行　km　m至　km　m

5.封锁时间：______________(______min)　施工等级：Ⅲ

6.施工内容及影响范围：登记站：　站　封锁　线　站至　站(含　信号机至　信号机间　行正线)间　行线，进行大机　作业，点毕前　分钟电务调试，点毕开通。

7.路用列车信息：由　站开该线　行方向(运行方向)进入　，返回　站。

8.施工组织及流程

(1)负责人：________

(2)人员车辆分工：

车号________　工班长________；车号________　工班长________

车号________　工班长________；车号________　工班长________

(3)作业流程：见附图 3。

(4)作业模式：______________

(5)锁定轨温：________

(6)施工区段分工及线路资料：

①车号：　作业里程：

曲线要素：

②车号：　作业里程：

曲线要素：

③车号：　作业里程：

曲线要素：

④车号：　作业里程：

曲线要素：

(4)驻站防护登记：　站　驻站联络员：________

续上表

<table>
<tr><td colspan="5">工务机械车施工日方案(一施工三方案)</td></tr>
<tr><td colspan="5">施工负责人:</td></tr>
<tr><td rowspan="4">施工方案</td><td colspan="4">(5)施工作业方案示意图:________
(6)开通条件及确认:施工质量按照《修规》线路轨道静态几何尺寸容许偏差管理值作业验收标准执行。
(7)关于"三清点、一确认"措施:
如遇当日车辆机械故障等特殊情况,临时需工具材料下车时,按照"三清点、一确认"标准执行,填写"材料、工具清点确认登记表"。
(8)应急措施:
应急措施见《车间配合施工安全技术组织措施(施工组织设计)》。</td></tr>
<tr><td colspan="4">施工安全风险研判及关键卡控措施:
1.要高度重视每天施工的变化点,消除存在的安全隐患。
2.________________
3.________________
4.4G作业记录仪的使用安排,内容包括使用几台、那个人使用要具体明确。</td></tr>
<tr><td>是否共用天窗</td><td>无</td><td>是否工程线施工</td><td>否</td></tr>
<tr><td>临时变更信息</td><td colspan="3">无</td></tr>
<tr><td rowspan="2">行车方案</td><td colspan="4">1.行车负责人:________
2.添乘干部:________
3.司乘人员:(车号)________　________(车号)________　________(车号)________　________
4.车号及编组顺序:车号(本务1)＋　车号　＋　车号　＋　车号(本务2)
5.运行线路条件、径路:①按运行揭示调度命令执行。②由　　站运行至　　站,到达　　站后,根据调度命令进行施工作业,施工完毕后返回　　站销记后,于　　站运行至　　站停靠。③运行区间内有长大坡道和慢行区段等重点内容应注明。
6.运行揭示调度命令:________________
7.作业范围及内容:________________
8.机械车连挂、摘解地点:________________
9.GYK监控运用模式:转线使用调车模式　进入封锁区间采用区间进入模式　施工中采用区间作业防碰模式　施工完毕后返回采用区间返回模式。
10.机械车防溜措施:铁鞋、手制动。
11.特殊情况提示:无。</td></tr>
<tr><td colspan="4">行车调车安全注意事项及措施
1.坚持"五不动车",即①车辆未检查不动车;②正、副司机少一人不动车;③未正确设置GYK不动车;④未确认进路信号及车机联控不正确不动车;⑤未撤除防溜设施不动车。
2.按当日交班会明确收放车地点,车辆连挂地点,避开曲线及大坡道地段,并做好现场防护。
3.现场防护加强与驻站防护人员联系,严格执行段的相关规定。
4.车辆运行期间,本务1车和本务2车要密切注意道心有无异物,防止大部件脱落。</td></tr>
<tr><td>人身安全方案</td><td colspan="4">一、作业人员进出场路径:搭乘机械车进出施工地点或根据负责人统一安排乘坐汽车至机械车停靠站,驻站联络员提前进入车站行车室,在施工负责人与车站驻站联络员取得联系后,在路肩上行走到达机械车停靠位置。车间安排专人与其不间断联控。
二、防护体系:
1.施工防护负责人:________　驻站防护人员:________
2.远端防护:远端防护由施工主体单位担任。
3.随车防护人员:防护员1:________　防护员2:________
防护员3:________　防护员4:________
4.随车防护站立位置:站立位置见附图2。</td></tr>
</table>

续上表

工务机械车施工日方案(一施工三方案)	
施工负责人:	
人身安全方案	5. 随车防护及防护范围:按照《普速铁路工务安全规则》要求执行。如有超出防护范围时,车间按规定增设防护。 6. 作业人员避车安全区:机械车内、路肩或站台。 三、作业人员上下车注意事项及措施: 作业人员上下车辆时要面向车梯双手抓紧,脚踩稳;作业过程中人员在车内巡视时,通过车上走廊,人员应手抓紧且扶栏杆行走,进出车门要随手关门。 四、道路交通安全注意事项及措施: 车间接送作业人员的车辆,由司机及所乘工班工长负责,不得客货混载,司机必须集中精力操作,遵守交通规则。严格按照限速行驶,确保行车安全。

附图 1:施工作业方案示意图

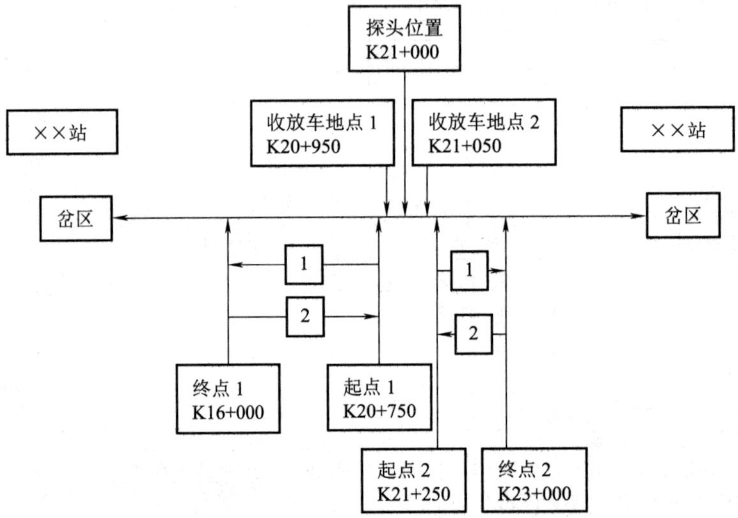

封锁里程:K8+900～K33+600。
计划作业范围:K16+000～K23+000。
施工示意图显示:封锁里程、作业范围、收放车地点等。
附图 2:防护人员站位示意图

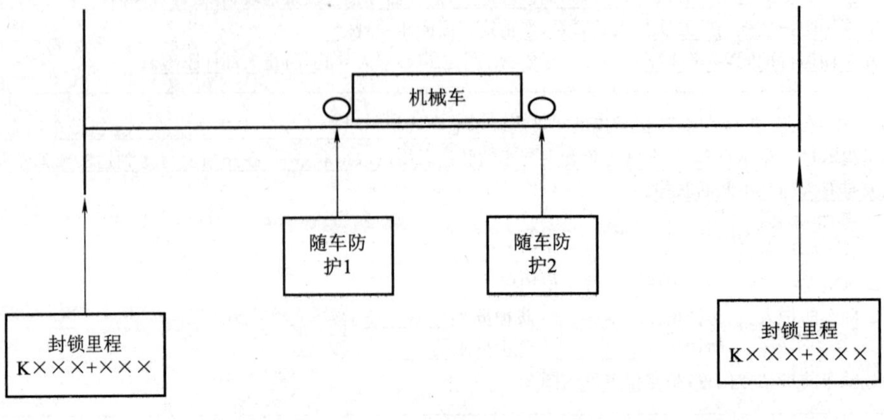

附图 3:配合施工作业流程图

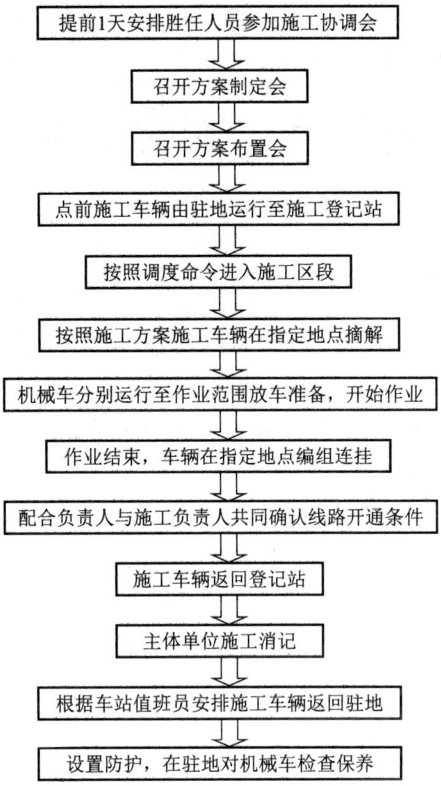

复习思考题

1. 营业线施工和邻近营业线施工分别指的是什么?
2. 营业线施工的方针和原则是什么?
3. 营业线工务施工项目有哪些?
4. 天窗和天窗单元是如何定义的?
5. 施工等级如何划分的? 大型养路机械作业属于哪一级施工?
6. 施工协调小组的主要职能是什么?
7. 施工负责人的主要职责是什么?
8. 辨析线路设备“维修”和营业线施工“维修”。
9. 施工方案的审批程序是什么?
10. 施工日计划是如何审批的?
11. 施工方案应包括哪些内容?
12. 施工主体单位的主要职责是什么?
13. 大型养路机械一次施工标准程序包括哪些内容?
14. 班前点名会的基本要求是什么?
15. 大型养路机械司机接到调度命令后的工作流程是什么?
16. 施工延点和砸点有何异同?

项目6　安全管理

项目描述

凡从事大型养路机械工作的人员，应严格执行《铁路技术管理规程》《普速铁路工务安全规则》《高速铁路工务安全规则》和大型养路机械的相关安全规定。大型养路机械的安全工作应贯彻“安全第一、预防为主”的方针，防患于未然。机组人员应严格执行岗位责任制，遵守作业规章和劳动纪律，保证大型养路机械作业的安全。

本项目主要从作业防护、人身安全、作业安全、行车安全、检修安全、驻地安全和应急管理等方面介绍铁路大型养路机械应用安全，培养学生敬畏生命、敬畏责任、敬畏制度的科学态度和职业素养。

学习目标

1. 能力目标

(1)具有正确设置施工安全防护的能力；

(2)具有自我劳动保护的能力；

(3)具有大型养路机械安全运用的能力；

(4)具备正确处置突发意外情况的能力。

2. 知识目标

(1)掌握施工安全防护设置的正确方法和基本要求；

(2)掌握人身安全知识要点；

(3)掌握不同车型的作业安全要点；

(4)掌握行车及无动力回送工作标准及非正常情况的处置；

(5)掌握驻地检修安全要点；

(6)掌握大型养路机械脱轨救援起复程序。

任务6.1　线路施工防护

6.1.1　任务目标

通过学习铁路施工防护相关知识，能够完成以下任务：

1. 准确识别防护信号装备及基本用法；

2. 掌握防护员的职责；

3. 掌握不同施工地点的防护方法。

施工防护信号及标志

6.1.2 相关配套知识

施工防护是保证铁路行车和人身安全必要措施，工务部门在施工过程中必须规范防护员的行为，严格执行施工防护的设置标准，防患于未然。

1. 防护员

防护员分为驻站联络员、现场防护员(含远方防护员)。

(1)防护员需具备条件

①必须具有较强的工作责任心，身体健康，口齿清楚、无视觉、听觉和反应障碍，业务素质较高的人员担任。

②必须具有高度的安全责任感，具备基本的安全知识和技能，熟悉铁路行车有关规章制度和施工作业情况。

③从事本专业或相关专业工作满两年以上，并经铁路局集团公司相关部门培训、考试合格且持证上岗。

(2)防护员职责

①全面掌握当天施工作业项目、地点、起止时间、影响范围、人员数量、施工负责人及其联系方式等。

②负责对作业人员人身安全和施工作业范围内(包含上下班行走区段)行车安全的防护。作业过程中要保持通信畅通，一旦联系中断，现场防护员应立即通知施工负责人停止作业、组织下道。

a. 驻站联络员负责办理运统—46 登、销记手续，将确认的施工(维修)调度命令传达给现场施工(作业)负责人和现场防护员。驻站联络员必须密切监视车站控制台显示的列车运行信息，同时注意监听车站值班员预报及复诵信息以获取来车信息，及时将车次、径路预报给现场防护员，并确认现场防护员复诵信息。与现场防护员联系不上时，应立即报告车站值班员，在列车邻站开出(通过)前仍联系不上现场防护员时应通知车站值班员扣停列车。驻站联络员必须在得到施工作业负责人现场作业人员全部撤离工地的通知后方能离开行车室。

b. 现场防护员应根据现场地形条件、天气条件、列车运行特点、施工人员和机具布置等情况确定站位和移动路径，并做好自身防护，提前确定下道避车的安全位置，作业中现场防护员严禁与作业人员扎堆聊天或做与防护无关的工作。

c. 在大型养路机械施工、钢轨放散、更换长轨、整组更换道岔、打冰除雪等作业时，要根据现场实际作业情况提前制定防护方案，合理划分防护单元，指定专人负责防护单元内防护工作。防护单元专职防护员得到驻站联络员下道避车联控通知后，及时通知作业人员下道避车。

d. 现场防护员在施工作业负责人的指挥下设置、撤除各类防护信号。现场防护员必须密切监听驻站联络员及远方防护员通知的来车信息，及时通知作业人员下道或停止作业，检查督促作业人员将机具、材料等撤出限界之外，并显示接车信号。

③在上道和转移作业地点前，现场防护员必须与驻站联络员确认无来车信息，联系中断时不得上道，并立即报告作业负责人。发现危及安全时，防护员应果断拦停列车或通知值班员(调度员)扣停列车。

④远方防护员与现场防护员要加强联系，必须不间断地瞭望获取来车信息，发现来车后及

时通知现场防护员。

(3)防护单元

现场作业组由防护单元构成,防护单元由现场防护员和同一作业组作业人员组成。各单位要根据作业内容、周围环境、天气条件和瞭望距离合理设置防护单元。同一防护单元内防护距离不得超过 50 m。最远端作业人员随身携带对讲机,并始终处于现场防护员监控范围时,防护距离可以适当延长,但最长不得超过 70 m(测量作业时最长不得超过 200 m,且要制定相应的安全保障措施)。防护距离超过以上距离或不在同一行别作业时,应增设防护员和防护单元,并及时与驻站联络员联控,驻站联络员按新增作业组防护单元掌握。下道避车时同一防护单元的防护员和作业人员应在避车安全区域集中避车,严禁同一防护单元作业人员分别在列车通过的线路两侧避车。

2. 防护信号及标志

防护信号的基本颜色遵循铁路信号的基本规则,红色表示停车,黄色表示注意或减低速度,绿色表示按规定速度运行。

视觉信号分为昼间、夜间和昼夜通用信号。在昼间遇降雾、暴风雨雪及其他情况,致使停车信号显示距离不足 1 000 m,注意或减速信号显示距离不足 400 m,调车信号机调车手信号显示距离不足 200 m 时应使用夜间信号。隧道内只采用夜间或昼夜通用信号。

铁路沿线及站内,禁止设置妨碍确认信号的红、黄、绿色的装饰彩布、标语和灯光。在规定的信号显示距离内,不准种植影响信号显示的树木。

(1)防护中使用的移动信号

①停车信号

昼间——表面有反光材料的红色方牌;夜间——柱上红色灯光(图 6-1)。

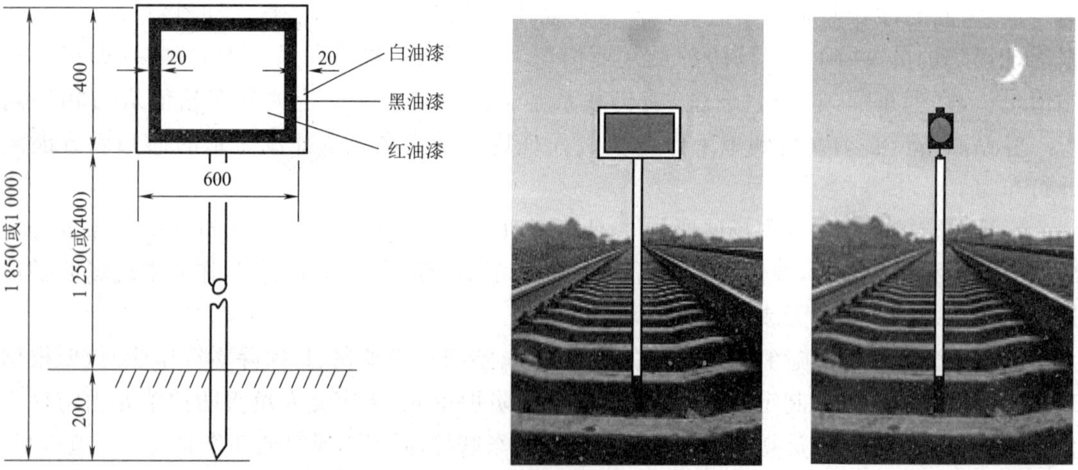

图 6-1　移动停车信号(单位:mm)

②减速信号

a. 表面有反光材料的黄底黑字圆牌,标明列车限制速度(图 6-2)。

b. 施工及其限速区段,在减速信号牌外方增设的特殊减速信号牌为表面有反光材料的黄底黑“T”字圆牌(图 6-3)。

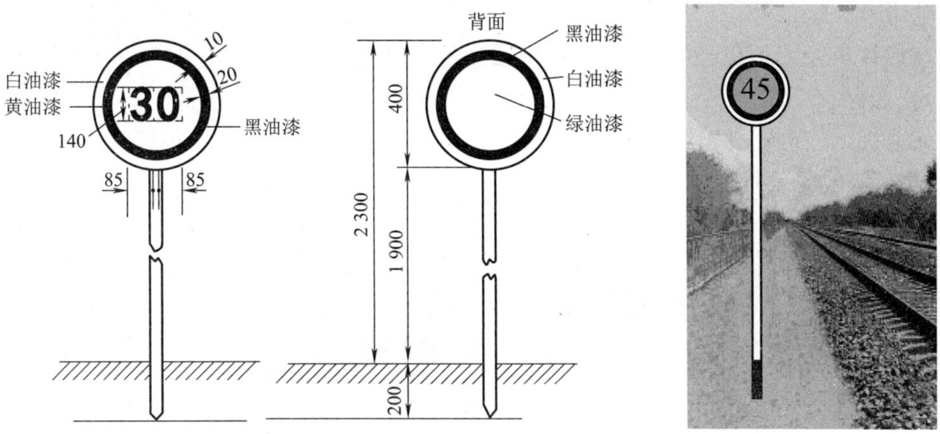

图 6-2 减速信号(单位:mm)

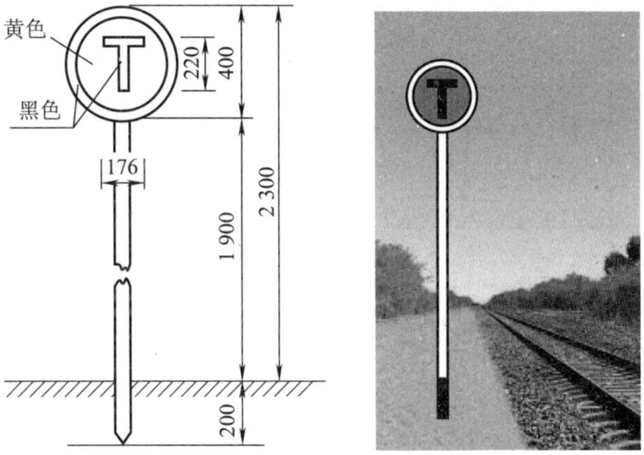

图 6-3 特殊减速信号牌(单位:mm)

③减速防护地段终端信号

表面有反光材料的绿色圆牌如图 6-4(a)所示。在单线区段,司机应看线路右侧减速信号牌背面的绿色圆牌。在有 1 万 t 或 2 万 t(含 1.5 万 t)货物列车运行的线路增设的 1 万 t、2 万 t(含 1.5 万 t)减速防护地段终端信号牌为表面有反光材料的绿底黑“W”字[图 6-4(b),1 万 t]或黑“L”字[图 6-4(c),1.5 万 t 和 2 万 t]圆牌。

(a) (b) (c)

图 6-4 减速防护地段终端信号

④响墩及火炬信号

响墩爆炸声及火炬信号的火光，均要求紧急停车。

(2)作业标志

①作业标，设在施工线路及其邻线距施工地点两端 500～1 000 m 处(图 6-5)。司机见此标志需长声鸣笛，注意瞭望。

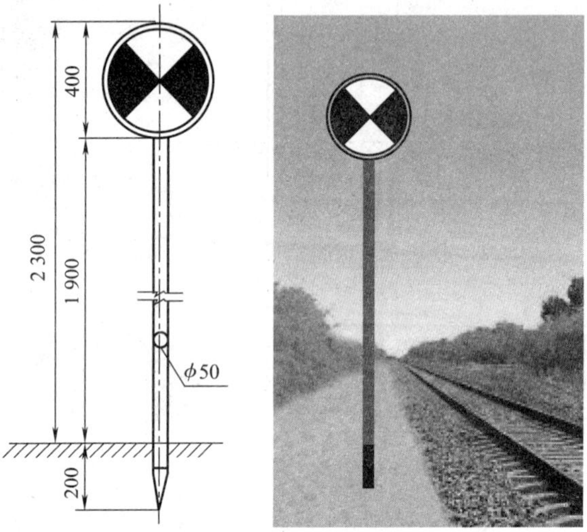

图 6-5　作业标(单位：mm)

②减速地点标，设在需要减速地点的两端各 20 m 处。正面表示列车应按规定限速通过地段的始点，背面表示列车应按规定限速通过地段的终点(图 6-6)。

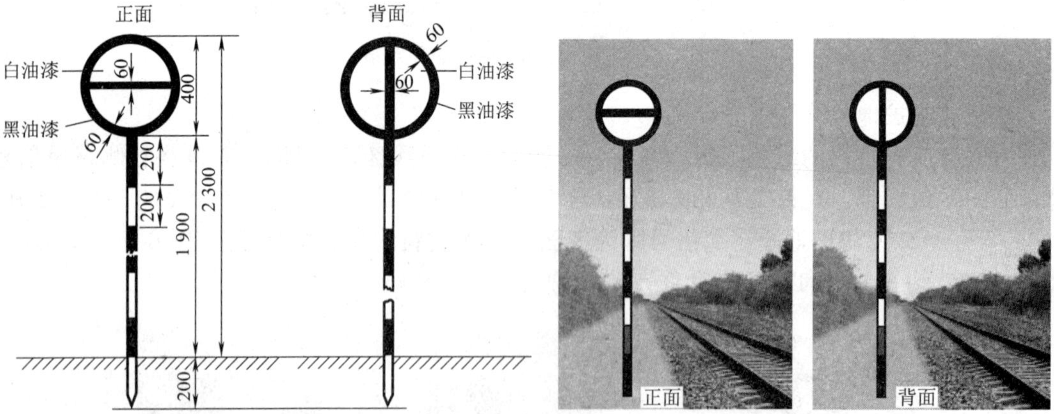

图 6-6　减速地点标(单位：mm)

(3)防护手信号

①停车信号：要求列车停车。

昼间——展开的红色信号旗；夜间——红色灯光(图 6-7)。

昼间无红色信号旗时，两臂高举头上向两侧急剧摇动；夜间无红色灯光时，用白色灯光上下急剧摇动(图 6-8)。

图 6-7　停车手信号

图 6-8　无红旗(灯)时停车手信号

②减速信号：要求列车降低到要求的速度。

昼间——展开的黄色信号旗；夜间——黄色灯光(图 6-9)。

③发车信号：要求司机发车。

昼间——展开的绿色信号旗上弧线向列车方面作圆形转动；夜间——绿色灯光上弧线向列车方面作圆形转动。

图 6-9　减速手信号

(4)防护员随身防护备品

驻站防护员需携带上岗证、防护员证、对讲机(带耳机)、录音笔、防护记录本等。高速铁路作业需增加 GSM-R 手持机。

每名现场防护员均需携带防护员证、对讲机、记录仪、红色和黄色信号旗、短路铜线、口笛等；根据需要携带响墩、火炬；根据防护员防护位置分别携带作业标、停车信号牌、减速信号牌、特殊减速信号牌、减速防护地段终端信号牌、减速地点标等标牌。高速铁路作业需增加 GSM-R 手持机。现场防护备品数量见表 6-1。

表 6-1　现场防护备品数量表

名　称	单　位	单　线			双　线		
		车间	工区	巡道巡守	车间	工区	巡道巡守
作业标	个		4			6	
停车信号	个		2			4	
减速信号	个		2			4	
减速地点标	个		2			4	
双面信号灯	盏	1	4	1/人	1	6	1/人
喇叭	个		6	1		6	1
红色信号旗	面	2	6	3	2	9	3
黄色信号旗	面	2	6	1	2	6	1
短路铜线(自动闭塞区间)	条		2	1		4	2
无线电话机	台	2	4	2	2	5	2
有线电话机	台	2	4	2	2	4	2
“T”字减速信号	个		4			4	

3. 防护办法

(1)在区间线路上施工时,使用移动停车信号的防护办法如下:

①单线区间线路施工时,如图 6-10 所示。

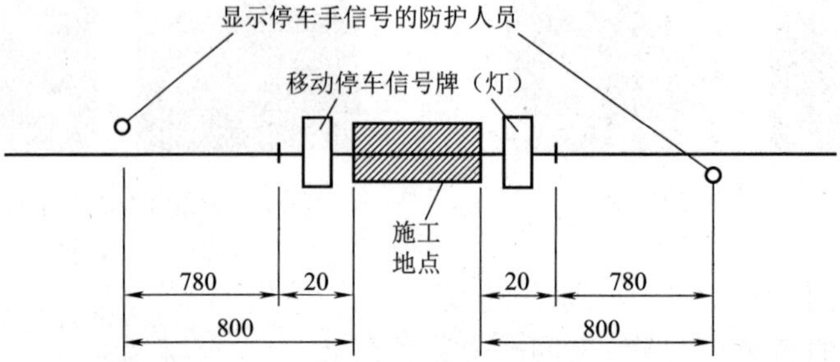

图 6-10　单线区间线路施工防护(单位:m)

②双线区间一条线路施工时,如图 6-11 所示。这种模式是铁路营业线施工最常见的施工情况,该防护办法使用最为广泛。

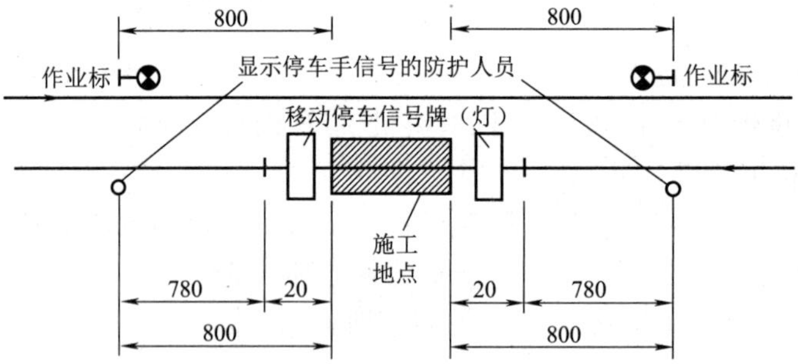

图 6-11　双线区间一条线路施工防护(单位:m)

③双线区间两条线路同时施工时,如图 6-12 所示。

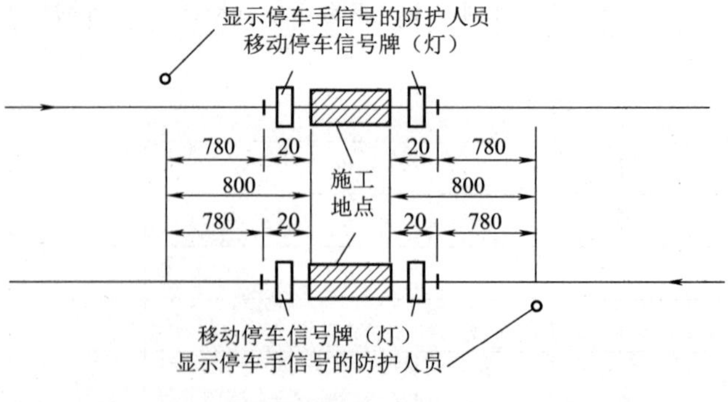

图 6-12　双线区间两条线路施工防护(单位:m)

④作业地点在站外,距离进站信号机(反方向进站信号机)小于 820 m 时,如图 6-13 所示。

现场防护人员应站在距施工地点 800 m 附近(图 6-10～图 6-12),且瞭望条件较好的地点显示停车手信号;施工作业地点在站外,距离进站信号机(反方向进站信号机)小于 820 m 时,现场防护人员应站在距进站信号机(反方向进站信号机)20 m 附近(图 6-13);在尽头线上施工,施工负责人经与车站值班员联系确认尽头一端无列车、轨道车时,则尽头一端可不设防护。

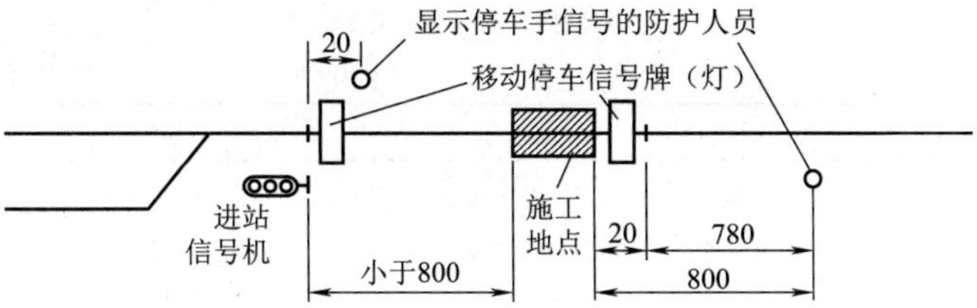

图 6-13　站外不足 820 m 时施工防护(单位:m)

施工地点与防护人员间瞭望条件不良又无电话联系时,应增设中间防护人员。凡用停车信号防护的施工地点,在停车信号撤除后,列车需减低速度通过施工地点时,应按减速信号防护办法防护。

(2)在站内线路上施工时,使用移动停车信号防护,防护办法如下:

①将施工线路两端道岔扳向不能通往施工地点的位置,并加锁或紧固,可不设置移动停车信号牌(灯)。当施工线路两端道岔只能通往施工地点的位置时,在施工地点两端各 50 m 处线路上,设置移动停车信号牌(灯)防护,如图 6-14 所示;如施工地点距离道岔小于 50 m 时,在该端警冲标相对处线路上,设置移动停车信号牌(灯)防护,如图 6-15 所示。

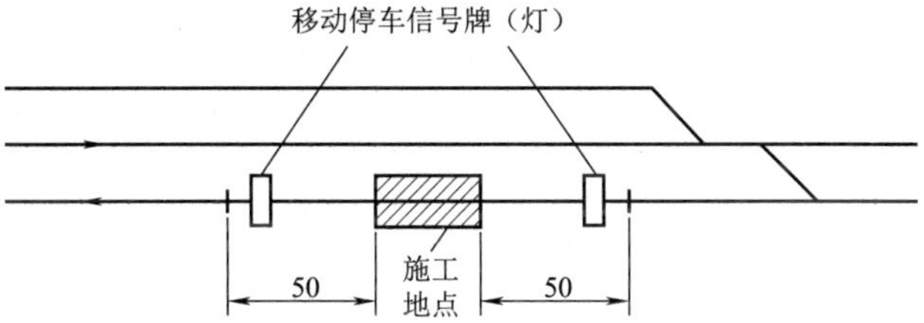

图 6-14　站内施工防护一(单位:m)

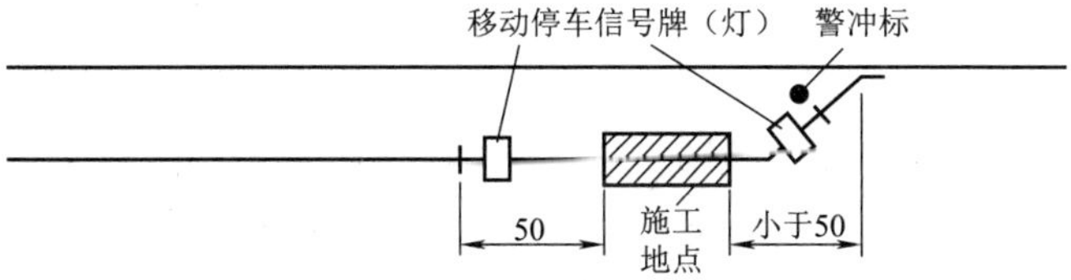

图 6-15　站内施工防护二(单位:m)

②在进站道岔外方线路上施工,对区间方向,以关闭的进站信号机防护;对车站方向,在进站道岔外方基本轨接头处(顺向道岔在警冲标相对处)线路上,设置移动停车信号牌(灯)防护,如图 6-16 所示。

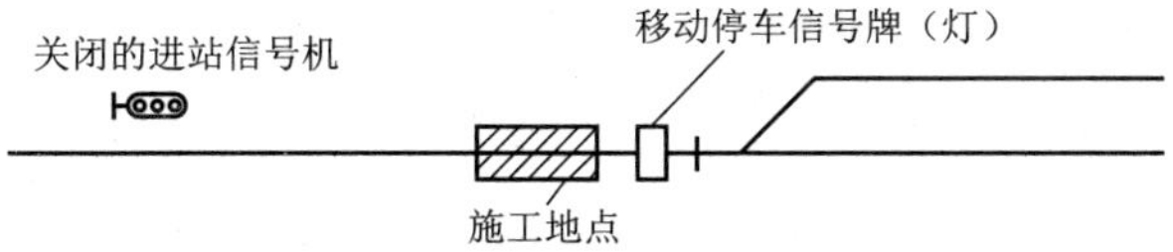

图 6-16　站内施工防护三(单位:m)

③双线区段,在反方向进站信号机至出站道岔的线路上施工,对区间方向,以关闭的反方向进站信号机防护。对车站方向,在出站道岔外方基本轨接头处(对向道岔在警冲标相对处)线路上,设置移动停车信号牌(灯)防护,如图 6-17 所示。

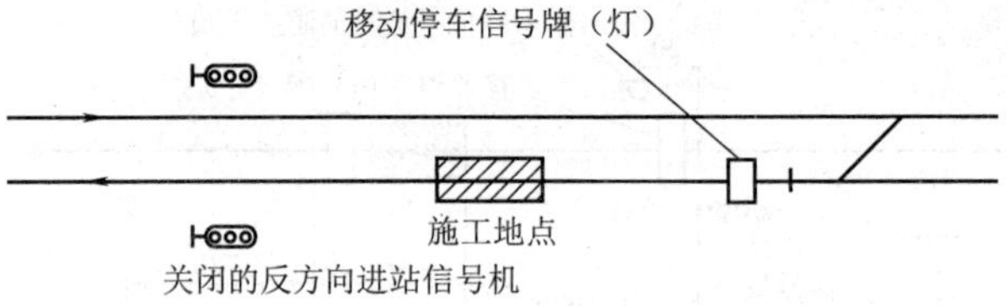

图 6-17　站内施工防护四(单位:m)

(3)在站内道岔上(含警冲标至道岔尾部线路、道岔间线路)施工时,使用移动停车信号防护,防护办法如下:

①在站内道岔上施工,一端距离施工地点 50 m,另一端两条线路距离施工地点 50 m(距出站信号机不足 50 m 时,为出站信号机处),分别在线路上设置移动停车信号牌(灯)防护,如图 6-18 所示;如一端距离外方道岔小于 50 m 时,将有关道岔扳向不能通往施工地点的位置,并加锁或紧固。

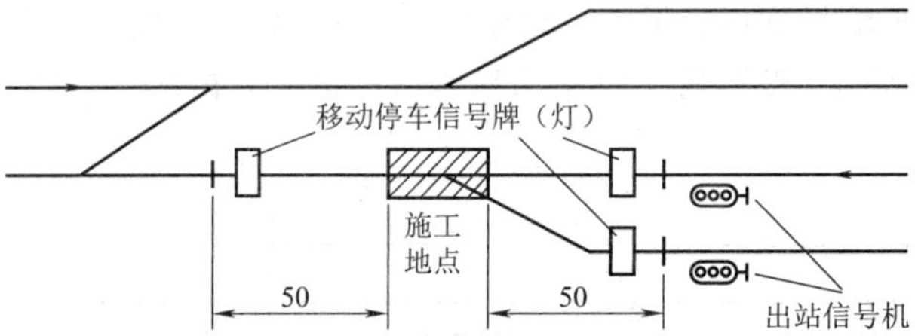

图 6-18　道岔区施工防护一(单位:m)

②在进站道岔上施工,对区间方向,以关闭的进站信号机防护;对车站方向,在距离施工地点 50 m 线路上,设置移动停车信号牌(灯)防护,如图 6-19 所示。距邻近道岔不足 50 m 时,在邻近道岔基本轨接头处设置移动停车信号牌(灯)防护,将有关道岔扳向不能通往施工地点的位置,并加锁或紧固。

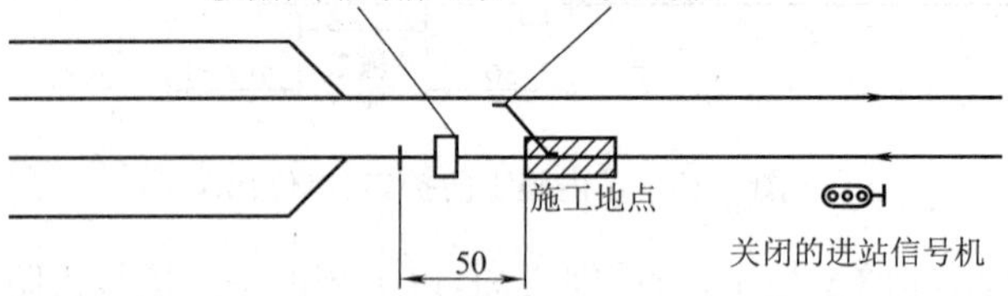

图 6-19　道岔区施工防护二(单位:m)

③在出站道岔上施工,对区间方向,以关闭的反方向进站信号机防护;对车站方向,在距离施工地段不少于 50 m 线路上,设置移动停车信号牌(灯)防护,如图 6-20 所示。距邻近道岔不足 50 m 时,将有关道岔扳向不能通往施工地点的位置,并加锁或紧固。

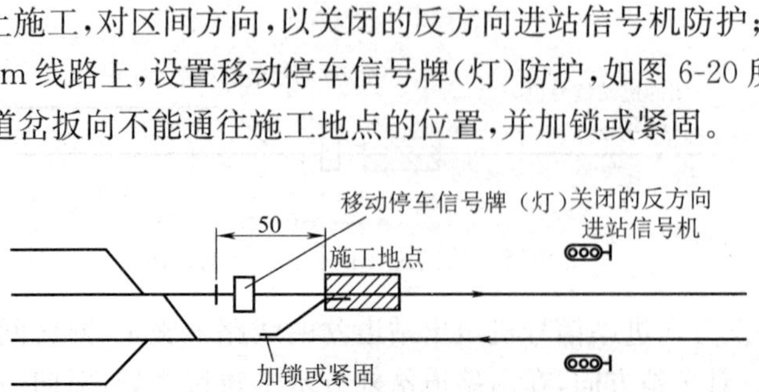

图 6-20　道岔区施工防护三(单位:m)

④在交分道岔上施工，将有关道岔扳向不能通往施工地点的位置，并加锁或紧固，在施工地点两端 50 m 处线路上，设置移动停车信号牌(灯)防护，如图 6-21 所示。

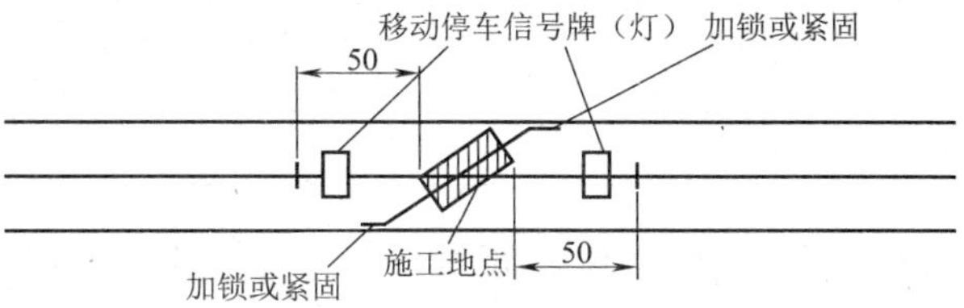

图 6-21　道岔区施工防护四(单位:m)

⑤在交叉渡线的一组道岔上施工，一端在菱形中轴相对处线路上，另一端在距离施工地点 50 m 处线路上，分别设置移动停车信号牌(灯)防护，将有关道岔扳向不能通往施工地点的位置，并加锁或紧固，如图 6-22 所示。

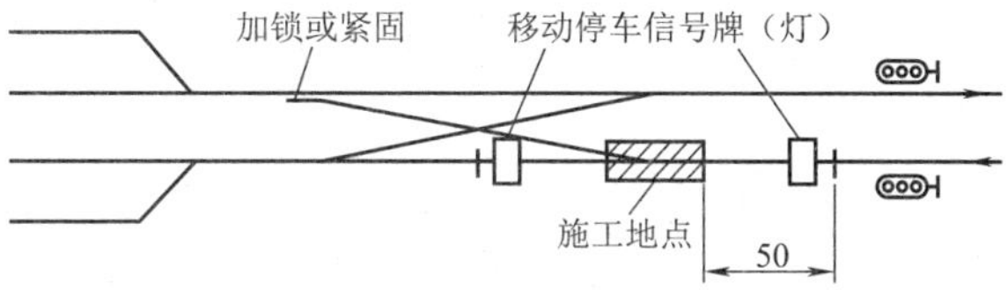

图 6-22　道岔区施工防护五(单位:m)

⑥在道岔上进行大型养路机械施工时，如延长移动停车信号牌(灯)防护距离后占用其他道岔时，对相关道岔应一并防护。

(4)在区间线路上，根据线路速度等级，使用移动减速信号的防护办法如下：

①单线区间施工，设立位置如图 6-23 所示。"A"为不同线路允许速度的列车紧急制动距离(下同)，详见表 6-2；允许速度 120 km/h$<v<$200 km/h 的线路，在移动减速信号牌外方增设带"T"字的移动减速信号牌。

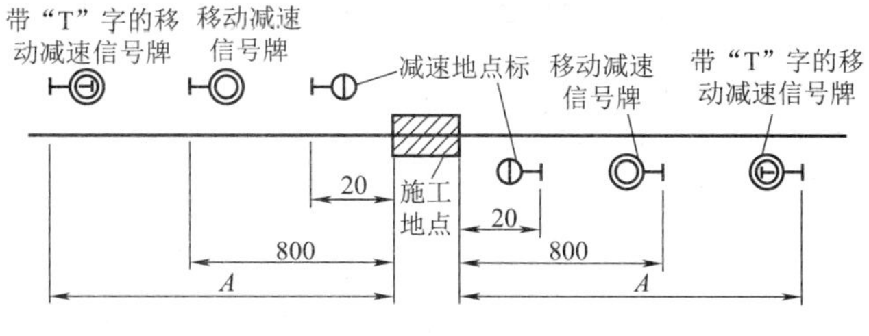

图 6-23　单线区间施工移动减速信号防护(单位:m)

表 6-2　列车紧急制动距离限值表

列车类型	最高运行速度(km/h)	紧急制动距离限值(m)
旅客列车(动车组列车除外)	120	800
	140	1 100
	160	1 400
特快货物班列	160	1 400
快速货物班列	120	1 100

续上表

列车类型	最高运行速度(km/h)	紧急制动距离限值(m)
货物列车(货车轴重<25 t,快速货物班列除外)	90	800
	120	1 400
货物列车(货车轴重≥25 t)	100	1 400

②双线区间在一条线上施工,设立位置如图 6-24 所示。限速地段无施工作业不设置作业标。

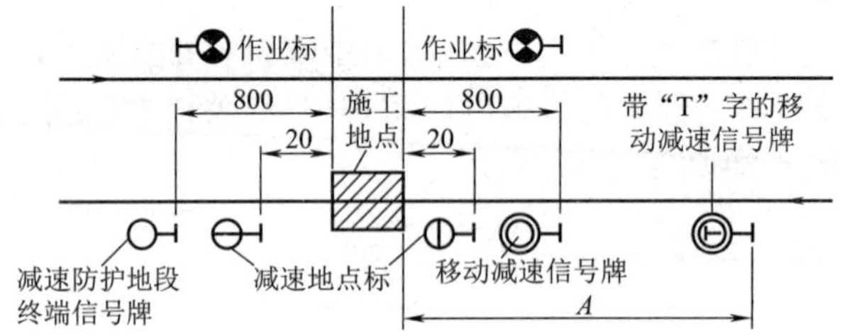

图 6-24 双线区间一条线路施工移动减速信号防护(单位:m)

③双线区间两条线路同时施工,设立位置如图 6-25 所示。

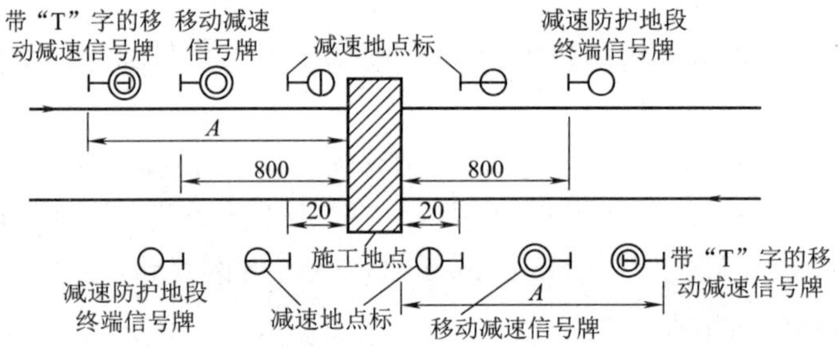

图 6-25 双线区间两条线路同时施工移动减速信号防护(单位:m)

④施工地点距离进站信号机(或站界标)小于 800 m 时,设立位置如图 6-26 所示。当站内正线警冲标距离施工地点小于 800 m 时,按 800 m 设置移动减速信号牌;当站内正线警冲标距离施工地点大于或等于 A 时,不设置带“T”字的移动减速信号牌。

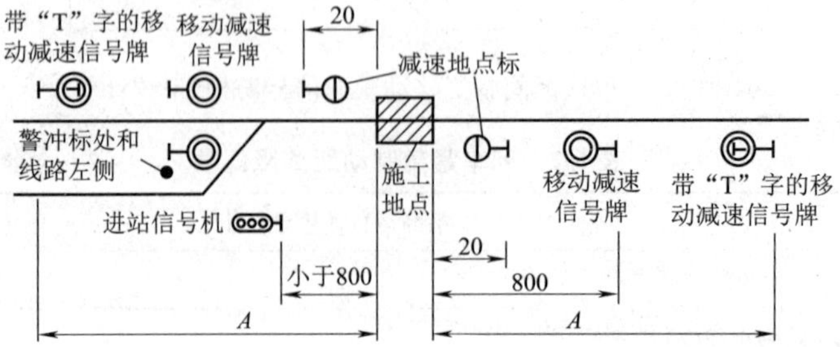

图 6-26 站外距离进站信号机小于 800 m 施工时移动减速信号防护(单位:m)

(5)在站内线路或道岔上,根据线路速度等级,使用移动减速信号的防护办法如下:

①在站内正线线路上施工,当施工地点距进站信号机大于或等于 800 m 时,单线设立位

置如图 6-27 所示，双线设立位置如图 6-28 所示。当施工地点距进站信号机不足 800 m 时，自施工地点起至 800 m 处区间线路列车运行方左侧，设移动减速信号牌防护；当施工地点距进站信号机大于或等于 A 时，不设置带“T”字的移动减速信号牌；当施工地点距反方向进站信号机不足 800 m 时，自施工地点起至 800 m 处区间线路列车运行方左侧，设减速防护地段终端信号牌；当施工地点距反方向进站信号机大于或等于 800 m 时，在反方向进站信号机处，设减速防护地段终端信号牌。

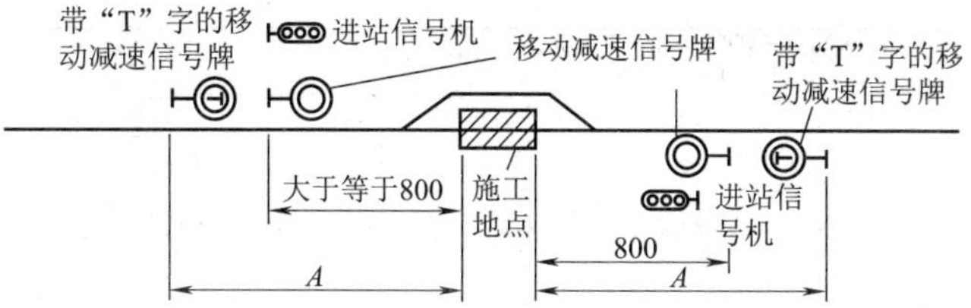

图 6-27　站内正线施工时使用移动减速信号防护一（单位：m）

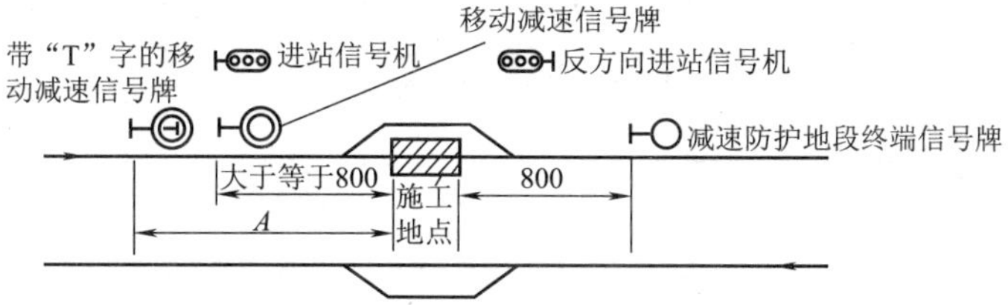

图 6-28　站内正线施工时使用移动减速信号防护二（单位：m）

②在站内正线道岔上施工，当施工地点距进站信号机大于或等于 800 m 时，单线设立位置如图 6-29 所示，双线设立位置如图 6-30 所示。

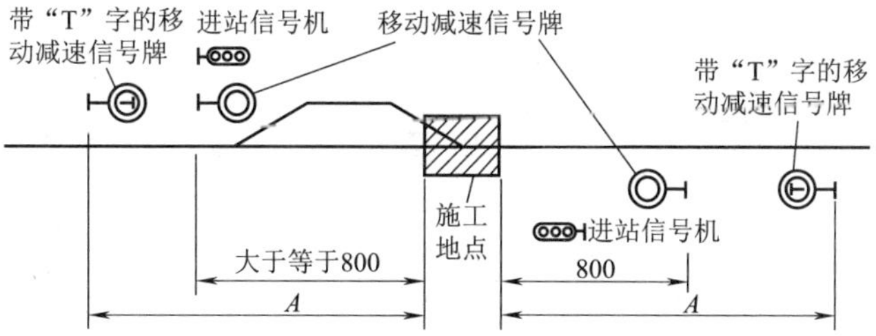

图 6-29　站内正线道岔区施工时使用移动减速信号防护一（单位：m）

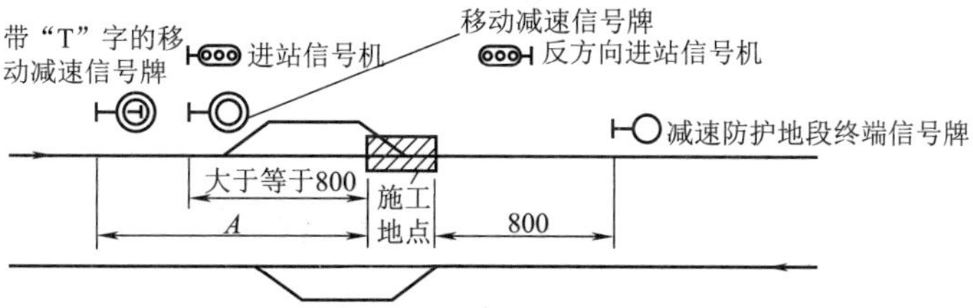

图 6-30　站内正线道岔区施工时使用移动减速信号防护二（单位：m）

当施工地点距进站信号机不足 800 m 时，自施工地点起至 800 m 处区间线路列车运行方左侧，设移动减速信号牌防护；当施工地点距进站信号机大于或等于 A 时，不设置带“T”字的移动减速信号牌；当施工地点距反方向进站信号机不足 800 m 时，自施工地点起至 800 m 处区间线路列车运行方左侧，设减速防护地段终端信号牌；当施工地点距反方向进站信号机大于或等于 800 m 时，在反方向进站信号机处，设减速防护地段终端信号牌。

③在站线线路上施工，设立位置如图 6-31 所示。

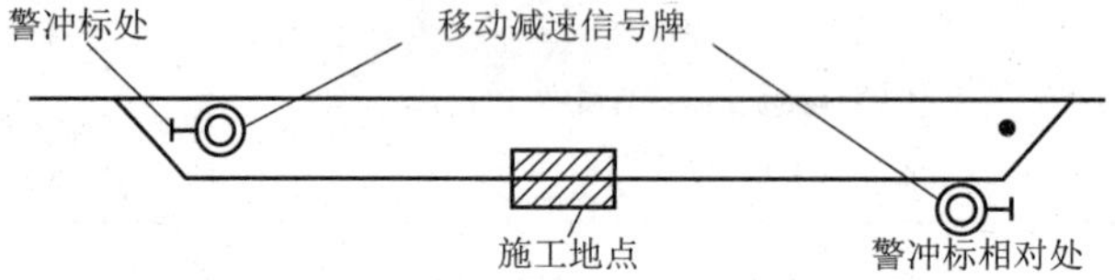

图 6-31　站线施工时使用移动减速信号防护(单位：m)

④在站线道岔上施工，该道岔中部线路旁，设置两面黄色的移动减速信号牌，设立位置如图 6-32 所示。

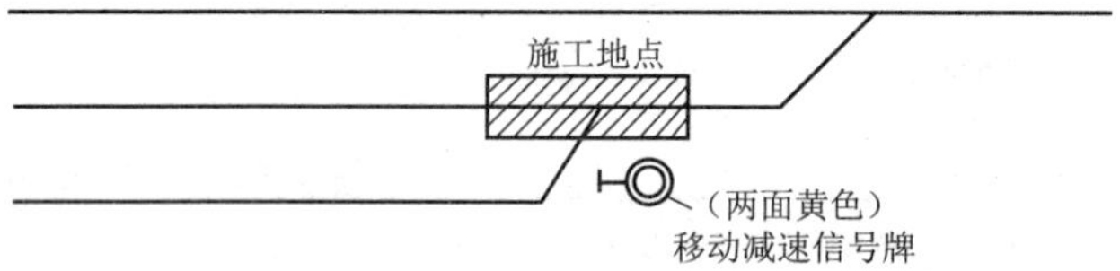

图 6-32　站线道岔上施工时使用移动减速信号防护(单位：m)

凡线间距离不足规定时，则应设置矮型(1 m 高)的移动减速信号牌。在移动减速信号牌上，应注明规定的慢行速度。已纳入 LKJ 基础数据的长期限制慢行地段不设置减速信号牌。

在区间线路上进行不影响行车的作业，不需要以停车信号或移动减速信号防护，应在作业地点两端 500～1 000 m 处列车运行方向左侧(双线在线路外侧)的路肩上设置作业标，设立位置如图 6-33 所示，列车接近该作业标时，司机需长声鸣笛，注意瞭望。

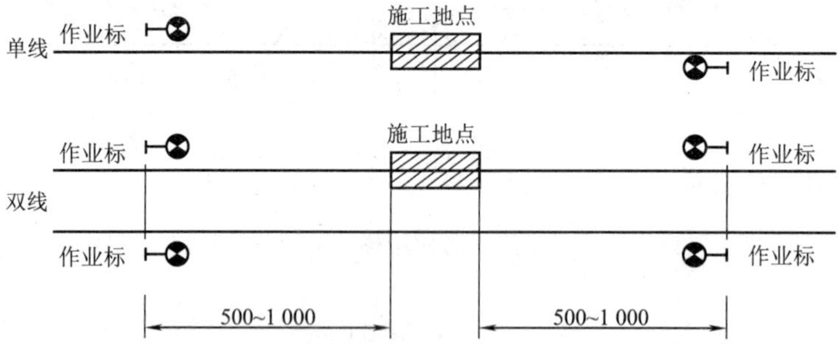

图 6-33　作业标防护(单位：m)

(6)线路发生危及行车安全故障或自然灾害时的防护办法如下：

①应立即使用列车无线调度通信设备通知车站值班员或列车司机紧急停车，同时在故障或自然灾害影响地点设置停车信号。

②当确知一端先来车时，应急速奔向列车，用手信号旗(灯)或徒手显示停车信号。

③如不知来车方向，应在故障或自然灾害影响地点注意倾听和瞭望，发现来车，应急速奔向列车，用手信号旗(灯)或徒手显示停车信号。

④设有固定信号机时,应先使其显示停车信号。

⑤站内线路、道岔发生故障或自然灾害时,应立即通知车站值班员采取措施,防止机车、车辆通往该故障或自然灾害影响地点,同时按规定设置停车信号防护。

(7)区间线路上利用列车间隔的作业,驻站联络员与现场防护员或作业负责人联系程序规定如下:

①作业负责人应通过驻站联络员与车站值班员保持密切联系,设置好防护后方可作业。在作业过程中应密切注意来车“预报”“确报”等信号。

a. 预报:车站对作业区间办理闭塞时,驻站联络员应立即向现场防护员发出预报;如系通过列车,则应提前一个车站(即邻站向本站发车时)发出预报。

b. 确报:车站向作业区间发车时,驻站联络员应立即向现场防护员发出确报。

c. 作业地点距车站较近或作业条件较复杂,需提前预报、确报时,作业负责人应事先与驻站联络员商定明确并告知全体防护员及作业人员。

d. 变更通知:预报、确报有变化时,驻站联络员应向现场防护员发出变更通知。

②现场防护员接到驻站联络员发出的预报、确报、变更通知后,均应立即通知到作业负责人。同时应加强警戒,注意瞭望,监视来车与作业情况。如设置有中间联络防护员时,应以上述相同方式准确及时地将信息传达给对方。

③驻站联络员应加强与车站值班员的联系,双线区段反方向来车时,驻站联络员应及时通知现场防护员转报作业负责人。

(8)线路上作业设置或撤除移动停车信号防护的程序如下:

①设置移动停车信号

a. 驻站联络员抄录并确认作业封锁调度命令,通知作业负责人;

b. 作业负责人通知现场防护员按规定在作业地点设置移动停车信号;

c. 按规定设置好移动停车信号后作业负责人发出作业命令。

②撤除移动停车信号

a. 作业负责人检查确认线路已达到放行列车条件(外单位施工的还需设备管理单位监督检查人员共同检查确认);

b. 通知现场防护员撤除作业地段的移动停车信号;

c. 通知车站开通线路。

4. 防护设置

(1)基本要求

①凡进行铁路营业线施工、检修作业(含天窗点外作业项目),均需指派驻站联络员(高速铁路按规定可不指派驻站联络员的除外)和现场防护员(巡道、巡守、道口工作业除外)。列车允许速度 120 km/h 及以上地段巡道、巡守作业原则上必须在路肩上行走。

②遇瞭望困难、长大曲线、通信不良等地段必须增设防护员,大风、暴雨、大雾等恶劣天气不得安排上道作业,必须上道时须采取可靠安全防护措施。

③施工作业时制定的施工作业方案应附有现场防护图。条件困难、项目复杂的施工,施工单位应组织专题研究,制定防护方案。

④施工作业必须在设好防护,得到允许施工作业命令后才能进行。

⑤现场防护员应处在与作业人员同行别的线路上或瞭望条件较好的安全地点,面迎来车方向、并在作业组作业方向的前方,与作业组保持 10 m 左右距离进行防护。

⑥普速铁路区段利用天窗进行维修作业时，可不设置移动停车信号牌，防护员手持展开的红色信号（昼间为红色信号旗，夜间或可视条件较差时为红色灯光）进行防护，当邻线有列车通过时，要暂时将红色信号收起，以免司机误判。

（2）大型养路机械作业防护

①大修列车、清筛车（道岔清筛车）、配砟车、捣固车、打磨车、边坡清筛车施工作业（包括在作业模式下走行）时，机组应设置现场防护员跟随车辆防护，现场防护员应随时与驻站联络员（或施工方案中指定的现场防护员）、机组人员保持联系，选择安全位置为机组、作业人员进行防护。

②对施工车辆进行保养作业时，如施工车辆驻地相邻线路为正线、到发线或调车线，应设驻站联络员和现场防护员，并在两线间设置防护警示绳。

（3）工程机械作业防护

①挖掘机、吊车、装载机、推土机等施工作业，现场应按照“一机一人”的原则设置专职防护员。专职防护员负责对本机组作业人员（包括指挥人、操作人、地面及两线间作业人员）人身安全和作业区域内的行车安全进行防护。防护员应处在作业车后方的安全地带，并与作业车距离保持 5～10 m，随作业车移动防护。

②防护员不得中途调换和离开。遇特殊情况需调换时，必须经施工作业负责人同意、后续防护员到位、办理相关交接后方可离开。

（4）限速地段标牌设置的规定

①普速铁路按照规定在施工现场设置的“移动减速信号牌、减速始终点标、作业地点标”等标牌，要放稳、安牢，防止倾倒侵限。工地巡养人员按照规定对施工地段设备巡养时，须对施工地段设置的标牌进行巡视检查并做好记录，检查情况记录在“线路检查记录簿”上。

②在高速铁路仅运行动车组列车的区间正线作业时，不设置移动减速信号防护、作业标。

（5）阶梯提速地段减速信号设置规定

为便于机务乘务员对阶梯提速地段地面减速信号标志瞭望确认，根据《技规》有关限速地段减速信号设置办法的有关规定，对连续两处及以上不同限制速度的阶梯提速地段减速信号设置规定如下：

①“T 字移动减速信号牌”：在来车方向第一处施工限速地段前、根据线路等级，按“工务安全规则”规定设置，后续限速区段不设“T 字移动减速信号牌”。

②“移动减速信号牌”：分别在各个限速地段前 800 m 设置；移动减速信号牌，背面为白色。

③“减速地点起始标”：在来车方向第一处施工限速地段前 20 m 设置。后续限速区段“减速地点起始标”设在前一个限速区段终点处。

④“减速地点终点标”：在最后一处施工限速地段外 20 m 设置。

⑤“移动减速防护地段终端信号牌”：在最后一处施工限速地段外，按规定距离 800 m 设置。

5. 事故案例

2012 年“9·17”陇海上行线提前设置移动减速信号牌延误列车 D9 事故。

（1）事故概况

2012 年 9 月 17 日 8 时 42 分，D294 次司机报告在“圃田站至占杨站上行线 K594+800 m 处有集中修施工提前插放 120 km/h 限速牌”。造成 D294 限速运行，延误本列（圃田站 8 时 34 分开，占杨站 8 时 42 分过，该区间图定运行 6 min，实际运行 8 min），构成铁路交通一般 D9 事故。

（2）事故原因

2012 年 9 月 17 日大修×车间施工现场防护员在没有接到施工负责人设置移动减速信号牌命令时，就擅自提前在邻线（上行线）做准备，在 D294 开来时没有停止作业、也没有把移动减速信号牌放倒，造成 D294 次减速延误本列。

（3）事故教训

造成此次安全信息原因是现场防护员行车安全意识淡薄，不认真落实规章制度，违反作业纪律在没有接到施工负责人慢行防护牌设置命令就擅自进行凿坑准备工作，在 D294 开来时没有停止作业、也没有把移动减速信号牌放倒，致使 D294 车司机通过 K549＋800 m 处时限速运行，延误本列。

任务 6.2　人身安全

6.2.1　任务目标

通过学习人身安全相关知识，能够完成以下任务：

1. 了解人身安全管理的基本要求；
2. 掌握下道避车的具体要求；
3. 掌握机具使用的基本要求；
4. 掌握劳保用品的使用规则。

铁路营业线
施工高危行为

6.2.2　相关配套知识

人身安全在广义范畴上包括人的生命、健康、行动自由、住宅、人格、名誉等安全；狭义范畴是作为自然人的身体本身的安全。铁路人身安全管理是指狭义范畴的人身安全，特指铁路从业人员在作业过程中避免出现人身伤害而采取的措施。

1. 基本要求

（1）各单位应经常对从业人员进行人身安全教育，组织学习安全规章及有关操作技术。从业人员在任职、提职、改职前必须经过段或段以上单位进行安全技术教育培训，考试合格后持铁路岗位培训合格证书上岗。

（2）防护员（驻站联络员、现场防护员）必须由经培训考试合格的人员担任，并持铁路岗位培训合格证书上岗。

（3）从事工务机械车驾驶和操作、钢轨探伤、钢轨焊（熔）接工作及特种设备操作人员必须经过专业培训、考试或鉴定合格，取得铁路岗位培训合格证书及相应资格方可上岗。持有国家铁路局集团公司颁发的理论考试合格证明的工务机械车驾驶证申请人在司机指导下方能驾驶相应申请考试机型进行实际操作训练。

（4）作业人员接触职业病危害因素的，应按照国家规定开展职业病防治工作。进行接触粉尘、有毒物品、易燃、易爆物品的作业，使用电器、机械，以及高空作业等，必须按规定采取相关措施和使用劳动保护用品保证劳动者健康。

（5）易燃、易爆及有毒物品必须有专人保管，储藏时应与建筑物、烟火及水源隔离。搬运装卸及使用时，应严格按规定程序操作，慎防起火、爆炸和中毒。

(6)野外作业遇雷雨时，作业人员应放下手中的金属器具，迅速到安全处所躲避，严禁在大树下、电杆旁和涵洞内躲避。酷暑、严寒季节应采取措施，防止中暑、溺水、冻伤和煤气中毒。

2. 线路作业避车要求

线路作业和巡检人员，必须熟悉管内的线桥设备情况、列车运行速度、密度和各种信号显示方法，作业和巡检时应注意瞭望，及时下道避车。步行上下工时，区间应在路肩或路旁集中走行；在双线区间，应面迎列车方向走行；通过桥梁、道口或横越线路时，应“手比、眼看、口呼”，做到“一停、二看、三通过”，严禁来车时抢越。必须走道心时，应设置专人防护。进路信号辨认不清时，应及时下道避车。

(1)作业人员下道避车规定：

①距钢轨头部外侧距离不小于 2 m，设有避车台(洞)的桥梁(隧道)应进入避车台(洞)避车。

②本线来车按下列距离下道完毕：

a. $v_{max} \leqslant 60$ km/h 时，不小于 500 m；

b. 60 km/h $< v_{max} \leqslant 120$ km/h 时，不小于 800 m；

c. 120 km/h $< v_{max} \leqslant 160$ km/h 时，不小于 1 400 m；

d. 160km/h $< v_{max} < 200$ km/h 时，不小于 2 000 m。

③邻线(线间距小于 6.5 m)来车下道规定：

本线不封锁时：

a. 邻线速度 $v_{max} \leqslant 60$ km/h 时，本线可不下道；

b. 60 km/h < 邻线 $v_{max} \leqslant 120$ km/h 时，来车可不下道，但本线必须停止作业；

c. 邻线 $v_{max} > 120$km/h 时，下道距离不小于 1 400 m；

d. 瞭望条件不良，邻线来车时本线必须下道。

本线封锁时：

a. 邻线 $v_{max} \leqslant 120$ km/h 时，本线可不下道；

b. 120 km/h < 邻线 $v_{max} \leqslant 160$ km/h 时，本线可不下道，但本线必须停止作业；

c. 邻线 $v_{max} > 160$ km/h 时，本线必须下道，距离不小于 2 000 m。

④在站内其他线路作业，躲避本线列车时，下道距离不少于 500 m，与本线相邻的正线来车时，按本条第一项和第三项办理，与本线相邻的其他站线来车时可不下道，但必须停止作业。列车进路不明时必须下道避车。速度小于 120 km/h 区段，瞭望条件大于 2 000 m 以上时，钢轨探伤仪、轨道检查仪作业，邻线来车可不下道。人员下道避车时应面向列车认真瞭望，防止列车上的抛落、坠落物或绳索伤人。人员下道避车的同时，必须将作业机具、材料移出线路，并放置、堆码牢固，不得侵入建筑限界；两线间距离小于 6.5 m 不得停留人员和放置机具、材料。

(2)普速铁路和高速铁路并行地段，普速铁路作业、进出防护栅栏门必须严格执行高速铁路登销记制度。普速铁路和高速铁路并行，但未设物理隔离且天窗不同步地段，所有作业必须纳入天窗。普速铁路本线与相邻高速铁路线间距不足 6.5 m 地段，普速铁路作业而相邻高速铁路行车时，相邻高速铁路列车需限速 160 km/h 及以下，相邻高速铁路来车，本线可不下道。作业和避车严禁侵入高速铁路建筑限界。如作业需侵入高速铁路建筑限界，相邻高速铁路也必须同时封锁。普速铁路与高速铁路垂直天窗相同时段，在设好防护、确认高速铁路无路用列车通过时，可以跨越高速铁路进出，但要制定相应的安全措施，具体办法由铁路局集团公司规定。

(3)严禁作业人员跳车、钻车、扒车和由车底下、车钩上传递工具材料。休息时不准坐在钢轨、轨枕头及道床边坡上。绕行停留车辆时其距离应不少于5 m,并注意车辆动态和邻线上开来的列车。

(4)遇有降雾、暴风雨(雪)、扬沙等恶劣天气影响瞭望时,应停止线上作业和上道检查,必须作业时,应采取特殊安全措施,保证来车之前按规定的距离及时下道。

(5)线路 $v_{max}>120$ km/h的区段,巡道、巡守人员应在路肩上行走,并注意察看线路状态。

3.机具使用

(1)机具使用的基本要求

①机具使用前应确认油、水、电连接件是否符合使用要求,防护装置是否齐全可靠,显示仪表是否正常,整机是否符合现行的安全使用办法。使用中发现故障需紧急处理时,应先停机、切断电路、风路、动力油路等,撤离线路建筑限界以外进行处理,在未确认故障已得到处理的情况下,不得继续使用。机具应由专业组或专业人员负责使用、检修、保养、登记工作日志。

②皮带轮、皮带、链轮、链条、齿轮、砂轮、砂轮切割片和风扇等露出机体的传动和转动部件,应有符合设计图纸规定的防护设施。转动部件应标有旋转方向指示标志,只允许一个方向旋转的设备,应设置有反转自锁装置。

③切轨机、打磨机、电焊机等机具操作人员应按规定穿戴劳动保护用品。机具应按规定安装漏电保护装置。

④用锯轨机切割钢轨时,其他人员应远离锯轨机两侧和前方,防止锯片碎裂伤人。钢轨打磨时,其他人员应远离打磨前方。焊补钢轨、辙叉时,电焊机应采取接地措施,防止人员触电灼伤。钢轨焊接时,应严格按操作规程操作,防止烫伤。

⑤使用氧乙炔设备时,操作人员必须按规定穿戴劳动保护用品,其他人员应远离喷嘴前方,防止烧伤。乙炔瓶不得靠近热源和电器设备。乙炔瓶与明火的距离不得小于10 m,与氧气瓶间的距离不得小于5 m。

⑥多台机械配合作业时,应明确作业负责人与安全负责人之间,机械与机械之间的联系方式,并由作业负责人负责现场指挥。除突发情况外,任何一台机械的起动或停机,都应提前通知作业负责人和安全负责人,并及时通知相关机械的操作人员。

⑦在无人行道栏杆的桥梁上操纵动力机械时,应设置有安全栅栏。

(2)风动工具

①空气压缩机必须设置有安全阀、气压表、压力调节器、动力离合器和动力机械上的各种仪表,在阀、表齐全,工作可靠的情况下方可起动使用。

②压力容器必须按国家规定进行检验,未经检验或检验不合格的严禁使用。压力容器操作人员必须具有授权单位颁发的有效操作证。压力容器上应安装压力表和安全阀,并按规定进行压力试验,未经试验或超过试验期的容器不得使用。安全阀保证该设备压力容器的安全系数应符合设计规范。压力容器应放置在通风阴凉处,在规定的距离范围内不准进行金属切削、焊接及其他加热的工作。

③风动工具应有保安套(环),保证工具头连接牢固。试风或放出残余冷风时,工具头必须向下;过冲或打击栓销时,两侧应联系好,防止冲头伤人。

4.劳动保护用品

劳动保护用品可以帮助作业人员抵御来自工作中的风险,正确穿戴劳动保护用品是对每一名作业人员的基本要求。常见的劳动保护用品有安全帽、安全带、护目镜、防尘口罩、防护服、手套等。对于不同的作业项目，生产单位须制定劳动安全卡控措施，明确规定劳动保护用品的使用标准。

(1)作业空间上方可能有物品坠落的岗位，必须佩带安全帽，如有天吊的修理车间；

(2)打磨作业时，因火花飞溅必须佩带护目镜和防尘口罩；

(3)线路上作业时必须穿符合规定的防护服；

(4)作业位置距离地面 2 m 及以上时，必须使用安全带、戴安全帽、穿软底鞋；

(5)根据工作内容选择普通手套、绝缘手套或隔热手套。

5. ××局集团公司“1. 15”人身死亡事故

(1)事故概况

2019 年 1 月 15 日 13 时 03 分，××局集团公司集体企业××车辆段铸造厂一名轮轴车工，在××车辆段检修车间轮轴间进行轮对镟修作业过程中，擅自离开操作位置进行其他作业，在移动过程中不慎摔倒，身体卷入正在运行的车轮车床导致死亡。

(2)原因分析

该单位在设备安全设施、作业人员培训、规章制度建设、集体企业管理等方面的问题，具体有以下几个方面。

①设备存在安全隐患。一是安全防护装置缺失。《金属切削机床安全防护通用技术条件》(GB 15760—2004)中规定，“有可能造成缠绕、吸人或卷人等危险的运动部件和传动装置应予以封闭或设置安全防护装置”，该车轮车床的卡盘和轮对在运转时处于敞开状态，没有按照国标要求设置安全防护装置，存在较大的安全隐患。二是工位布局不合理。该轮轴间共有 5 台车轮车床，工位间距小，通道狭窄，检测仪器存放架和测量工位距离车床较近，作业人员在检测轮对时存在与车床发生触碰的危险。

②作业人员培训存在漏洞。没有制定设备事故应急措施和应急预案，没有把设备事故应急知识纳入培训内容，没有开展设备事故的应急演练。

③作业标准内容不完善。××车辆段《数控车轮车床技术操作规程》和《轮对(轴)镟修作业指导书》中有关安全方面的要求不全面、不具体，虽然规定了“车床在运转中，操作者不得离开”，但是对需要离开时应该如何操作要求不具体，操作性不强。

④安全风险研判不到位。对现场作业可能出现的“车床在运转中，操作者同时从事其他作业所造成的人身伤害”没有进行有效识别研判，没有纳入安全风险库进行管控。

⑤相关部门和单位对集体企业监管缺位。

(3)事故教训

①开展设备安全隐患排查。②强化作业人员培训工作。③健全完善作业标准。④加强集体企业的安全管理。⑤认真开展监督检查工作。

任务 6.3　作业安全

6.3.1　任务目标

通过学习作业安全相关知识，能够完成以下任务：

1. 了解作业安全的基本要求；
2. 掌握不同车型的作业安全；
3. 掌握大型养路机械施工放行列车条件。

6.3.2 相关配套知识

大型养路机械作业前，车组负责人应掌握施工地段的线路设备状态，在作业前的交班会上，施工负责人应向各车司机长详细布置作业任务，并强调安全注意事项。

1. 作业安全基本要求

(1)各车到达作业地点，在放下工作装置并开始作业前，应关闭 GYK 大机防溜功能，作业结束并收起工作装置后，应及时开启 GYK 大机防溜功能。

(2)作业时应加强防护。走行及作业中警示灯应保持开启状态。封锁区间的线路防护应按《普速铁路工务安全规则》《高速铁路工务安全规则(试行)》的要求设置，作业中，大型养路机械与其他路用列车、轨道车间应设置移动停车信号防护。

(3)大型养路机械在高铁线路作业时，随车工机具、器材等物品应建立登记确认制度，作业结束后必须清点清楚、核对记录，确认携带工机具齐全后方可开车，如发生零部件、装载物料及工机具料遗失，应及时报告。

(4)清筛机、配砟整形车、路基处理车及物料运输车作业中，应安排专人防止工作装置刮碰接触网立柱、信号机等设施。

(5)使用激光发射器时，严禁机组人员目视激光，并不得在激光准直光束中穿行。

(6)钢轨打磨车作业前，消防水箱应注满水。作业线路范围内发现火情，机组人员与地面作业配合人员应及时组织扑灭。

(7)道岔捣固车在采用第三点起道时，起道臂不得侵入邻线建筑限界作业。

(8)大型养路机械作业前，各有关单位应签定施工配合协议。作业期间，各有关单位应提前一日掌握次日封锁情况，并按协议要求按时派员到场配合。作业中碰坏工务、电务、供电、车辆设施或因机械故障而无法继续作业时，相关单位应立即组织人力进行紧急抢修，保证线路安全开通。

(9)施工负责人及各车司机长应了解作业地段的实际锁定轨温，并注意随时测量轨温，严禁超温作业。工务段或工机段应随时观测线路变化，发现胀轨迹象应立即停止作业，并迅速组织抢修队伍进行处理，达到放行列车条件后，将大型养路机械安全撤出现场。

(10)在电气化区段作业前，机组人员应学习和掌握电气化区段施工安全常识，严禁在接触网未停电并接地的情况下到车顶上进行任何作业，所携带的物件和工具的最顶端距离接触网带电部分不得小于 2 m。

(11)进入电气化区段时，严禁机组人员在接触网及其支柱上挂绳索或衣物，不得在支柱上攀登或在支柱旁休息。一旦发现接触网导线断落，机组人员及作业人员应撤离至 10 m 以外，设置防护，并立即通知有关部门派人处理。

(12)电气化区段，大型养路机械及附属车辆应加设“电化区段、禁止攀登”的明显警告标志。

(13)使用大修列车、路基处理车在电气化区段作业时，接触网必须停电。使用清筛机作业时，接触网宜停电，不停电时，应采取相应措施。当作业或检修设备需要接触网停电时，应提前向供电部门提出停电申请。

(14)在清筛、更换道床及新线地段利用捣固车、配砟整形车等大型养路机械作业的线路条件应满足：静态轨距偏差不超过＋12，－6 mm，静态三角坑偏差不大于 30 mm，轨缝不大于 30 mm，曲线目视圆顺、无反超高。

(15)大型养路机械夜间作业时,现场必须配备足够的照明设备。

(16)严格控制风动卸砟车卸砟量,防止道砟堆积过高影响大型养路机械及附属车辆运行。

2. 大机作业安全规定

(1)线路(道岔)捣固车作业安全

①地面号位认真查看线路障碍物,及时指挥 1 号位在障碍物前停车,确认可以作业后开始捣固;遇不能捣固的障碍物,事先与施工主体单位联系,采取两头顺坡或按量起道的方式,由施工主体单位安排人工捣固。

②作业过程中,1 号位应密切注意各仪表显示,发现异常立即停止作业,查明原因后方可继续作业。

③曲线资料输入计算机时必须一人输入、一人确认,曲线作业前必须现场核对曲线资料,确认无误,地面号位协助 2 号位确认同步点位置,大型养路机械进入同步点后 2 号位应及时同 1 号位以及地面号位核对曲线数据和作业后线路质量等情况。

④采用激光拨道时,2 号位应密切关注拨道方向,防止拨道超量。

⑤捣固装置、稳定装置、起拨道装置、卫星小车等工作装置收放前,作业司机必须鸣笛示警,确认其他车辆人员处于安全位置后再开始操作。

⑥道岔捣固车遇有障碍物时,1、3 号位必须在地面号位的指挥下对位下钩。在采用第三点起道时,起道臂自本线中心最大伸出量为 3 300 mm,随时注意不得侵入邻线建筑限界作业。捣固装置外伸前,地面号位应确认作业危险区域无人员侵入。

(2)动力稳定车作业安全

①地面号位认真查看线路情况,遇线路障碍物应及时通知 1 号位停止作业,并安全避让。

②桥梁稳定作业原则上一次平稳通过,禁止在桥上进行启动和停止稳定作业。遇长大桥梁无法一次通过时,选择墩台处起振、停振。

③全断面清筛后线路必须先捣固,再稳定。

(3)配砟整形车作业安全

①严禁在线间距小于 4.2 m 的双线地段使用两线间侧犁进行配砟作业。

②线间距小于 6.5 m,作业司机收放两线间作业装置前,必须通过现场防护员确认邻线无车后方可进行。

③在信号机、接触网支柱等障碍物前,作业司机应提高警惕,操作作业犁提前避让。

④全断面清筛后线路必须先捣固,再配砟。

(4)钢轨(道岔)打磨车作业安全

①作业前,专人负责检查各电气控制间,确认所有控制开关位置正确,密切注意确认显示器功率条处于空载状态且作业部位无火花。

②作业前确认桥梁护轨、红外线轴温仪等轨边设备的准确地点,防止损坏设备。瞭望条件不良地段打磨作业时应加强瞭望,确保安全。打磨作业前,机组负责人必须检查并确认作业打磨小车已经下放到正确位置,方可动车。

③定期检查确认打磨电机升降油缸连接销轴及其固定螺栓的状态,确保无松动或缺失。作业中发现砂轮不能正常收起时,关闭打磨电机并保持前行,直至打磨砂轮停转,缓慢停车。

④打磨砂轮应保持干燥,避免受潮。作业时线路两侧人员应尽量远离,防止砂轮在打磨作业时因受到强压或受潮而碎裂飞出伤人。钢轨(道岔)打磨作业中,车辆未停稳,禁止人员上下车。

⑤钢轨(道岔)打磨车作业及运行前,应保证车载监控视频、烟雾报警器及火灾报警等装置确保性能良好,消防水箱应加满消防水,消防水泵及水管状态良好。

⑥钢轨打磨作业中,老式护轨地段严格控制打磨砂轮角度,防止打磨砂轮碰撞护轨。

⑦作业中机组人员通过监控视频、烟雾报警器及火灾报警装置密切监视发动机间等位置情况,巡视作业范围打磨情况,车辆及作业范围内发现火情,应及时组织人员扑灭。

⑧钢轨(道岔)打磨作业中,作业司机应开启集尘装置和室内增压装置,并注意监视各打磨头的角度和压力变化情况,发现异常立即停止作业;遇有不能打磨的地段时,应按要求及时提起打磨小车或打磨砂轮。打磨砂轮运转时严禁提升或下降打磨小车;大超高曲线上不得收放打磨小车。

⑨GMC-96B 钢轨打磨列车作业越过道岔区段时,必须收起打磨小车;GMC-96X 钢轨打磨列车作业越过道岔区段时,打磨小车可不收起,但必须确认所有打磨砂轮角度回到 35°安全角度以内,走行速度控制在 15 km/h 以内。

⑩打磨结束后,施工主体单位派员巡视作业地段,清理肥边铁条及掉落在道岔区域的杂物。高速铁路作业后,施工主体单位还应清理道床上的铁渣粉尘等杂物。

(5)边坡清筛机作业安全

①双线作业时邻线一侧的污土输送带回转装置限位销处于有效状态,防止污土输送带故障或非正常操作导致侵入邻线限界。

②严格控制两线间的作业,两线间距离不足 4.9 m 时,必须停止两线间作业,并收起作业装置。

③在信号机、接触网支柱等障碍物前,作业司机应提高警惕,地面号位及时指挥回转污土输送带安全避让障碍物。其他作业人员在线路上行走时必须与清筛机保持 15 m 以上的安全距离。

④施工前施工主体单位应就作业区域的挖掘深度及障碍物等情况向机组交底,遇电缆等障碍物时,要提升作业装置,作业装置全部通过后再继续进行作业。

⑤车辆移动时禁止作业人员进行车下作业装置清扫和导槽臂锁定。

(6)清筛机作业安全

①保持橡胶挡砟板完好无损,防止清筛作业时石砟飞溅,影响邻线列车运行。

②在信号机、接触网支柱等障碍物前,作业司机应提高警惕,地面号位及时指挥回转污土输送带安全避让。

③施工前主体单位应就作业区域的挖掘深度及障碍物等情况向机组人员交底,遇电缆等障碍物时,要提升作业装置,作业装置全部通过后再继续进行作业。

④动车前,各作业司机检查、确认作业装置锁定到位,经司机长确认后方准动车。

⑤拆装扒链应由司机长统一指挥,严禁车辆未停妥即开始作业。

⑥两线间检查检修、作业装置锁定、解锁等作业必须安排人员防护。

⑦车辆移动时禁止作业人员进行机下作业装置清扫和导槽臂锁定。

⑧定期检查紧急停车按钮动作正常。作业时挖掘区域应拉好警戒绳隔离,严禁人员靠近、滞留。

⑨按照多挖多填的原则,做好筛分后石砟的分配和回填,司机长应根据线路超高及筛后水平情况,及时通知相关号位调整振动筛水平及分砟量。

⑩清筛机后应安排专人测量线路水平情况，水平误差超过 22 mm 时，捣固车不得进行捣固作业，应人工将水平误差消除到 20 mm 以内，并进行枕下串实，修正水平误差后再进行捣固作业。

(6)大修列车作业安全

①作业中应注意切入、切出过程中新旧钢轨情况，及时调整，保证不侵入邻线限界。邻线来车停止作业，保证钢轨不晃动。

②作业中对装有鼓包夹板的钢轨焊缝应加强安全防范：该类焊缝在通过夹钳时邻线来车时应停止作业，且人员远离该位置。

③装卸新旧轨枕时，应防止碰伤龙门架走行轨。定期对走行轨进行磨耗、探伤检查。搭接龙门架走行轨过桥梁必须专人逐个检查，确认连接状态良好。

④轨枕车取放垫木人员必须准确将垫木摆放在指定位置，不得随意摆放。

⑤作业中，作业人员要加强监控，禁止断裂的旧枕输送到承枕平台，避免龙门架在运输过程中旧断枕掉落，损坏设备或伤及轨枕车作业人员。

⑥地面配合人员未经机组许可禁止进行配合作业。作业中，严禁人员身体任何部位侵入龙门架走行轨道，非机组人员在作业中禁止在两侧逗留及翻越轨枕车。

⑦严格执行电气化区段施工安全措施有关规定，严禁盲目攀爬车顶，电化区段，龙门架司机必须确认停电接地后才能进入操作室。

⑧切入、切出时非操作人员必须与大修列车保持安全距离。

⑨应安排专人测量大修列车作业后线路水平情况，水平误差超过 22 mm 时，捣固车不得进行捣固作业，应人工将水平误差消除到 20 mm 以内，并进行枕下串实，修正水平误差后再进行捣固作业。

(7)物料运输车作业安全

①物料运输车动车前，应保证污土输送带准确落位(作业方向首台物料运输车的污土输送带须准确落入路用平板上的安全支架内)，且处于连挂状态并锁定良好，安全报警灯应熄灭。

②物料运输车卸土作业时，应避开接触网、信号机支柱等障碍物，两线间另一侧的限位装置应保持锁定状态，防止污土输送带故障或误操作侵入邻线建筑限界。

③物料运输车作业时，操作人员应使用安全带，安全带应高挂抵用。

(8)焊轨车作业安全

①准确掌握施工地段线间距资料，线间距不足 4.6 m 时，封锁天窗内邻线不得开行超限货物列车。由作业单位根据线间距情况，在提报施工计划时注明不得开行超限货物列车的区段。

②焊接时邻线来车，靠近邻线一侧设置防火帘(板)。

③双线并行区段作业前，应根据作业方向、行别调整焊轨车焊机操作面板的方向，确保焊机操作面板面向本线线路中心一侧，杜绝操作人员在两线间操作，防止身体侵限发生人身伤害。

④在悬臂吊机吊钩与焊机间加装绝缘安全绳，防止作业和保养时发生焊机掉落，发生人身伤害和设备损坏。

⑤焊轨车两线间焊接时，必须设置防护绳，并安排随车防护员防护。

⑥安设支腿时，应先扒平、捣实支腿位置道砟，采用硬木支垫，严格控制支撑高度。

⑦焊接作业时，拧紧人力制动机并设置止轮器。

(9)钢轨探伤车作业安全

①在电气化区段进行给水作业时，必须严格执行先接水管、后开阀门、关闭阀门、再拔水管的作业程序，严禁使用水管冲洗探伤车。

②钢轨探伤车运行中应安排人员对涉及安全的相关部件或设备进行巡视检查，并做好记录。发现发动机、发电机、走行、制动、油箱、探伤小车或转向架支持机构等部件异常，要及时采取措施，必要时应停车处理并报告相关部门，确保安全。

③应设置并合理调整探轮下行限位装置，防止探轮外膜破损后探轮继续下行造成外膜脱落。

④检测运行时，应有专人通过视频对车下检测装置(如探轮、探伤小车钢轮、编码器皮带等)的安全状态进行动态监控。

⑤钢轨探伤车应配备杀毒软件，严防计算机受病毒侵害。检测计算机应使用专用 U 盘，拷贝检测数据应采用光盘刻录方式。工作人员不得在检测系统计算机上进行与工作无关的操作。非工作人员不得操作检测计算机。

⑥钢轨探伤车作业需加注润滑油、润滑脂或充、排防冻液时，原则上应在停留库(驻地)进行。作业区段最低气温在 0 ℃以上时，钢轨探伤车耦合液管路中禁止充入防冻液。钢轨探伤车作业时必须在线路上充、排防冻液时，必须停车，充装防冻液溢出部分或排出的防冻液应用容器收集，集中处理。禁止随意喷洒在钢轨上和高速铁路线路道床上，且不得边走边充、边走边排。一旦发现防冻液残留在钢轨上，必须擦拭清理干净。

3. 机械操作安全

(1)作业时，机组人员应根据线路实际情况选择作业方法，随时观察各部分的工作情况，监控各种仪器、仪表、监控设备的显示状态和内容，发现异常应立即停止作业并处理。

(2)收、放工作装置应选择线路比较平直的地段，在多线地段应与防护员联系确认邻线无列车通过时进行作业。收、放工作装置及进行连接作业时，应按岗位分工各负其责，做好车上与车下人员的协调，统一指挥，防止伤人。

(3)捣固车、动力稳定车和打磨车的测量小车、前后张紧小车、起拨道装置、稳定装置、打磨小车等的下放位置应正确，避免产生误动作或损坏设备。

(4)捣固车作业中，应确保数据输入正确，下镐位置准确，捣镐使用标准，避免镐头碰伤钢轨或轨枕。

(5)打磨作业中，作业司机应注意监视各打磨头的角度和压力变化情况，发现异常立即停止作业；遇有不能打磨的地段时，应按要求及时提起测量小车和打磨小车。

(6)打磨电机运转时严禁提升或下降打磨小车；大超高曲线上不得提升打磨小车；打磨电机完全停转后，方可进行砂轮更换作业。

(7)配砟整形车配砟不应超出轨面，不得妨碍捣固车作业。

(8)清筛机作业中，应严格遵守各道工序启动与停机的顺序。非正常停机后需要重新启动时，需先清除污土带上堆积的污土与道砟(电气化区段需停电)，避免满负荷启动机器。在收放左右导槽时严禁下方钻入人员。

(9)严禁非机组人员扳动大型养路机械各种操作手柄、紧急按钮等装置。

4. 放行列车条件

作业安全中，放行列车条件是线路施工的最后一个关键环节，普速铁路施工作业后放行列车条件见表 6-3，高速铁路放行列车条件见表 6-4。

表 6-3 普速铁路施工作业放行列车条件

施工项目		施工条件	作业方式	放行列车条件
一、影响道床路基稳定的施工	1. 破底清筛 2. 更换道床石砟 3. 成段更换轨枕(板) 4. 成组更换道岔 5. 基床换填 6. 一次起道量或拨道量超过 40 mm 的成段起道或拨道 7. 利用小型爆破开挖侧沟或基坑(限于影响路基稳定范围)	封锁施工	大型养路机械捣固稳定车作业	1. 两捣一稳作业后,开通后第一列 35 km/h,第二列 45 km/h,自第三列起限速 60 km/h,至次日捣固后第一列限速 60 km/h,第二列起限速 80 km/h,至第三日捣固后第一列限速 80 km/h,第二列限速 120 km/h,至第四日捣固后恢复常速 2. 三捣两稳作业后,开通后第一列 45 km/h,第二列 60 km/h,自第三列起限速 80 km/h,至次日捣固后第一列限速 80 km/h,第二列起限速 120 km/h,至第三日捣固后恢复常速 道岔施工后直向、侧向按此标准分别阶梯提速 未达到上述捣固、稳定遍数的,应相应降低列车放行速度
二、不影响道床稳定的施工作业	1. 成段更换钢轨 2. 无缝线路应力放散 3. 成段调整轨缝,拆开接头并插入短轨头 4. 成段修整轨底坡	封锁施工	—	开通后第一列 45 km/h,第二列 60 km/h,第三列 120 km/h,其后恢复常速

表 6-4 高速铁路施工作业放行列车条件

施工项目(有砟轨道)		施工条件	作业方式	放行列车条件
一、影响道床路基稳定的施工	1. 连续 2 根及以上轨枕底道砟破底清筛 2. 成段更换道床 3. 大型养路机械换砟 4. 基床换填 5. 平纵断面改造 6. 利用小型爆破开挖侧沟或基坑后的线路整修(限于影响路基稳定范围) 7. 成组更换道岔或岔枕 8. 2 根及以上轨枕连续更换、方正	封锁施工	大型养路机械捣固稳定车作业	1. 两捣一稳作业后,开通后第一列 45 km/h,第二列 60 km/h,自第三列起限速 80 km/h,至次日捣固后第一列限速 80 km/h,第二列起限速 120 km/h,至第三日捣固后第一列限速 120 km/h,第二列起限速 160 km/h,至第四日捣固后第一列限速 160 km/h,第二列起限速 200 km/h,至第五日捣固后第一列限速 160 km/h,检查确认后恢复常速 2. 三捣两稳作业后,开通后第一列 60 km/h,第二列 80 km/h,自第三列起限速 120 km/h,至次日捣固后第一列限速 120 km/h,第二列起限速 160 km/h,至第三日捣固后第一列限速 160 km/h,第二列起限速 200 km/h,至第四日捣固后第一列限速 160 km/h,检查确认后恢复常速 3. 五捣三稳作业后,开通后第一列 80 km/h,第二列 120 km/h,自第三列起限速 160 km/h,至次日捣固后第一列限速 160 km/h,第二列起限速 200 km/h,至第三日捣固后第一列限速 160 km/h,检查确认后恢复常速 道岔施工后直向、侧向按此标准分别阶梯提速 未达到上述捣固、稳定遍数的,应相应降低列车放行速度

5. 事故案例

(1)2013 年“9. 16”边坡清筛车刮蹭接触网杆 D9 事故

①事故概况

2013 年 9 月 16 日 8 时 33 分，××段××车间陇海上行线义马—渑池间边坡清筛作业至 K750+493(096 号接触网杆)时，筛分车右侧整型犁外侧液压油缸支座刮蹭 96 号接触网支柱内侧边缘碰损裂纹，经供电段处理后于 11 时 15 分开通线路恢复正常行车，影响货车 10 列、客车 5 列，构成铁路交通一般 D9 类事故。

②事故原因

a. BS-1200 边坡清筛机 B 端司机室右侧整形犁操作人员在作业过程中收犁过晚，在整形犁动作迟缓的情况下经验不足，没有提前采取收犁措施或及时按下紧急停车按钮，同时违反《××段××车间施工细化措施》中“在距高柱信号机、接触网支柱 6 m 前将整形犁收至高柱信号机等建筑物内”的规定，是造成该起事故的主要原因。

b. 地面右侧整形犁监控人员吴××未认真执行《××段××车间施工细化措施》第九条第 2 款第⑸项“在高柱信号机等建筑物前 2 m 处使用花杆红旗防护，距 10 m 时预告”的规定，没有通知操作人员及时收犁，同时地面监控人员与司机没有针对因尘土造成视线不良、噪声较大等特殊情况下的联络方式，是造成该起事故的又一主要原因。

③事故教训

a. 段管理部门安全意识不强，对边坡清筛机新机型重视不够。虽然也进行了多次研判，并制订了作业指导书和安全风险提示卡，但在此次施工中，段包保领导、包保干部没有指导车间对现场的安全风险点采取有效的控制，存在包而不保现象。

b. 车间安全基础管理薄弱，制度落实不力，对安全风险关键点卡控不严，安全大检查活动流于形式。前期安全大检查谈心活动中虽有职工提出整型犁的危险性，但是没有认真进行研讨并制定针对性措施。

c. 车间干部安全意识淡薄，对作业中存在的安全风险控制点监控不到位，车间虽然把整型犁通过障碍物纳入安全风险控制点，但未安排车间干部对该安全风险控制点进行专人监控。

d. 生产管理经验不足，应急处置不当。BS-1200 边坡清筛机于 2012 年 12 月调拨××铁路局集团公司××段后，曾于 2013 年 4 月份、5 月份、6 月份进行实验性边坡清筛施工，通过施工初步总结出了该设备施工作业的使用管理办法和作业流程、作业指导书。2013 年 9 月首次在繁忙干线上施工，生产管理经验和职工应急能力不足，出现紧急情况后处理能力欠缺，不能及时排除险情。

(2)“3. 12”陇海线施工造成客车停车铁路交通 D 类事故

①事故概况

2017 年 3 月 12 日 6 时 43 分，陇海线 K595 次客运列车运行至贺家庄至张家湾站间，司机瞭望发现××车间现场防护员显示停车手信号，立即采取紧急制动措施，列车停于下行 K823+135 处，6 时 52 分恢复行车。原因是现场作业人员没有按照要求将吊轨卡安装在钢轨的中心位置，起吊过程中吊轨卡滑脱所致。

②原因分析

××段××车间在上行天窗点内利用带门架吊的轨道车组，单轨卡吊装 10. 2 m 钢轨时，现场作业人员没有按照要求将吊轨卡安装在钢轨的中心位置，起吊过程中吊轨卡滑脱，钢轨掉落在两线间，疑似侵限。此时，K595 次客车已接近作业地点。现场作业人员在将钢轨拨回上行侧的同时，现场防护员显示红色灯光拦停列车。

③整改措施

a. 深刻吸取教训，迅速扭转安全被动局面。将事故通报全段，结合集中修开始以来存在的问题，召开专题分析会，认真分析深层次原因。

b. 细化完善施工组织方案。加强施工技术管理，由线路技术科负责对现有的施工方案进行全面梳理，在技术方案中明确对旧轨切割长度和吊装作业要做到：一是切割后旧轨条标准长度为 25.3 m，最长不得大于 25.5 m；二是禁止出现长度为 12～14.5 m 间的短轨；三是尽量避免长度小于 12 m 的短轨；四是对于两线间长度小于 12 m 的短轨，一律要拨至线路靠路肩一侧后再进行回收，并且要用油漆在短轨的中点进行标注。

c. 细化操作规程和作业指导书。由设备科负责对作业指导书全面梳理，制定针对性的操作规程：明确吊轨卡具必须安装在短轨中心位置；起吊升高 20 cm 左右，应暂停起吊，检查钢轨起吊情况，确认稳妥后方可继续起吊；起吊后，人员不得进入被吊物体下面；邻线通过列车时，收轨车悬臂钢架移动梁处于中位，人员在本线避车。

d. 改进设备保安全。由设备科负责对现有吊轨卡具进行改进，将吊具卡口改为花纹状，增加吊具卡口与钢轨轨头接触面的摩擦力，防止被吊物滑脱。

e. 细化防护措施。

f. 完善施工应急预案。

(3)“6.9”××局大机挤岔事故

①事故概况

2020 年 6 月 9 日 6 时 12 分，××局××工务段 175××号捣固车由雅子泉站Ⅱ道发车，经 9 号道岔自东向西进入 4 道东端停留。因捣固车停留位置影响线路清筛、换枕作业，6 时 18 分施工负责人指挥捣固车自西向东运行到 9 号道岔处，此时 9 号道岔已恢复直向，6 时 22 分捣固车运行至 9 号道岔二牵位置，挤坏 9 号道岔(未脱线)。构成铁路交通一般 D3 类事故。

②事故原因

a. 施工组织管理混乱。一是施工组织方案存在严重漏洞。××工务段在制定当日的施工组织方案时，未按要求纳入大机调车转线、运行经路、停车地点、摘挂地点等关键要素。二是施工组织方案审核形同虚设，段、车间两级在方案审核时均未发现缺失大机调车转线等相关内容。三是施工作业前交底不到位。当日施工负责人没有对大机司机进行班前安全教育和任务交底，也未对大机运行径路、停车位置等关键信息提出要求，导致大机司机不清楚具体的停车位置，任由施工负责人安排的人员盲目指挥。

b. 基本规章制度不落实。一是司机违章作业。大机司机违反《大型养路机械使用管理规则》第 4.2.4 条相关规定，在未确认 9 号道岔开向是否正确的情况下，臆测行车，擅自操纵大机运行。二是施工负责人责任不落实。施工负责人不仅未亲自指挥大机运行，还安排不胜任人员盲目指挥。

任务 6.4　行车安全

6.4.1　任务目标

通过学习行车安全相关知识，能够完成以下任务：

1. 了解铁路行车安全的特殊性；

2. 掌握非正常情况下的行车措施；

3. 掌握运行途中出现故障的处理办法。

6.4.2　相关配套知识

1. 铁路行车安全的特殊性

铁路行车安全涉及技术系统的各个方面，包括人员、设备、环境等因素，具备以下特点：

(1)铁路行车安全的动态性。机车、车辆在固定轨道上的定向运动，是铁路行车最显著的特点，一系列铁路行车安全问题，例如轮轨作用、列车速度控制和进路控制等都是围绕机车、车辆或列车在轨道上的定向运动而展开的。

(2)列车行车失控的严重性。处于高速运动状态的列车，一旦发生设备异常或人的操作失误，可供纠正和避免事故的时间很短，可供选择的应急方式也很有限。加之，铁路线路、机车车辆等硬件设备成本很高，列车对旅客和货物的承载量很大，事故不仅会造成巨大的财产损失、人员伤亡和环境破坏，而且由于行车中断将波及路网，打乱行车秩序，影响社会生产和行车的全局。更重要的是，铁路对其行车对象，旅客和货物没有所有权和支配权，只提供必要的运输服务，因此，一旦发生事故，其损失就会涉及广泛的社会因素，会极大地损害铁路的形象甚至政府的威信，其社会影响的严重性难以估量。

(3)铁路行车安全问题的反复性。铁路运输具有连续性、周期性和季节性的特点，伴随着生产的各种事故和不安全状况常常都是重复发生的，我国铁路年复一年的春运、暑运、防洪、防寒等安全问题反复存在。由于受铁路总体技术和管理水平的制约，各种事故和不安全状况的产生也具有一定的"惯性"和反复性，如"两冒错排"(冒进进站和出站信号，错排列车进路)、断轨、断轴等惯性事故，成为经常困扰行车安全的主要问题。

(4)铁路行车安全对管理的依赖性极强。铁路犹如一台大联动机，是一个复杂的人—机动态系统，其行车生产过程是由车、机、工、电、辆等多工种联合的多环节作业过程，涉及设备数量庞大、种类繁多，设备布局的网络状态和作业岗位独立分散的特点，使各工种和各环节的协同配合都离不开严格有效地管理，铁路行车安全在很大程度上取决于管理的效能。

(5)铁路行车安全的复杂性。铁路行车安全受外部环境的影响很大，难于预测和控制。铁路行车生产是在一个开放的环境中进行的，其过程有较大的空间位移和较长的时间延续。自然环境，如雨、雪、风、雾等各种自然灾害，对铁路行车安全均有不利影响。社会环境，如社会治安、社会风气及社会政治经济状况等，均与铁路行车安全状况密切相关，而且难于预测和控制，铁路行车环境安全的综合治理涉及面广、难度大。

影响铁路行车安全的因素错综复杂，涉及面很广。从系统论的观点出发，与行车安全有关的因素可以划分为四类：即人、机器、环境和管理。在各类因素中，人对于铁路行车安全方面无疑是主导因素。铁路行车安全与许多活动有关，所有各项活动都依赖于人的高效、安全和可靠的行为。

2. 大型养路机械自轮运行安全

(1)运行条件

①劳动组织

要求车间副主任及以上职务人员担当运行负责人，每车配正、副司机 2 人和足够的操作人员。

②行车备品

大型养路机械各项证件齐全有效、车载设备齐全良好，信号备品、安全防护备品齐全良好并在有效期内，备品明细见表 6-5。

表 6-5　行车备品明细表

名　称		单　位	数　量	规格型号
信号用品	手信号旗	面	6	红、黄各 3 面
	手信号灯	盏	3	红、黄、白三显示
	信号灯	盏	2	双面红色，用于停车过夜
	号角	支	3	
	火炬	支	6	
	响墩	个	12	
安全防护用品	短路铜线	根	2	自动闭塞区段用，长度为 1.5 m
	止轮器	个	4	防盗铁鞋
	灭火机	具	4	水型、干粉各 2 具

③上线条件

a. 大型养路机械自轮运行时，按列车办理，必须安装 GYK、列车无线调度通信设备，经电务、通信单位检测、验收并发放合格证。

b. 大型养路机械高铁运行时应安装机车综合无线通信设备(CIR)，司机应配备 GSM-R 作业手持终端(OPH)。随车携带车辆年鉴合格证、探伤合格证、制动机检验合格证、列车调度无线通信设备、GYK 检测合格证等有效证件。

c. 大型养路机械上线运行，司机、副司机必须持有有效上岗证、铁路自轮运转车辆驾驶证。

d. 大型养路机械上线运行，需配齐安全防护备品、技术资料、检修工具和起复设备，安全备品须按期鉴定合格。

e. 夜间必须有头灯照明，后部车辆必须有尾部红灯标志。

(2)运行前检查整备

大型养路机械运行转场前由运行负责人安排，由技术人员、机组人员对机械设备进行针对性检查整备，确保设备状况达到运行要求。

①大型养路机械在外局自轮运行转场时，司机须掌握相关区段运行揭示并申请带道司机。

②认真做好制动系统全面试验工作。要求每台车进行单独试验，然后进行联挂试验，确保联挂编组后每台车辆制动、缓解正常，同时要认真做好试验记录。发现制动系统异常时，及时处理并上报段设备科，故障未处理完毕，严禁运行。

③动车前，每台车的司机或副司机要认真检查驻车制动是否彻底缓解。

④整备人员对大型养路机械按照表 6-6 要求整备并签字，确认所有车辆状态良好。

表 6-6　大型养路机械运行检查整备签认表

整备项目	整备标准	检查人	复检人	注意事项
1. 发动机	固定螺栓紧固、发电机正常	操作工	司机长	机油油位正常
2. 制动梁、拉杆	螺栓紧固、销子、开口销等各种配件齐全、安全链良好	操作工	司机长	制动拉杆与车轴不能摩擦
3. 制动闸瓦	托架、闸瓦钎，安全环齐全	操作工	司机长	确保闸瓦间隙在 5～10 mm

续上表

整备项目	整备标准	检查人	复检人	注意事项
4. 车轴齿轮箱	螺栓、销子齐全紧固，安全链有效	操作工	司机长	油位正常、运转平稳、无异响
5. 牙包反力臂	销子、螺栓齐全紧固	操作工	司机长	确保牢固可靠
6. 储风缸、制动缸、集尘杯	安装螺栓紧固良好，截止阀功能良好	操作工	司机长	确保牢固可靠
7. 传动轴	传动轴螺栓及托架螺栓齐全紧固	操作工	司机长	确保牢固可靠
8. 分配阀、中继阀等制动控制阀	控制阀与阀座的螺栓紧固良好	司机	工班长	手动检查，确保紧固良好
9. 折角塞门、列车软管	无漏风、裂纹	操作工	司机长	折角塞门、列车软管定期校验
10. 制动系统	自动制动、单独制动制动试验技术参数良好。并填写记录单	司机	工班长	
11. 车钩	三态作用及防跳性能良好	操作工	司机长	
12. 各开关位置	各开关在运行位	操作工	司机长	
13. ZF 变扭器	机械手柄处于合的位置并锁定，托架固定螺栓、销子齐全有效	司机长	技术员	
14. 分动箱、减速箱	销子及托架螺栓齐全、紧固良好	操作工	司机长	手动检查，确保紧固良好
15. 走行马达	螺栓、安全绳齐全紧固	操作工	司机长	手动检查，确保紧固良好
16. 作业装置锁定机构	良好、安全链(绳)齐全有效	操作工	司机长	起拨道装置、捣固装置支撑捆扎良好，安全链有效；稳定装置、道砟犁、筛分装置锁定钩、销用铁丝捆扎
17. 测量、悬挂装置	锁定、安全链良好	操作工	司机长	测量小车锁定装置及安全链良好、电子摆摆锤顶死
18. 装载	固定良好、无超限	操作工	司机长	无偏载，无超限
19. 排障器	固定良好	操作工	司机长	
20. 车门、窗户	锁、闭性能良好	操作工	司机长	
21. 驻车制动		操作工	司机长	运行前检查松开
22. 铁鞋		操作工	司机长	运行前检查撤除
23. 全列贯通试验	制动、缓解良好	司机	运行负责人	

整备后，由检查人员、复查人员、运行负责人、安全科人员(或包保干部)，确认所有设备车辆状态良好后，分别在“大型养路机械自轮运行转场整备检查表”上签字，由安全科人员(或包

保干部)将整备情况通报段施工调度室后,申请上线运行。

(3)特殊情况下的行车措施

①恶劣天气瞭望距离不足 200 m 时运行

a. 列车运行、出入库、调车转线必须降低运行速度,加强车机联控,并开启大灯。

b. 司机应及时将情况用列车无线调度通信设备向车站值班员报告。列车按机车信号的显示运行,当接近地面信号机时,司机应确认地面信号,遇地面信号与机车信号显示不一致时,应立即采取停车措施。

c. 大型养路机械在站始发或中间站停车再开车时,司机凭车站值班员的列车无线调度通信设备开车通知,在未看清出站(进路)信号前,大型养路机械起动以随时停车的速度运行,确认地面信号显示正确后,方可加速,遇有信号显示不明时,要果断停车,严禁臆测运行。

d. 恶劣天气不能辨认信号时司机必须密切注意线路状况,认真执行"两加强、三必须"(加强瞭望、加强联控;大雨必须减速、线路晃车必须减速、前方线路不明必须停车)的安全保障措施。

②长大坡道地段运行

a. 上坡道运行时

在上坡道时,采用先闯后爬、闯爬结合的操纵方法。上坡道前力求接近限制速度,减小爬坡距离,要尽量提高发动机转速,发挥最大牵引力。上坡道自动闭塞区段运行途中,应注意信号显示及前方区间列车运行情况,减少因等信号而造成的降速或被迫停车现象。

上坡道红灯前停车时,要尽量选择有利地形,以利于起车。停车前,增加制动力使车钩呈压缩状态停车。起步时,制动机应置于运转位,避免使用过充(缓解)位。

大型养路机械运行中要正确使用制动机,多机重联牵引时,重联大型养路机械必须听从本务机司机指挥,密切配合,做到平稳操纵。

b. 下坡道运行时

下坡道运行时,应适时使用制动机,防止超速及放飏,并不得熄灭发动机或采用空挡溜放。开车后,在适当地点进行试闸,大型养路机械速度下降不小于 5 km/h。

下坡道运行途中发现大型养路机械制动力弱时,应立即追加减压量。如危及行车安全,必须立即采取紧急制动停车。严格控制缓解速度,必须保证大型养路机械有足够充风时间,防止发生因充风不足使制动力减弱或失去制动力。

③进站(进路)信号机故障时的行车

a. 进站、进路信号机故障采用人工或机械引导时,未接收到相关调度命令,必须在机外停车联系,向车站问明情况及引导方式后,凭机械引导信号或引导手信号进站。

b. 在列车进路上如进站、接车进路、分割信号机同时故障,应分别确认引导信号。

c. 引导接车时,大型养路机械以不超过 20 km/h 速度进站,并做好随时停车的准备。

④出站信号机故障时的行车

a. 在自动闭塞区段,正、副司机及添乘干部确认调度命令、绿色许可证,按规定操作 GYK,凭手信号或列车无线调度通信设备联控发车,运行到第一架通过信号机,按其显示要求运行。

b. 在半自动闭塞区段,正、副司机及添乘干部确认调度命令、半自动闭塞发车进路通知书后,按规定操作 GYK,凭手信号或列车无线调度通信设备联控发车。

⑤运行中遇响墩爆炸或火炬火光时的行车

a. 应立即停车,如有防护人员,问明情况,不能继续运行时按区间被迫停车处理。

b. 无防护人员时，应立即检查前方线路，如无异状，以在瞭望距离内能随时停车的速度继续运行，最高不得超过 20 km/h。

c. 在自动闭塞区间，运行至前方第一架通过（进站）信号机前，如无异状，即可按该信号机显示的要求行车；在半自动或自动站间闭塞区间，经过 1 km 后，如无异状，可恢复正常速度运行。

⑥运行途中线路条件不良时的行车

a. 大型养路机械运行途中，司机发现晃车时，要立即减速慢行，晃车严重时停车，并将晃车里程记在“大型养路机械运转保养记录”或“轨道车行车日志”上，并立即向车站值班员报告。

b. 停车时，用大型养路机械无线调度通信设备呼叫两端车站、报告停车原因和停车位置，并按车站值班员指示行车。

（4）行车故障（事故）应急处置

①大型养路机械及其附属车辆运行中部件脱落的处置

a. 事件发生后，司机立即制动停车，并向运行负责人汇报。

b. 运行负责人立即向邻近车站值班员报告，并向段施工调度室报告原因和停车位置。段施工调度室第一时间报告值班、主管安全、主管设备和段主要领导。值班领导接到报告后，立即到段施工调度室布置启动应急处置预案，应急处置小组对故障车辆制定抢修、处置方案，组织抢修人员、机具、材料；如有必要须组织安全、技术等相关人员赶赴现场。

c. 现场人员做好防溜、防护措施，要求在确保安全的情况下尽快实施抢修。运行负责人根据现场掌握的情况随时向段施工调度室报告进展情况。

d. 运行负责人须第一时间组织现场人员对脱落部件进行寻找，并同时安排人员对损坏部件进行整备，在确认不影响行车安全的前提下尽快发车运行到前方车站停车处理。

②大型养路机械及其附属车辆运行途中抱闸的处置

a. 大型养路机械抱闸。运行人员在听到轮对因抱闸引起与钢轨滑动摩擦发出的刺耳声响后，或闻到轮对和闸瓦摩擦过热产生的异味时，要立即采取紧急制动停车，并向运行负责人汇报。

b. 运行负责人立即向邻近车站值班员报告，并向段施工调度室报告原因和停车位置。段施工调度室第一时间报告值班、主管安全、主管设备和段主要领导。值班领导接到报告后，立即到段施工调度室布置启动应急处置预案，应急处置小组对故障车辆制定抢修、处置方案，组织抢修人员、机具、材料；如有必要须组织安全、技术等相关人员赶赴现场。

现场人员做好防溜、防护措施，要求在确保安全的情况下尽快实施抢修。运行负责人根据现场掌握的情况随时向段施工调度室报告进展情况。

c. 车辆停稳后，运行人员立即下车查看车辆，运行负责人立即赶往故障车辆并做好防护，组织人员进行检查处理，确保闸瓦和轮对踏面彻底分离，必要时拆除抱闸车辆闸瓦，并对该车做关门车处理；视轮对擦伤程度，请求限速运行（最高不得超过 45 km/h），运行到前方车站停车处理（以车站值班员命令为准）。

如最后一辆机组抱闸时，立即向邻近车站值班员报告，对车辆车钩防跳装置进行捆绑，视轮对擦伤程度，请求限速运行（最高不得超过 45 km/h）到前方车站停车处理。

③大型养路机械及其附属车辆运行中发生火灾的处置

a. 大型养路机械发生火灾时，司机应立即停车，停车地点应尽量避开特大桥梁、长大隧道等。

b. 运行负责人立即向邻近车站值班员报告，并向段施工调度室报告原因和停车位置。段施工调度室第一时间报告值班、主管安全、主管设备和段主要领导。值班领导接到报告后，立即到段施工调度室布置启动应急处置预案，应急处置小组对故障车辆制定抢修、处置方案，组织抢修人员、机具、材料；如有必要须组织安全、技术等相关人员赶赴现场。

现场人员做好防溜、防护措施，要求在确保安全的情况下尽快实施抢修。运行负责人根据现场掌握的情况随时向段施工调度室报告进展情况。

c. 停车后，首先判明情况，视情况确定是否将车辆拉开。并立即组织灭火；运行负责人组织和调动一切铁路职工和灭火器材进行灭火；无法彻底灭火时应打 119 请求救援。

d. 电气化区段灭火时，视现场情况确定是否申请停电；不停电灭火时注意接触网带电部分，防止触电。

e. 灭火后检查设备判断能不能继续运行，如能运行要严格控制速度，减少制动机使用次数维持到前方站处理，如不能运行立即请求救援，做好防溜、防护。

④大型养路机械及其附属车辆运行中发生车辆分离的处置

a. 大型养路机械在运行途中司机发现车辆分离，立即向运行负责人汇报。

b. 运行负责人立即向邻近车站值班员报告，并向段施工调度室报告原因和停车位置。段施工调度室第一时间报告值班、主管安全、主管设备和段主要领导。值班领导接到报告后，立即到段施工调度室布置启动应急处置预案，应急处置小组对故障车辆制定抢修、处置方案，组织抢修人员、机具、材料；如有必要须组织安全、技术等相关人员赶赴现场。

现场人员做好防溜、防护措施，要求在确保安全的情况下尽快实施抢修。运行负责人根据现场掌握的情况随时向段施工调度室报告进展情况。

c. 运行负责人组织人员现场做好防护，设置防溜，进行抢修。

方案一：如钩舌、钩舌销、制动软管断裂时，须向车站值班员汇报并得到批准后，将后部车辆尾部钩舌、钩舌销、制动软管拆下，安装到前部断裂的车辆；后部车辆自带动力运行与前部车辆连挂，连挂后进行制动系统试验，运行到前方车站停车处理。

方案二：如无法连挂，需向车站值班员汇报并得到批准后，将前部列车尾部折角塞门关闭，运行到前方车站停车处理。

后部大型养路机械请求自带动力，运行到前方车站停车处理。

d. 运行负责人要随时与车站值班员、段施工调度室保持联系，准确报告现场情况；严格按列车调度员、车站值班员指示办理，尽快恢复列车运行秩序。

⑤大型养路机械及其附属车辆运行中发生燃轴时的处置

a. 运行人员发现车轴冒火星、冒浓烟，应立即紧急制动停车，并向运行负责人汇报。

b. 运行负责人立即向邻近车站值班员报告，并向段施工调度室报告原因和停车位置。段施工调度室第一时间报告值班、主管安全、主管设备和段主要领导。值班领导接到报告后，立即到段施工调度室布置启动应急处置预案，应急处置小组对故障车辆制定抢修、处置方案，组织抢修人员、机具、材料；如有必要须组织安全、技术等相关人员赶赴现场。

c. 运行负责人立即安排人员做好防护；并组织技术人员和机组运行人员对车轴轴箱部位进行检查，确定燃轴后，立即请求救援。若不是燃轴，现场人员做好防溜、防护措施，要求在确保安全的情况下尽快实施抢修。

d. 运行负责人随时将处置情况向段施工调度室汇报。

⑥大型养路机械及其附属车辆运行中发生脱轨的处置

a. 运行人员发现脱轨，应立即采取紧急制动停车，向运行负责人汇报。

b. 运行负责人立即向邻近车站值班员报告，并向段施工调度室报告原因和停车位置。段施工调度室第一时间报告值班、主管安全、主管设备和段主要领导。值班领导接到报告后，立即到段施工调度室布置启动应急处置预案。

c. 列车停车后，运行负责人立即安排人员做好防护，请求救援，同时制定起复方案，并做好起复准备工作。

d. 运行负责人随时将情况向段施工调度室汇报。

⑦大型养路机械及其附属车辆运行中出现连续异响的处置

a. 运行人员发现连续异响，立即采取紧急制动停车，并向运行负责人汇报。

b. 运行负责人立即向邻近车站值班员报告，并向段施工调度室报告原因和停车位置。段施工调度室第一时间报告值班、主管安全、主管设备和段主要领导。值班领导接到报告后，立即到段施工调度室布置启动应急处置预案，应急处置小组对故障车辆制定抢修、处置方案，组织抢修人员、机具、材料；如有必要须组织安全、技术等相关人员赶赴现场。

c. 现场人员做好防护措施，要求在确保安全的情况下尽快实施抢修。运行负责人根据现场掌握的情况随时向段施工调度室报告进展情况。

d. 运行负责人立即安排人员做好防护，并组织现场技术人员和运行人员对异响部位进行检查处理，在确认不影响行车安全的前提下尽快发车运行到前方车站停车处理。

3. 事故案例

(1)“4.19”××局轨道车挤岔事故。

2020年4月19日1时00分至4时30分，××工务段在南防线吴圩站进行换枕大修施工，安排路用车列1列(由南端至北端编组:131××号轨道车＋平车2辆)在吴圩站南端配合装卸路料机具。3时51分，路用车列出清12DG，运行至6号道岔前，司机发现道岔开向位置不正确，停车并报告驻站联络员。为出清6-18DG，以便将6号道岔操纵回定位，驻站联络员在未向车站值班员申请排列调车进路、也未确认进路是否已准备妥当的情况下，指挥路用车列自6号道岔区段向12号道岔区段推进运行，同时车列运行方向前端也未安排人员登车恻望，3时57分造成路用车列挤坏了未开通正确位置的12号道岔，构成铁路交通一般D3类事故。

原因分析:××工务段施工负责人指示驻站联络员指挥路用车列退行时，驻站联络员未向车站值班员申请排列调车进路，也未确认进路是否已准备妥当。现场随车防护员未在路用车列运行方向前方瞭望并检查12号道岔开通位置，造成路用车列挤坏了未开通正确位置的12号道岔，是事故的直接原因。

(2)“4.27××局接触网作业车挤岔故

2020年4月27日0时35分，××段××车间××工区0802042号＋0802043号接触网作业车组，在咸阳秦都(含)—茂陵东辅助所下行K1101＋625至K1106＋899天窗作业时，作业车组由咸阳秦都站内3道向西安北站方向(向东方向)运行至109号道岔处，作业车司机未确认前方进路道岔开通位置，致使0802042号作业车第一轮对左轮压上109号道岔可动心轨尖端后走行3.74 m，爬上翼轨轨面接续运行5.14 m停车，构成铁路交通一般D2类事故。

原因分析:咸阳秦都站作业前未按规定召开会议；未明确3道为封锁的站内线路，未在维修计划中注明；车站值班员未编制并传达调车计划，作业车组进路准备妥当后联控时未带西出方向别，是造成脱轨事故的主要原因。××段作业车司机联控动车后未认真瞭望确认道岔位置，当日作业区域未当面传达驻站联络员，导致其对维修作业范围内供电作业车进路不清，开车前未与作业负责人联系，是造成事故发生又一主要原因；利用接触网作业车进行日常维修作业，工区制定方案、车间审核、工区组织实施，段、车间两级在方案制定审核、作业过程控制、关键环节卡控等方面不同程度存在失管失控问题，专业管理严重弱化，为事故发生埋下隐患。

(3)事故教训

①加强施工组织管理。一是严把施工组织方案制定审核关，规范施工组织方案的项点、内容和要求，段、车间两级在方案制定审核、作业过程控制、关键环节卡控等方面，加强安全预想、明确关键环节、细化卡控措施，需将工电机械车调车转线、运行经路、停车地点、解体连挂等纳入施工组织方案审核内容；明确施工组织方案审批流程，段专业管理部门需把好专业审核关。二是加强施工前组织准备和协调沟通，充分发挥施工协调会、施工预备会、点前碰头会、点后总结会的作用，确保施工涉及的相关人员清楚掌握施工组织方案和协调配合事宜。三是加强施工作业过程控制，卡控安全关键环节，加强监督检查，促进施工负责人、驻站联络员、现场防护员、值乘司机等关键岗位人员规范履职、按标作业。

②强化工电机械车专业管理。一是进一步梳理完善各段职能部门与工电机械车相关的管理职责、工作标准及结合部分工。二是进一步完善作业标准，制定完善施工负责人、驻站联络员、现场防护员、值乘司机的联控标准。三是修订完善干部跟班制度、考核制度，遇施工、维修涉及工电机械车配合时，应安排专业干部重点盯控、添乘指导。

③严格落实工电机械车作业标准。一是进入封锁区间前，值乘司机须与车站执行“问路式”联控，确认开行方向正确、确认进路已安排妥当。二是进入封锁区间或作业完返回时，应适当降低过岔速度，值乘司机双人确认道岔进路。三是作业中需推进运行时，须指定胜任人员携带无线调度手持通信设备及手持信号在推行车辆运行前端引导。

④发挥各级管理人员把关作用。一是以安全大检查为契机，坚持问题导向，制定工电机械车安全检查重点、关键卡控环节。二是采取添乘检查、现场跟班作业和 GYK 数据、作业视频及录音回放分析等方式，重在发现问题、解决问题。三是添乘把关人员应登乘本务车，加强对车机联控、GYK 使用、进出封锁区间等关键环节的盯控，重点检查作业标准的落实情况，发现关键性、倾向性问题要及时通报考核。

任务 6.5 无动力回送作业指导书

6.5.1 任务目标

通过学习行车安全相关知识，能够完成以下任务：

1. 了解大型养路机械及附属车辆无动力回送的劳力组织；
2. 掌握无动力回送前的整备标准；
3. 掌握无动力回送过程中的作业程序；
4. 掌握无动力回送应急处理措施。

6.5.2 相关配套知识

无动力回送作业包括大型养路机械无动力回送（包含接送新车、大修车）或转移施工驻地，宿营车及路用货车转移施工驻地或检修送修。该作业的核心是保证无动力车辆在编组运行中的运行安全。

1. 劳动组织及机具材料

(1)劳动组织

①大型养路机械:机组押运负责人:副主任或以上干部1名。押运人员:每台车不少于2名,其中1名必须为取得铁路自轮运转车辆驾驶证的司机,作为机组负责人;车组随车技术人员不得少于1名。

②宿营车:车间押运负责人:副主任或以上干部1名。押运人员:每节宿营车车间指定人员不少于1名,每组随车检车人员(经段培训合格的人员,以下简称"检车员")不少于1名。

(2)机具、材料

①自轮运转特种设备及其附属车辆

②随车工具和起复备品必须齐全有效;押运人员要配备完好通信、照明工具,并能保证充电。

(3)无动力回送(长途挂运)转场要求

①押运工作是大型养路机械及其附属车辆长途挂运的重要环节,大型养路机械及其附属车辆长途挂运按列车办理。

②长途挂运前,押运负责人要组织召开押运工作会议,按本文件要求明确分工并记录。

③押运过程中,保证押运人员精力充沛。押运人员要通信畅通,照明工具齐全有效。

④押运负责人每天8:30、16:00定时向段施工调度室汇报押运进度,人员动态。

2. 随车押运人员岗位职责

(1)车间押运负责人岗位职责

①组织召开押运工作会议,布置设备整备及押运安全工作内容。

②各车押运整备工作完成后进行检查验收。

③押运途中与车站及列车司机进行联系和协调,向段施工调度室汇报押运进度,随时掌握运行途中各车动态。

④出现意外情况后负责协调处理并及时向段施工调度室汇报。

(2)机组押运负责人岗位职责

①运行前按规定对车辆进行检查整备,并填写整备记录。

②运行途中负责监视、检查本车状况并作好记录,填写在"大型养路机械运转保养记录"本上,协助押运负责人处理异常情况。

③停车时,向押运负责人汇报本车情况,并做好发车准备。

(3)随车押运人员岗位职责

①按照押运要求完成具体的检查整备内容,并记录。

②押运途中负责监视检查本车状态。

(4)段培训合格的检车员岗位职责

对宿营车车体外观、转向架、基础制动、车钩、列车软管状态、"三捆绑"(即车钩防跳卡、钩提杆落槽并进行定位、折角塞门处于开通位置并定位)进行检查确认并记录;车辆转场押运途中负责第一位宿营车与编挂列车之间"三捆绑"的设置与解除工作。

3. 车辆编组要求

(1)大型养路机械编组要求

①大型养路机械长途挂运时,每次须编挂在列车尾部,制动机须状态良好。对有走行分动箱的捣固车、稳定车,编挂列车前需拆除传动轴。

②编组过程中,严禁大型养路机械溜放、通过驼峰和作为动力对货物列车进行调车作业。

③大型养路机械长途挂运编组时,应将功率大、轴距大或较重的机械编排在前部。尾部车辆编组顺序:配砟车车型为 SPZ-200 时,最后三辆车编组必须为捣固车+配砟车(SPZ-200)+稳定车;配砟车为其他车型时,按照重车在前,轻车在后的顺序进行编组。

④连挂编组三不准:一是最后一辆车不准为 SPZ-200 型配砟车;二是车钩无缓冲装置的车辆不准编入列车;三是物料运输车不准编入列车。

⑤车钩有缓冲装置的轨道车、轨道平车要编入列车,必须经安全科、设备科同时允许后,方准编入。

(2)附属车辆编组要求

①宿营车与平车、平集共用车以外的货车连接时,不得与货车有人力制动机端连挂;宿营车与平车、平集共用车人力制动机端连挂时,平车、平集车的人力制动机不得使用,处于非工作状态。

②宿营车禁止与装用 16、17 型车钩(载重为 70T 及以上车型的车钩)的铁路货车直接连接。

③油槽车不准与宿营车连挂。

4. 押运前的整备工作

(1)大型养路机械无动力回送前的整备工作

大型养路机械无动力回送前由押运负责人安排,由技术人员、机组人员对机械设备进行针对性检查整备,确保设备状况达到长途挂运要求。检查整备事项如下。

①长途挂运:YZ-1 型制动机,除留本车机组负责人所在司机室自动制动阀手柄(置于"运转位")外,其他制动阀手柄取出,运行中禁止启动发动机。

JZ-7 型制动机,除留本车机组负责人所在司机室单独制动阀手柄(置于"缓解位")外,其他制动阀手柄取出,运行中禁止启动发动机。

DB60 型制动机的自动制动阀手柄(置于"运转位"),单独制动阀手柄(置于"运转位"),运行中禁止启动发动机。

GMC-96B 钢轨打磨车所用 JZ-7 型制动机,两端司机室电控小闸置于"中立"位,其他制动阀手柄取出,运行中禁止启动发动机。

②认真做好制动系统全面试验工作。要求每台车进行单独试验,然后进行连挂试验,确保连挂编组后每台车辆制动、缓解正常,同时要认真做好试验记录,填写在"大型养路机械检查手册"本上。发现制动系统异常时,及时处理并上报段设备科,故障未处理完毕,严禁编组挂运。

③各车司机长负责提前检查本车的装载及与相邻车的连挂,并重点检查制动系统、走行系统、传动系统、车钩及缓冲装置、工作装置、悬挂装置、安全链的拴挂等情况符合规定要求,确认各操作手柄、开关处于连挂状态。

做到安全销未插好不动车,锁定机构未锁闭不动车,捆扎部位未捆扎好不动车,发现影响行车故障未处理不动车,检查完成未记录不动车。

④整备后,由检查人员、复查人员、押运负责人、安全科人员(包保干部)分别在长途挂运检查表上签字,确认所有设备车辆状态良好后,方可长途挂运。

⑤动车前,每台车的押运人员要认真检查驻车制动(弹簧制动、手制动)是否完全缓解,同时要配合牵引列车做好制动系统试验,并认真检查制动系统制动和缓解情况,发现无制动或缓解不彻底时,要及时上报车间押运负责人,由押运负责人协调处理。不能及时处理的,要及时

上报段施工调度室、设备科，并协调与牵引列车分离，不得盲目挂运。

⑥动车前，押运人员要提前上车，避免漏乘。每台车押运人员要分别在前后两个司机室内押运。

5.大型养路机械无动力回送途中作业

(1)押运过程中，押运人员要合理安排休息，保证每个司机室内至少 1 名押运人员，随时观察、倾听车辆运行情况。

(2)在列车运行中，押运人员一律在驾驶室内，关好车门，身体不得探出车外。

(3)押运人员发现下列危及行车安全情况时，应立即使用紧急制动阀(紧急制动装置)停车并报告押运负责人：①抱闸；②部件脱落；③连续异响；④车辆燃轴；⑤脱线。

押运负责人应当立即向列车司机、段施工调度室报告原因和停车位置。停车检查处理后可维持运行的，应立即通知列车司机开车，维持运行到前方站处理。车辆故障押运人员不能处理时，押运负责人应立即向列车司机、段施工调度室报告具体原因。段施工调度室第一时间报告值班、主管安全、主管设备和段主要领导。值班领导接到报告后，立即到段施工调度室布置启动应急处置预案，应急处置小组对故障车辆制定抢修、处置方案，组织抢修人员、机具、材料；如有必要须组织安全、技术等相关人员赶赴现场。

现场人员做好防护措施，要求在确保安全的情况下尽快实施抢修。押运负责人根据现场掌握的情况随时向段施工调度室报告最新进展情况。

(4)运行途中其他情况(晃车、漏油、异响、异味等)须停车处理时，押运人员要立即通知押运负责人，押运负责人立即与列车司机取得联系，要求前方站停车处理。停车后向车站值班员、段施工调度室汇报。处理完毕后可继续运行时，及时向车站值班员和段施工调度室汇报。

(5)在电气化区段运行时，严禁押运人员攀登车顶或在拖车装载物上站立；严禁接触吊挂在接触网上的外来飘落物。人员及手持的工具必须与接触网保持 2 m 以上距离。接触网断线或附件损坏时，距离应保持 10 m 以外。押运人员下车检查时要避免与接触网支柱及其附近的金属结构接触，以防触电。

(6)机械车辆运行途中中间站停车超过 20 min 或编组站更换本务机车时，押运负责人派专人进行防护，统一组织押运人员对车辆走行部的轴温、闸瓦、轮对、基础制动装置、工作装置、悬挂装置进行重点检查。

需进入车底检查时，须经车间押运负责人同意并设好专人防护，在确认不动车情况下方准到车下检查。检查时注意邻线车辆动态，严禁侵入邻线和登高作业，确保人身安全。发现异常影响正常行车时及时向列车司机、车站值班员汇报，并与段施工调度室、设备科取得联系，以便及时有效处理。同时将停、发车时间、车站及车辆检查结果，详细记录在“大型养路机械运转保养记录”上。

(7)为避免运行过程中制动缓解不彻底和自动上闸情况发生，要求：

①押运过程中，押运人员时刻观察制动压力表、列车管压力表、均衡风缸压力表指示，在夜间要通过照明工具巡视仪表。

②每间隔 15 min，YZ-1 型制动机通过下压自动制动阀手柄的方式进行制动缸排风一次；JZ-7 型制动机通过将单独制动阀手柄置于“单独缓解位”的方式进行制动缸排风一次；DB60 型制动机通过前推自动制动阀手柄的方式对制动缸排风一次，缓解不了时，用绳索延长缓解阀拉杆，在司机室内拉缓解阀缓解。

GMC-96B 钢轨打磨车押运负责人指定专人每间隔 1 h 或每次列车制动后恢复正常运行时对各车巡视一遍，如出现自动上闸的异响或异味，采取拉下本节车单独缓解手柄的方式进行缓解。

③每次列车制动减速，待正常运行时，YZ-1 型制动机，押运人员通过下压自动制动阀手柄的方式进行制动缸排风一次；JZ-7 型制动机，押运人员通过将单独制动阀手柄置于“单独缓解位”的方式进行制动缸排风一次。

(8)押运人员每间隔 15 min 通过对讲机向车间押运负责人汇报车辆情况；未汇报时，车间押运负责人进行提醒，如联系不上，采取电话联系方式。

(9)大型养路机械押运途中押运人员下车时要做到“一开门、二瞭望、三确认”，注意邻线来车。运行途中停车时，禁止站在邻线上休息停留，禁止在邻线轨枕头或道心内行走，不得远离并随时做好上车准备，防止漏乘。

(10)当车组到达驻地后，车组两端要及时采取驻车制动，设置铁鞋，押运负责人安排人员巡查车辆。

6. 宿营车及路用货车长途挂运作业

(1)宿营车在挂运前，各车间需安排检车员对全车进行状态检查，重点对车辆的外观、“三捆绑”状态进行确认；对车钩高度差、制动软管连接状态进行确认；动车前确认手制动机处于缓解位置。

(2)宿营车因手制动机不具备反向锁止机构为防止手制动机反向拧紧时产生制动导致抱闸情况发生，在撤除宿营车手制动时车间要安排专人在车下进行盯控，确保手制动机缓解到位不得产生制动机链条反转情况并检查车辆缓解状态，闸瓦与踏面间隙不得小于 5 mm。

(3)车辆状态检查完毕后，车间必须利用既有自轮运转特种设备(大型养路机械或轨道车)对本车间所属宿营车进行全列贯通试验。在进行车辆制动试验的同时，要求车间技术人员、检车员分别从宿营车的两侧对全列车辆进行目视检查。重点检查每台车辆的基础制动装置是否作用良好，闸瓦是否缓解彻底，是否存在漏风等影响行车安全的重大隐患。出现车辆制动故障，及时上报设备科，在未排除故障前严禁动车。

(4)一次制动试验内容和标准：(风路全列贯通、列车管管压 500 kPa)。

①感度试验：列车管减压 50 kPa，全列必须发生制动作用，保压 1 min 不得自然缓解。

②常规制动：列车管减压 170 kPa，在此减压期间车辆不得出现紧急制动情况。保压 1 min，漏泄不得超过 20 kPa。

③以上试验前，需先对自轮运转特种设备进行试风确保其自身不出现漏风现象，以提高宿营车制动试验的准确性。

④以上试验保压结束后，充风缓解。缓解后观察各轮对的制动闸瓦和踏面间隙不得小于 5 mm。

(5)各车间要充分重视运行前宿营车的制动试验，由押运负责人负责上述试验的组织和盯控工作，并签字确认。

(6)车辆编入列车后，如第一位是宿营车与列车直接连挂的由车间检车员负责我段第一位宿营车“三捆绑”的设置工作；途中需要重新编组时，车辆停稳后须经押运负责人同意并做好防护，在确认不动车的情况下由车间检车员负责第一位宿营车“三捆绑”的解除工作，编组完毕发车前重新设置“三捆绑”；押运到位后负责第一位宿营车“三捆绑”的解除工作。

(7)车辆编入列车后，发车前列车制动试验时必须安排人员分别从两侧逐台对宿营车制动缓解情况进行检查确认，确保宿营车制动缓解正常。如发现无制动或缓解不彻底时，要及时上报车间押运负责人，由押运负责人协调处理。不能及时处理的，要及时上报段施工调度室、设备科，并协调与列车分离，不得盲目挂运。

(8)长途挂运途中，中间站停车超过 20 min 或编组站更换本务机车时，宿营车押运人员需经押运负责人同意并做好防护，在执行“一开门、二瞭望、三确认”的前提下，下车检查，并注意邻线来车。

7. 押运途中应急处理措施

(1)大型养路机械运行途中抱闸应急处置措施

①大型养路机械抱闸。押运人员在听到轮对因抱闸引起与钢轨滑动摩擦发出的刺耳声响后，或闻到轮对和闸瓦摩擦过热产生的异味时，要立即采取紧急制动停车，并向押运负责人汇报。

②押运负责人立即向列车司机报告，并向段施工调度室报告原因和停车位置。段施工调度室第一时间报告值班、主管安全、主管设备和段主要领导。值班领导接到报告后，立即到段施工调度室布置启动应急处置预案，应急处置小组对故障车辆制定抢修、处置方案，组织抢修人员、机具、材料；如有必要须组织安全、技术等相关人员赶赴现场。

现场人员做好防护措施，要求在确保安全的情况下尽快实施抢修。押运负责人根据现场掌握的情况随时向段施工调度室报告进展情况。

③车辆停稳后，押运人员立即下车查看车辆情况，押运负责人立即赶往故障车辆并做好防护，组织人员进行检查处理，确保闸瓦和轮对踏面彻底分离，必要时拆除故障车辆闸瓦，对轮对擦伤踏面进行紧急打磨修理，并对该车做关门车处理，视轮对擦伤程度，请求限速运行(最高不得超过 45 km/h)，运行到前方车站停车处理(以车站值班员命令为准)。

如最后一辆机组抱闸时，立即通过列车司机向邻近车站值班员报告，对车辆车钩防跳装置进行捆绑，视轮对擦伤程度，请求限速运行(最高不得超过 45 km/h)到前方车站停车处理。并及时向段施工调度室报告车辆处理情况。

(2)宿营车运行途中抱闸应急处置措施

①车辆抱闸常出现在列车中间站制动停车后再次起动时或区间紧急停车后再次起动时，押运人员在押运过程中应对上述情况保持警惕。在听到轮对因抱闸或缓解不良引起与钢轨滑动摩擦发出的刺耳声响后，要第一时间拉起车辆缓解阀(缓解阀位于车辆中部靠近窗户一侧的地板上的盖板内)，立即向押运负责人报告。正常情况下拉起缓解阀会排出制动缸内部风压，制动缸活塞杆在复位弹簧的作用下逐步缓解，制动梁将在复位弹簧的作用下使闸瓦离开轮对踏面。如异响未消除，立即拉起紧急制动手柄。

②押运负责人要立即向列车司机报告，并向段施工调度室报告原因和停车位置。段施工调度室第一时间报告值班、主管安全、主管设备和段主要领导。值班领导接到报告后，立即到段施工调度室布置启动应急处置预案。

③车辆停稳后，押运人员立即下车查看车辆情况，押运负责人立即赶往故障车辆。及时向段设备科、施工调度室报告车辆情况。

④设备科主管人员接到报告后，第一时间告知郑州车辆段值班调度并说明车辆停车位置、车号、故障情况。协调郑州车辆段派出离故障车辆最近的车辆检车员及时赶往现场。

⑤郑州车辆段人员赶到现场后，由车辆段人员对车辆进行处置并作出甩车或限速运行的决定。

(3)大型养路机械运行途中部件脱落应急处置措施

①事件发生后,押运人员立即采取紧急制动停车,并向押运负责人汇报。

②押运负责人立即向列车司机报告,并向段施工调度室报告原因和停车位置。段施工调度室第一时间报告值班、主管安全、主管设备和段主要领导。值班领导接到报告后,立即到段施工调度室布置启动应急处置预案,应急处置小组对故障车辆制定抢修、处置方案,组织抢修人员、机具、材料;如有必要须组织安全、技术等相关人员赶赴现场。

现场人员做好防护措施,要求在确保安全的情况下尽快实施抢修。押运负责人根据现场掌握的情况随时向段施工调度室报告进展情况。

③押运负责人需第一时间组织现场押运人员对脱落部件进行寻找,并同时做好防护,安排人员对损坏部位进行整备,在确认不影响行车安全的前提下尽快发车运行到前方车站停车处理。

(4)大型养路机械长途挂运途中出现连续异响应急处置措施

①押运人员发现连续异响,立即采取紧急制动停车,并向押运负责人汇报。

②押运负责人立即向列车司机报告,并向段施工调度室报告原因和停车位置。段施工调度室第一时间报告值班、主管安全、主管设备和段主要领导。值班领导接到报告后,立即到段施工调度室布置启动应急处置预案,应急处置小组对故障车辆制定抢修、处置方案,组织抢修人员、机具、材料;如有必要须组织安全、技术等相关人员赶赴现场。

现场人员做好防护措施,要求在确保安全的情况下尽快实施抢修。押运负责人根据现场掌握的情况随时向段施工调度室报告进展情况。

③押运负责人立即安排人员做好防护,并组织现场技术人员和押运人员对异响部位进行检查处理,在确认不影响行车安全的前提下尽快发车运行到前方车站停车处理。

(5)自轮运转特种设备及其附属车辆挂运途中发生车辆分离事件应急处置措施

①自轮运转特种设备及其附属车辆在运行途中押运人员发现车辆分离,立即向押运负责人汇报。

②押运负责人立即向列车司机报告,并向段施工调度室报告原因和停车位置。段施工调度室第一时间报告值班、主管安全、主管设备和段主要领导。值班领导接到报告后,立即到段施工调度室布置启动应急处置预案,应急处置小组对故障车辆制定抢修、处置方案,组织抢修人员、机具、材料;如有必要须组织安全、技术等相关人员赶赴现场。

现场人员设置防溜、做好防护措施,要求在确保安全的情况下尽快实施抢修。押运负责人根据现场掌握的情况随时向段施工调度室报告进展情况。

③押运负责人组织人员现场做好防护,设置防溜,进行抢修。押运负责人安排专人与车站值班员、列车司机联络。

方案一:如钩舌、钩舌销、制动软管断裂时,须向车站值班员汇报并得到批准后,将后部车辆尾部钩舌、钩舌销、制动软管拆下,安装到前部断裂的车辆;利用机车动力将前部车辆推进与后部车辆连挂,连挂后进行制动系统试验,运行到前方车站停车处理。

方案二:如判断处理后不能连挂,需向车站值班员汇报并得到批准后,将前部列车尾部折角塞门关闭,运行到前方车站停车处理。后部大型养路机械请求自带动力,运行到前方车站停车处理。

方案三:如上述两种方案均无法实施,需向车站值班员详细汇报现场情况,后部车辆做好防护和防溜,请求救援处理。

押运负责人要随时与车站值班员、段施工调度室保持联系，准确报告现场情况；严格按列车调度员、车站值班员指示办理，尽快恢复列车运行秩序。

(6)自轮运转特种设备及其附属车辆挂运途中发生燃轴应急处置措施

①押运人员发现车轴冒火星、冒浓烟，应立即紧急制动停车，并向押运负责人汇报。

②押运负责人立即向列车司机报告，并向段施工调度室报告原因和停车位置。段施工调度室第一时间报告值班、主管安全、主管设备和段主要领导。值班领导接到报告后，立即到段施工调度室布置启动应急处置预案，应急处置小组对故障车辆制定抢修、处置方案，组织抢修人员、机具、材料；如有必要须组织安全、技术等相关人员赶赴现场。

现场人员做好防护措施，要求在确保安全的情况下尽快实施抢修。押运负责人根据现场掌握的情况随时向段施工调度室报告进展情况。

③押运负责人立即安排人员做好防护，并组织技术人员和机组押运人员对车轴轴箱部位进行检查，确定燃轴后，请求救援。

④押运负责人随时将情况向段施工调度室汇报。

(7)自轮运转特种设备及其附属车辆挂运途中发生脱轨应急处置措施

①押运人员发现脱轨，应立即采取紧急制动停车，向押运负责人汇报。

②押运负责人立即向列车司机报告，并向段施工调度室报告原因和停车位置。段施工调度室第一时间报告值班、主管安全、主管设备和段主要领导。值班领导接到报告后，立即到段施工调度室布置启动应急处置预案，应急处置小组对故障车辆制定抢修、处置方案，组织抢修人员、机具、材料；如有必要须组织安全、技术等相关人员赶赴现场。

现场人员做好防护措施，要求在确保安全的情况下尽快实施抢修。押运负责人根据现场掌握的情况随时向段施工调度室报告进展情况。

③列车停车后，押运负责人立即安排人员做好防护，请求救援，并立即制定起复方案，做好起复准备工作。

④押运负责人随时将情况向段施工调度室汇报。

8.事故案例

(1)“3.27”陇海线道岔捣固车转场途中漏风停车D10事故

①事故概况

2015年3月27日15时56分，××段附挂在洛阳机务段08＊＊机车牵引41＊＊＊次货运列车尾部一组工务机械车运行至××局陇海下行线上街站至穆沟站间，因尾部一位附挂的065××道岔捣固车集尘器单向阀发生故障漏风，造成列车起非常停于K613＋571 m处，17时07分处理完毕开车，17时24分到达穆沟站，将故障车甩下后，18时25分开车，耽误本列2小时29分，影响客车6列。构成铁路交通一般D10事故。

②事故原因

a. 065××道岔捣固车列车管集尘器单向阀后盖螺栓松动致使后盖位移造成阀芯脱落，导致列车漏风量异常是造成事故的直接原因。

b. 设备检修制度落实不到位，年修质量不高，车间日常检查保养不细致，没有发现单向阀螺栓松动。在转场前的检查中也只注重于车辆制动性能试验，未对制动系统进行全项目检查，是造成事故的主要原因。

c. 干部履职不到位，年修后的验收工程师把关不严、日常检查保养的车间技术干部复查不力、转场前的段包保干部盯控不到位，是造成事故的重要原因。

③事故教训

a. 车间主要管理干部安全责任意识淡薄，履职不到位，车间主任、支部书记安全风险管理重心有偏差，车辆转场前没有主持召开转场会议，布置安全防范措施，而是由副主任开转场会议也没有按段要求转场当天向主管段长汇报，失去了避免事故发生的重要一道防线。

b. 押运负责人车间副主任押运工作布置不细，安全风险预判不全面，对车辆检查不认真，只是对车辆表面、外观上做了例行检查，而没有对制动系统走行部分部件、螺栓状态进行详细检查，失去了避免事故的又一道防线。

c. 押运负责人作业人员落实规章制度不实，执行作业标准不严，对制动系统单向阀螺栓检查不细，对漏风隐患没有及时发现，给事故发生埋下了隐患。

d. 段安全风险防范意识不高，业务科室对于大型养路机械及其附属车辆转场押运过程中的风险研判分析不全面，对从没有发生过问题的单向阀未纳入关键安全风险点管理，没有限定强制更换期限。

e. 段疏于对大型养路机械检修、检查保养，没有严格执行上级有关规定。段制定的规章制度中对制动系统的检修、检查不具体，操作性不强。

f. 干部把关不严，作业人员执行标准不高，从年修验收、日常检修复查到转场检查盯控出现一系列履行岗位职责的缺失。

(2)“6. 10”上海局大机挂运故障

①故障概况

2020 年 6 月 10 日 8 时 30 分，××局大机运用检修段 106××号捣固车在京九线挂运途中，押运人员听见有异响，立刻通知司机停车，检查走行部无异常、无漏油，请求限速 35 km/h 运行至前方站停车检查。9 时 27 分到达油河集站，押运人员对分动箱放油检查无异常，拆除 ZF 至分动箱传动轴，在站内股道试运行正常。11 时 19 分从油河集站发车，随着速度提升，押运人员再次听见异响，再次请求限速 35 km/h 运行至前方站停车检查，11 时 40 分到达古城集站。押运人员拆除分动箱输出端两根传动轴，切断反传动力，后续运行正常，安全到达目的地。国铁集团工电部对押运人员及时发现故障，果断呼停列车提出表扬。

②吸取教训

做好转场前检查整备、抓好转场过程安全盯控。一是转场前必须使用摄像手电对以下项点进行重点检查：工务机械车走行传动系统、制动系统性能作用良好；附挂大列运行前，对有走行分动箱的捣固车、稳定车等机械必须拆除传动轴；工务机械车各悬挂装置、大部件捆扎牢固、锁定良好；焊接部位、铆接部位固定良好无松脱。二是押运人员负责监视本车状态，开启轴温监测装置。工务机械车及宿营车运行途中，中间站停车超过 20 min 或编组站更换本务机时，押车负责人安排专人按规定设置防护，并组织押运人员对各机械车的车轴、闸瓦、轮对、基础制动装置、悬挂装置等部位进行重点检查。

加强技能培训，提升应急处置能力。一是选择责任心强、有经验的人员参加押运，在押运前对押运人员进行有针对性的技能培训，守住挂运安全底线。二是各单位根据配属的工务机械车结构特点认真开展安全预想和风险研判并制定防控措施，进一步细化完善各车型各大部件的应急处置预案，规范应急处置工作流程。三是加强应急处置培训，段、车间层面灵活采用多种形式对应急处置进行培训，不断提高应急处置能力，果断处置应急事件。四是各段要成立应急处置专家组，利用远程视频等手段指导现场应急处理，将影响降到最低。

任务6.6　驻地检修安全及应急处置

6.6.1　任务目标

通过学习驻地检修安全相关知识，能够完成以下任务：

1. 掌握驻地安全和检修安全的规定；

2. 掌握消防安全的规定；

3. 掌握大型养路机械脱轨起复办法。

6.6.2　相关配套知识

1. 驻地安全

(1)配属单位应选派胜任人员负责作业驻地巡守工作，巡守人员在岗期间严禁擅离职守。

(2)建立严格的巡守人员巡视及交接班制度，交接班时应对设备及备品进行全面检查并填写交接记录。

(3)巡守人员当班时应严格遵守巡视制度，做到定时、定点巡视，发现问题及时报告。

(4)巡守人员在巡视时，不得在邻线道心或枕木头上行走与坐卧，跨越邻线时应注意瞭望，夜间应有照明以防跌倒摔伤。

(5)各种车辆在无人时应锁好车门，防止车上设备或物品丢失。

(6)作业驻地应确保存放油品、易燃、易爆物品的安全。存放的油品、易燃、易爆物品与附属车辆间应按规定保持距离，设置安全隔离措施，并加强人员巡守。

(7)转移至新驻地时，应事先根据驻地站情况选定职工上下班及人员行走安全通道，竖好安全警示牌。

(8)停留车辆两端的防溜设施及防护红牌(夜间为红灯)由巡守人员负责安放与撤除。

(9)大型养路机械在段管线停留时，必须停放于段管线道岔警冲标以内，车辆应连挂在一起，采取驻车制动，上好止轮器。车辆不能连挂时，应分组做好防溜。

(10)大型养路机械入库时，必须按规定停放，做好防溜，并作好记录。

(11)大型养路机械在站内停车待避时，应采取保压制动；发动机熄火等待时，应做好防溜，司机不得同时离车。大型养路机械在沿线各站停留过夜时，必须做好防溜工作。夜间应在两端车辆设置双面红色信号灯防护。

(12)使用止轮器进行防溜时，必须紧贴车轮踏面；使用防溜枕木时，应在距停留车辆不大于5 m处放置。

(13)大型养路机械与其他车辆连挂时，连挂前不得解除被挂车辆制动及防溜措施。

2. 检修作业安全

(1)大型养路机械在作业前后的保养工作应在驻地停留线上进行。保养时应采取防溜措施，按规定防护。

(2)保养工作应分工进行，注意相互配合与协调，穿好防护服、戴好安全帽。当进入车体内擦拭机器或调整更换零部件时，应严格执行操作规程，注意防止磕碰头部和手脚。

(3)需要登踏车体上部时，电气化区段应申请办理接触网停电手续，手要紧握扶手，挂好安全带，不得穿带钉鞋或塑料底鞋登高。

(4)登高人员与车下人员同时作业时，尽量避免垂直上下作业，遇特殊情况时，上部人员应防止物件下落击伤他人,下部人员也应避开有危险的位置。

(5)加注燃油时,应注意防火,严禁在油箱附近及加油作业中吸烟。

(6)严禁在车上或附近使用明火,必须就地使用电焊或气焊时,应尽量远离油箱,并应准备足够的灭火器具,清除附近的易燃物品。

(7)在作业现场处理临时故障时,应采取防溜措施,视情况停止发动机运转、关闭电源,并在邻线一侧设专人防护。在检修人员清除故障部位及轨面油脂并全部撤离至安全区后,方准重新启动发动机。

(8)在现场拆卸较大零部件时,应根据拆装的条件事先制定安全措施,防止砸伤手脚,损坏机件及影响行车安全。

(9)使用过的油脂及棉线应妥善保管,严禁乱扔乱放,以防发生火灾。

(10)返回基地检修时,在布置检修工作的同时,应提出安全注意事项。当拆卸较大或较复杂的零部件时,技术人员应在场指导,严禁蛮干。

(11)需要在库内动车时,应检查并确认各工作装置的位置正确、车上车下无障碍物,就位后应放置止轮器防溜。

(12)使用起重机械吊装物件时,应由专人指挥,指挥人员、吊车司机与从事司索人员应经过培训并考试合格(操作特种设备须取得特种设备操作证),捆、挂应牢固平稳,起落应缓慢,严禁吊钩下站人。

(13)使用叉车的人员必须经过培训并有特种设备操作证方能上岗驾驶。作业时应有专人指挥,装卸物件应起落平稳,严禁在车间内高速行驶。

(14)架车时需使用架车机,应有专人指挥,步调一致,同起同落,防止受力不均造成偏斜。支撑物应牢固可靠,支撑物的承载能力必须大于被支撑物的重量,其所在地面应坚硬无下沉。用枕木垛时,应搭成井字形,并用扒钉固定。

(15)各种试验设备应由专人负责保养与使用,使用规则与技术要求应明文写出并挂在设备附近的墙上,以利提醒和监督。

(16)清洗配件一般使用清洗剂,清洗油槽应有铁盖。清洗过的废油及各种油脂、线头应妥善处理,不准随意泼洒或丢弃。使用刺激性或有毒化学溶剂时应在室外或通风环境良好时进行,并做好防护。

(17)检修库内应按规定配齐消防器材,并严禁使用明火。需使用电焊或气焊、气割时,应按消防管理要求,按规定进行用火申请,并采取安全措施,由相应人员在场监督。

(18)在检修、保养带有回转输送带的大型养路机械后,必须将回转输送带可靠落位、锁定后,方准进行调车作业或连挂运行。

(19)每天工作结束后必须清扫保养检修现场,清理油脂及易燃物,按要求清点各种工、机具。

3.消防管理

(1)配属单位应结合大型养路机械运用情况,制定大型养路机械消防安全管理制度、消防应急预案。

(2)大型养路机械消防及检查要求:

①发动机(含各类辅助发动机、发电机组)系统。发动机柴油管路无渗油,橡胶软管无龟裂现象;整机无渗漏机油现象;电瓶至启动马达之间的电缆线接线柱连接牢固,电线绝缘橡胶齐全可靠;水冷发动机确保水位正常,水冷系统无渗水现象;发动机间有消防安全监控系统或自

动灭火系统的设备，应系统性能良好；发动机附近或发动机间不得存放有棉纱、油桶等易燃物品，区域内的装饰材料应阻燃。

②液压系统。液压管路完好，高温区域油管做好防护措施；发动机排气管、制动闸瓦、钢轨焊接机、钢轨打磨装置等易产生高温的部件附近管路（液压油、机油及燃油管路）定期全面检查，更换有损伤的油管；高温部位油管禁止存在跑冒滴漏情况，泄漏处须立即处理，并保持清洁；对位于高温部件附近且爆管后油液（包括液压油、柴油、机油）会喷溅到高温部件上的管路进行防范，并定期检修恢复，对有可能磨损部位做好包扎；重点部位的油管实行定期检查管理。

③电气系统。电气系统中电线路无破皮、腐蚀、虚接、短路等现象；各保险工况良好，跳闸断路功能正常，无使用铜线替代保险丝或保险片的现象；各电气柜的散热通风口和散热风扇工作正常，保持柜内清洁无杂物；照明系统的各灯座接线牢靠安全；温度报警系统工况正常；对有腐蚀现象的接线盒和接线柱进行更换；车上标准加装设备（GYK、轴温、视频监控）取电端须设置过载保险；定期使用摇表对 220 V 及以上电线路进行绝缘电阻检查；大型养路机械禁止自装用电设备和接线板，如需加装需根据线路负荷制定用电标准，并经设备厂家进行技术复核确认，不符合标准或无标准时须立即停止使用。

④驾驶室、电气室。驾驶室和电气室内禁止放置手喷漆、清洁剂、汽油等易燃物品；室内的物品应摆放整齐，减少可燃杂物；整车灭火器齐全有效；本车消防灭火装置工况正常；全车禁止吸烟；特殊情况下，大型养路机械携带汽油等易燃物品时，应制定存放标准及管理要求，无标准时不得携带；加强作业和运行中的监控，每个驾驶室须有人监控，及时发现异常情况。

⑤车体。驾驶室底部应刷防火涂料，有剥落和残缺现象进行重新刷防火涂料；车轮的挡泥板齐全无破损，确保制动产生的火星不往上飞窜。

⑥作业。钢轨打磨列车防火帘应齐全，消防水箱水量充足，水系统状态良好，在作业运行中每隔半小时必须安排人员对发动机间进行巡视，并与工务段共同做好作业线路区段周边的消防安全，不留死角，发现问题及时采取措施。

(3)大型养路机械检修消防及检查要求：检修时使用明火应填报申请单，并按规定做好防火安全措施；设备检修使用电、气焊时，需持证上岗，作业前清理现场附近的可燃物，并遵守相关安全规定；使用可燃剂清理零部件时，要远离火源，配置灭火设备；检修场所禁止吸烟；易燃易爆物品应妥善保管，不得随意放置在检修现场，检修中途休息时要有专人看管。

(4)配属单位要加强大型养路机械消防意识安全教育及消防培训。要进行定期检查，检查消防制度是否落实，是否达到“三懂三会”要求，火灾事故教训是否传达学习，重点工种是否持证上岗；定期组织全员消防安全培训，提高从业人员消防安全素质，提升单位消防安全管理能力。

(5)配属单位要根据大型养路机械特点不断完善消防应急预案，完善防火报警等相关装备。

4.大型养路机械起复设备

(1)大型养路机械应急管理要求

①配属单位应结合大型养路机械运用情况，制定应急处置管理办法、应急预案，建立健全应急专家库。

②应急处置工、机具实行“定人、定置”管理，不得挪作他用，要定时按规定进行保养和性能试验，缺损或遗失应及时向上级管理部门说明情况并申请补充到位。

③大型养路机械成组作业应至少配备一套液压起复设备，每台设备配备人字形复轨器一套、止轮器四个、手拉葫芦（不小于 3 t）两个、枕木头及撬棍若干等用于脱轨及工作装置复位的应急救援起复设备，所有设备必须状态良好。

④配属单位每年至少组织一次大型养路机械应急起复演练，并根据实际变化情况及时总结，修订完善应急预案。

⑤定期对机组人员进行相关专业知识培训。每个机组应每月进行一次故障应急处置实作演练，按应急处置预案规定步骤、方法逐项开展，提高故障应急处置能力，同时运用新装备、新技术不断优化和完善细化应急处置预案。

(2)自行组织救援起复方法

大型养路机械在运行或施工作业中，由于车辆走行部故障或其他原因造成脱轨时，司机应按《技规》规定处理，及时将现场情况报告车站值班员，并组织救援起复，及时开通线路。

自行组织救援起复时，原则上在确认没有损坏铁路线路设施和车辆走行、制动控制系统的情况下，方可利用自备的起复器具进行救援起复。常见的起复方法有顶复法、吊复法和拉复法。

图 6-34 顶复法

顶复法(图 6-34)是指用特制的液压起复设备从脱轨的铁路车辆下部的一端中部顶起脱轨车，使其走行部的轮缘高于轨面后再横向移动，当横移至线路上方的正确位置时落下复轨。顶复使用的设备比较复杂，起复效率较高，是国内外常见的起复作业方法。

顶复法适用条件：①脱轨车辆未倾覆，转向架能运行；②能找到顶复点，且能放下顶复设备；③转向架与车架间有连接装置或者便于链条捆绑；④如脱轨车辆底部与线路存在刮碰，能进行排除；⑤需液压顶复设备；⑥如是电动泵站，能方便找到交流电源；⑦被顶复车辆应转换为运行状态。

拉复法是指使用复轨器和牵引工具，靠牵引设备牵引，使脱轨车轮重新回到钢轨上。拉复使用的设备简单，起复效率高，是国内外常见的起复作业方法之一。

拉复法适用条件：①脱轨车辆未倾覆，转向架能运行；②直线区段脱轨并在复轨器有效复轨范围内；③有易控制、且动力足够的牵引设备(本机、轨道车、机车、牵引机具等)；④如脱轨车辆底部与线路、复轨器存在刮碰，能进行排除；⑤需拉复设备(如人字形复轨器、组合复轨器、燕尾复轨器)；⑥脱轨区临近线路满足运行条件，便于安装复轨器；⑦被拉复车辆应从作业状态转换至运行状态，保证转向架处于自由回转状态(如转向架轴支撑压力必须卸掉，否则将导致拉复失败)；⑧避免下坡道方向拉复，因速度不易控制，易造成二次脱轨；⑨拉复方向符合“拔刺”方向；⑩不能在隧道中进行拉复作业；⑪整车脱轨时因拉不动，避免拉复作业。

图 6-35 吊复法

车辆在脱轨后不适合拉复法和顶复法时，应进行吊复或吊移作业。吊复法(图 6-35)需要对转向架进行捆绑并确定吊点，使用救援列车、轨道起重机或其他大型起吊设备进行起复。

吊复法适用条件:①需要设计吊复点,转向架与车体间设有连接装置或对转向架进行捆绑;②需大型起吊设备,且能达到作业点附近;③现场作业环境不影响起重机作业。

(3)顶复法—道岔捣固车起复

本节以 CDC-16x 道岔捣固车起复为例说明大型养路机械液压式复轨器顶复作业。

起复设备应满足起复 95 t 车辆的要求,且通过 CRCC 认证。液压复轨器建议的技术要求如下:额定起升力(工作压力):≥500 kN;额定横移力:≥50 kN;最大顶举高度:≥450 mm;最大横移距离:≥700 mm;最大顶举高度和最大横移距离均为一次安装后的累计作业能力。

该车可能出现的脱轨情况为:前转向架、后转向架及材料车轴脱轨;脱轨地点包括:直线、曲线、桥梁、隧道、坡道、道岔、站内等地段。每次脱轨事故顶复作业时作业流程基本相似,但还需根据不同脱轨情况及地段采取相应措施。而后转向架脱轨的起复是本车救援起复的难点,故下述救援起复作业流程预设事故为后转向架在有砟直线轨道区段脱轨。

①作业准备

a. 现场防护

出现脱轨事故时,作业人员应立即根据铁路相关规章制度做好本线及邻线防护、疏散无关人员并拉起隔离带等防护工作,并戴好安全帽。

b. 作业装置回收

回收捣固装置、起拨道装置、夯实器、道床犁、测量装置等工作机构,使其处于安全锁定状态。不能正常收回的作业装置,应进行起复、拆除或切除,确保不致影响顶复作业。

c. 熄火制动

主机泄压熄火,关闭电源、门窗,施加风制动、手制动。

d. 打好止轮器

遵循“对角原则”,即后转向架脱到轨道左边(或右边),在未脱轨的前转向架Ⅰ轴右边(或左边)车轮前后打好两个止轮器。其他转向架脱轨起复时,打止轮器也应遵循这一“对角原则”。

e. 坏车检查

仔细检查 CDC-16x 捣固车底部各部件与钢轨、枕木是否存在刮卡现象,同时检查整车各部件是否在安全状态,若发现问题应立即排除。

f. 勘测脱轨情况,制定顶复方案

测量后转向架脱轨距离,测量顶复点高度,判断一次横移、顶升能否完成顶复作业,如不能应按多次顶复作业进行,检查脱轨位置线路是否影响顶复作业,如有应采取相应措施。

g. 脱轨转向架及车轴捆绑、防护(图 6-36)

后转向架用救援起复专用链条捆绑锁紧。注意索具捆绑牢固后,应调整链条的松、紧度至一致位置,保证顶复时索具受力均匀。对后转向架轴箱上的起吊板和挂钩之间加垫垫块,以减少顶复行程。

②顶复设备安装

a. 确定顶复点

根据脱轨情况及距离确定顶复作用点位置。

b. 铺设顶复设备

根据顶复点下方地面情况,进行整平和压实,并铺设横移梁。注意当遇到松软道床时,可铺垫井字型枕木，以防顶复设备歪斜和沉陷。在横移梁(本案例假设脱轨距离较大，选择使用长横移梁)上方，相对应顶复点位置依次放置横移小车、横移油缸、三级起升油缸、油缸帽，并连接好泵站与油缸间的高压胶管(图 6-37)。注意接油管时，防尘帽扣合，防止液压系统污染；铺设过程中，应调整横移梁、横移小车、起升油缸位置，使镐帽基本对正顶复点。

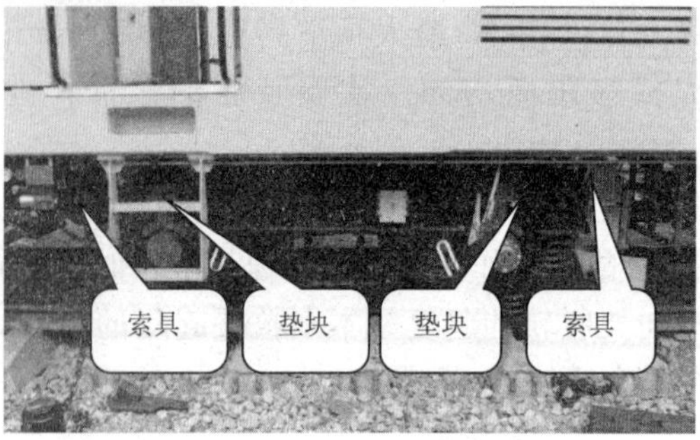

图 6-36　后转向架捆绑

图 6-37　设备放置图

③顶复作业

a. 试压

启动泵站进行试压，检查各部无渗漏，系统无泄压，试压正常方能顶复。试压时，为保证镐帽准确对正顶升点，应注意微调各部件位置。

b. 顶升

操作泵站起升控制阀，控制起升油缸起升，使后转向架轮缘高于轨面(图 6-38)。顶升过程中应注意检查链条、轴箱、减振弹簧，材料车牵引梁等部件状态是否正常，注意顶升作业安全。如出现倾倒危险时，应停止作业，进行扶正后才能作业。

图 6-38　顶升捣固车后转向架

c. 横移

操作泵站横移控制阀，控制横移油缸横移，直至后转向架轮对在竖直方向上与钢轨轨面对正时，停止横移。

d. 复轨

操作泵站复轨控制阀，控制起升油缸平稳回落，直到轮对完全落至轨面上，起升油缸顶端离开车辆顶复点。

④作业结束

a. 复轨后检查

起复完成后，拆除转向架捆绑索具和垫块，并对轮对、轴箱、轴箱弹簧、旁承、车轴齿轮箱悬挂装置、基础制动装置以及主车架上与走行部相连接的零件等的状态进行检查，各部状态正常方可运行。注意：道岔捣固车脱孰后，可能会造成重要部件变形、损伤；为可苏保证运用安全，回驻地后应进行全面、细致的检修。

b. 回收顶复设备

起升、横移油缸回到位，操作换向阀泄荷，泵站停机，卸下所有油管，扣好防尘帽；收回镐帽、起升油缸、横移小车、横移梁；解除捆绑索具，并收回链条、防护垫块及铁板等部件；收回的救援顶复部件装箱并搬离事故现场。

c. 安装拆除件

检查是否有从车辆上拆下的零部件，如有，现场恢复安装，或者将所拆下的零件收集好回到驻地后再及时安装。

d. 解除安全防护

撤除止轮器，解除隔离及其他防护，清除石砟，液压救援顶复作业完毕。

e. 限速运行

起复完毕的车辆应限速运行。

知识拓展

工务施工“十不准、十严禁、六关键”

1.“十不准”

(1)未签订“施工安全协议”不准施工；

(2)未经有关部门审批安全技术组织措施不准施工；

(3)技术交底不清、安全责任不明不准施工；

(4)施工前准备不到位不准施工；

(5)未设好防护不准施工；

(6)施工负责人不到位不准施工；

(7)安全监督检查员不到位不准施工；

(8)调度命令未下达不准施工；

(9)电气化区段未设好回流线不准施工；

(10)未登记“运统-46”不准施工。

2.“十严禁”

(1)没有计划严禁施工；

(2)天窗点外严禁施工；

(3)施工负责人严禁低职代高职；

(4)防护员及安全监督检查员无证严禁上岗；

(5)严禁超挖、超卸；

(6)达不到放行列车条件严禁开通线路；

(7)无职工带领民工严禁上道；

(8)装卸路料严禁偏载、侵线；

(9)配合人员未到严禁开工；

(10)严禁超范围作业。

3.“六关键”

把好施工要点、点前准备、施工防护、放行列车条件、机具材料侵线、阶梯提速整修巡养等关键环节。

复习思考题

1. 防护员应具备哪些基本条件?
2. 防护单元是如何规定的?
3. 防护员的随身防护用品有哪些?
4. 双线区间在一条线上施工时,如何使用移动减速信号防护?
5. 线路发生危及行车安全故障或自然灾害时的防护办法?
6. 阶梯提速地段减速信号设置如何规定的?
7. 试述铁路工务人身安全的基本要求。
8. 邻线(线间距小于 6.5 m)来车下道如何规定?
9. 试述风动工具使用的安全要求。
10. 劳动保护用品有哪些,使用的基本原则是什么?
11. 线路(道岔)捣固车作业安全规定是什么?
12. 边坡清筛机作业安全规定是什么?
13. 钢轨探伤车作业安全规定是什么?
14. 普速铁路破底清筛施工,两捣一稳作业后的阶梯提速是如何规定的?
15. 高速铁路大机换砟施工,两捣一稳作业后的阶梯提速是如何规定的?
16. 试述铁路行车安全的特殊性。
17. 试述大型养路机械上线运行条件。
18. 大型养路机械长达坡道运行时如何操作?
19. 大型养路机械及其附属车辆运行中出现连续异响如何处置?
20. 大型养路机械及附属车辆无动力回送劳力如何组织?
21. 大型养路机械及附属车辆无动力回送押车人员职责是什么?
22. 大型养路机械及附属车辆无动力回送车辆编组有何要求?
23. 大型养路机械运行途中抱闸如何应急处置?
24. 大型养路机械运行途中部件脱落如何应急处置?
25. 大型养路机械应急管理要求有哪些?
26. 试述大型养路机械自行组织应急救援起复的方法。

项目 7　施工质量管理

项目描述

大型养路机械施工质量关系到铁路行车安全和线路设备状态和使用寿命，也是大型养路机械线路大维修作业的根本目的。本项目主要介绍作业质量验收标准和程序、影响大型养路机械作业质量的因素等内容。通过本项目的学习，学生应提高对质量管理的认识，掌握铁路大型养路机械作业质量控制的基本措施。

学习目标

1.能力目标

(1)具备大机作业质量验收的能力；

(2)具备控制大机作业质量的能力。

2.知识目标

(1)掌握大机作业质量验收标准；

(2)掌握影响大机作业质量的因素。

任务 7.1　大机作业质量验收

7.1.1　任务目标

通过学习大机作业质量验收相关知识，能够完成以下任务：

1.掌握大型养路机械作业技术要求；

2.掌握大型养路机械作业质量验收标准；

3.掌握大型养路机械作业质量验收程序。

7.1.2　相关配套知识

铁路大型养路机械大修、维修作业项目全、程序细、标准高、要求严、作业质量均衡，从而大大提高了线路质量和轨道承载能力。由于其作业效率高、作业质量巩固时效长，可以从总量上减少线路修理及整治施工占用线路的时间，有效地挖掘了线路的运输潜力。另外，大型养路机械具有良好的机动性，在承担需缩短工期的突击性施工及完成人力、小型机械难以胜任的线路整治工作中更能显示其优越性。大型养路机械已经成为线路设备修理不可缺少的作业手段。

1.维修机组作业质量标准

(1)作业条件

作业地段为区间时，枕下碎石道床厚度≥150 mm，枕盒内道砟充足；曲线最大超高≤150 mm、曲线半径≥250 m、最大坡度≤33‰；每公里枕木级别需在 1 660～1 840 之间；不适用于道床严重板结地段的线路作业。

作业地段为道岔区时，枕下碎石道床厚度≥150 mm，枕盒内道砟充足；曲线最大超高≤180 mm、曲线半径≥180 m、最大坡度≤10‰；不适于在道床严重板结地段的线路作业。

影响大型养路机械作业的各类设备、障碍物等应提前拆除，拆除的设备应在作业机组结束当日该地段的作业后，方可恢复。

(2)技术要求

①轨温条件。无缝线路地段大型养路机械作业应避开高温时段，作业轨温应符合《修规》有关规定。混凝土枕地段无缝线路作业轨温条件见表 7-1。

表 7-1 混凝土枕地段无缝线路作业轨温条件

线路条件	作业项目及作业量		
	连续扒开道床不超过 25 m，起道高度不超过 30 mm，拨道量不超过 10 mm	连续扒开道床不超过 25 m，起道高度不超过 30 mm，拨道量不超过 10 mm	扒道床、起道、拨道与普通线路相同
直线及 $R \geqslant 2\ 000$ m	+20 ℃	+15 ℃ −20 ℃	±10 ℃
800 m$\leqslant R<2\ 000$ m	+15 ℃ −20 ℃	+10 ℃ −15 ℃	±5 ℃
300 m$\leqslant R<800$ m	+10 ℃ −15 ℃	+5 ℃ −10 ℃	—

②作业效率标准。步进式捣固车的捣固频次不宜超过 18 次/min，连续式双枕捣固车的捣固频次不宜超过 22 次/min，连续式三枕捣固车的捣固频次不宜超过 20 次/min，其他机型捣固车捣固频次按产品性能及作业要求掌握；动力稳定车的作业速度应控制在 0.8～1.8 km/h，配砟整形车的作业速度应控制在 2～5 km/h。各车应形成流水作业，确保作业后的线路迅速得到稳定。

③线路维修捣固作业的技术规定：

a. 捣固时应设置不少于 10 mm 的基本起道量。当起道量不超过 50 mm 时应捣固 1～2 遍，超过 50 mm 时应捣固不少于 2 遍，一次拨道量不宜超过 80 mm，曲线地段上挑下压量应尽量接近。接头、桥梁两头、道口处应加强捣固。作业后，道床肩宽应符合有关规定。

b. 在需变更曲线超高地段，当里股起道量大于 20 mm 时，应至少分 2 次进行起道、捣固并进行稳定。

c. 曲线地段线路方向的整正应采用轨道几何状态自动校正装置自动拨道或查表输入修正值用手动拨道。按精确法进行拨道时，应每隔 2.5 m 提供准确拨道量。在长大直线地段，应采用激光准直系统进行拨道。

d. 捣固作业结束前，应在作业终点做出标记，并以此开始按铁路线路修理规则规定的坡度递减顺坡，达到安全放行列车的要求。一般情况下不应在圆曲线上顺坡，严禁在缓和曲线上顺坡结束作业。

e. 在有砟桥上，枕下道砟厚度不足 150 mm 时严禁进行捣固作业。

f. 在线路道床严重缺砟、镐头一次下插不能进入枕底面以下的板结地段，严禁捣固作业，道床翻浆冒泥地段不宜捣固作业。

g. 高铁线路作业，每日作业前应对捣固车执行机构和测量误差进行标定并满足要求；应充分利用精测网测量的线路数据，指导捣固车作业；大型养路机械作业司机应根据地面标注数据，每隔 100 m 核对一次轨道参数计算机数据。

h. 在电气化区段作业，应按《普速铁路工务安全规则》《高速铁路工务安全规则(试行)》的规定控制起拨道量，作业后钢轨顶面至接触网距离应符合《铁路技术管理规程》的有关规定。

i. 捣固作业结束前，应在作业终点划上标记，并以此开始顺坡。顺坡率应满足：线路允许速度不大于 120 km/h 的线路不应大于 2.0‰，线路允许速度在 120(不含)～160 km/h 的线路不应大于 1.0‰，允许速度大于 160 km/h 的线路不应大于 0.8‰。一般情况下不在圆曲线上顺坡，严禁在缓和曲线上顺坡结束作业。

j. 在技术状态不良的桥梁上或在线路几何状态严重不良地段，不应进行动力稳定作业。桥梁上动力稳定作业应严格控制。必须在桥梁上进行作业时，应制定安全措施，并应根据道床情况采用合适的参数作业，稳定装置应尽可能在桥台外或桥墩处起振、停振，随时观测桥梁状态，遇异常时，及时停止稳定作业。

④道岔维修捣固作业的技术规定

a. 作业范围包括岔区及其前后各 50 m 的线路，一次起道量应控制在 10～50 mm，拨道量不超过 20 mm，接头、辙叉、尖轨曲向可弯部位增加捣固次数。

b. 钢枕、辙叉附近轨枕和尖轨转辙器 2 根枕等捣固车不能捣固的区域，以及受运输条件限制，捣固车不能同时捣固的曲股，应采用小型机械捣固。

c. 道岔捣固作业时，必须将整个岔区及其前后 75 m 线路作为一个维修单元进行捣固。

d. 采用小型机械捣固曲股，应与道岔捣固车同步作业，并在道岔捣固车对第三点起道时进行。

(3)维修机组作业验收标准

①静态验收

维修机组作业完毕后，轨道静态几何尺寸应达到《修规》轨道静态几何尺寸容许偏差管理值作业验收标准。具体标准见表 7-2、表 7-3，维修机组作业仅对表中水平、高低、轨向、三角坑负责，对表中水平、高低、轨向(直线)、三角坑负责，其他参数不在捣固作业验收标准之列。

表 7-2　线路轨道静态几何尺寸容许偏差管理值

项目	v_{max}>160 km/h 正线			160 km/h≥ v_{max}>120 km/h 正线			v_{max}≤120 km/h 正线及到发线			其他站线		
	作业验收	经常保养	临时补修	作业验收	经常保养	临时补修	作业验收	经常保养	临时补修	作业验收	经常保养	临时补修
轨距(mm)	+2 −2	+4 −2	+6 −4	+4 −2	+6 −4	+8 −4	+6 −2	+7 −4	+9 −4	+6 −2	+9 −4	+10 −4
水平(mm)	3	5	8	4	6	8	4	6	10	5	8	11
高低(mm)	3	5	8	4	6	8	4	6	10	5	8	11
轨向(直线)(mm)	3	4	7	4	6	8	4	6	10	5	8	11

续上表

项　目		$v_{max}>160$ km/h 正线			160 km/h≥ $v_{max}>120$ km/h 正线			$v_{max}\leqslant 120$ km/h 正线及到发线			其他站线		
		作业验收	经常保养	临时补修	作业验收	经常保养	临时补修	作业验收	经常保养	临时补修	作业验收	经常保养	临时补修
三角坑（扭曲）	缓和曲线（mm）	3	4	6	4	5	6	4	5	7	5	7	8
	直线和圆曲线（mm）	3	4	6	4	6	8	4	6	9	5	8	10

注：①轨距偏差不含曲线上按规定设置的轨距加宽值，但最大轨距（含加宽值和偏差）不得超过 1 456 mm；②轨向偏差和高低偏差为 10 m 弦测量的最大矢度值；③三角坑偏差不含曲线超高顺坡造成的扭曲量，检查三角坑时基长为 6.25 m，但在延长 18 m 的距离内无超过表列的三角坑；④专用线按其他站线办理。

表 7-3　道岔轨道静态几何尺寸容许偏差管理值

项　目		$v_{max}>160$ km/h 正线			160 km/h≥ $v_{max}>120$ km/h 正线			$v_{max}\leqslant 120$ km/h 正线及到发线			其他站线		
		作业验收	经常保养	临时补修	作业验收	经常保养	临时补修	作业验收	经常保养	临时补修	作业验收	经常保养	临时补修
轨距（mm）		+2 −2	+4 −2	+5 −2	+3 −2	+4 −2	+6 −2	+3 −2	+5 −3	+6 −3	+3 −2	+5 −3	+6 −3
水平（mm）		3	5	7	4	5	8	4	6	9	6	8	10
高低（mm）		3	5	7	4	5	8	4	6	9	6	8	10
轨向（mm）	直线	3	4	6	4	5	8	4	6	9	6	8	10
	支距	2	3	4	2	3	4	2	3	4	2	3	4
三角坑（扭曲）（mm）		3	4	6	4	6	8	4	6	9	5	8	10

注：①支距偏差为现场支距与计算支距之差；②导曲线下股高于上股的限值：作业验收为 0，经常保养为 2 mm，临时补修为 3 mm；③三角坑偏差不含曲线超高顺坡造成的扭曲量，检查三角坑时基长为 6.25 m，但在延长 18 m 的距离内无超过表列的三角坑；④尖轨尖处轨距的作业验收的容许偏差管理值为±1 mm；⑤专用线道岔按其他站线道岔办理。

②动态验收标准

动态验收标准按照《修规》轨道动态几何不平顺容许偏差管理值执行。该项检查主要通过轨道检查车或综合检测列车进行检测，按线路允许速度进行评价。动态几何不平顺容许偏差管理分为局部峰值管理和区段均值管理。轨道几何不平顺动态检测项目包括高低、轨向、轨距、水平、三角坑、复合不平顺、轨距变化率、车体垂向振动加速度、车体横向振动加速度等。

局部峰值动态评价采用四级管理：Ⅰ级为日常保持标准，Ⅱ级为计划维修标准，Ⅲ级为临时补修标准，Ⅳ级为限速标准。各级容许偏差管理值可查询《修规》。局部峰值评价采用扣分法。各项目偏差扣分标准：Ⅰ级每处扣 1 分，Ⅱ级每处扣 5 分，Ⅲ级每处扣 100 分，Ⅳ级每处扣 301 分。局部峰值评价以整公里为单位，每公里扣分总数为各级、各项偏差扣分总和，每公里线路局部峰值动态评定标准：优良——总扣分在 50 分及以内；合格——总扣分在 51～300 分；

失格——总扣分在 300 分以上。

区段均值评价指标为轨道质量指数(TQI)，同样采用扣分法。轨道质量指数 TQI 是评价线路平均质量的综合指标，它能准确地反映线路质量状态的优劣程度，可作为各级管理部门对线路质量状态进行宏观控制的依据，也可以作为编制线路维修计划和指导维修作业的主要参考数据。

(2)验收程序

《修规》规定，维修机组作业质量验收办法由各铁路局集团公司自行制定，本书采用郑州局集团验收程序。

大机维修作业质量采用静、动态相结合的评定办法，取其中最差成绩作为评定结果。

静态质量评定：大机维修作业静态验收项目为水平、高低、轨向、三角坑，验收单位线路为 1 km，道岔为 1 组。施工作业中，工务机械段应及时提供大型养路机械记录仪的检查记录数据，并与工务段共同随车检查，发现超限处所应立即返工消灭。施工作业后，作业地段验收项目都达到作业验收标准时，该公里(组)静态质量评定为优良；有 4 处以下超作业验收标准时，该公里(组)评定为合格；有 4 处及以上超作业验收标准时，该公里(组)评定为失格；有 1 处及以上超经常保养标准时(每处长度不超过 5 m，超过 5 m 按 2 处计)，则该公里(组)即评定为失格。

动态质量评定：按大机施工作业后一个月内的轨检车检查成绩作为线路动态质量评定依据。扣分总数在 50 分及以内时，该公里评定为优良；扣分总数在 51～300 分时，该公里评定为合格；扣分总数在 300 分以上时，该公里评定为失格；有 1 处及以上Ⅲ级超限(经查实属施工单位责任)时，则该公里即评定为失格。道岔动态质量评定等级为优良和失格，即有 1 处及以上Ⅲ级超限(经分析属施工单位责任)时，该组道岔评定为失格。

凡验收为不合格里程(属于工务机械段责任的)，要求返工作业并进行再次验收。大机施工作业后，由工务机械段和工务段按要求认真填写“大机维修施工作业达标工地互控考核表”和“大型养路机械维修日作业验收单”；一个月后，工务段向工务机械段签认“大型养路机械维修月度作业验收单”。大机作业质量保证期为六个月，以轨检车检查成绩作为评定依据。

2. 钢轨及道岔打磨作业质量标准

(1)打磨作业验收标准

①打磨深度。新轨预打磨，轨顶中心区域最小打磨深度不小于 0.2 mm。其中道岔打磨以保证轨头廓形为主，打磨深度可适当减少。预防性打磨，轨顶中心区域不小于 0.1 mm。修理性打磨深度按以下原则确定：

a. 光带修形后轨头达到目标廓形。

b. 波磨钢轨打磨后符合波磨打磨验收标准。

c. 擦伤钢轨打磨后轨面硬度不高于邻近母材轨面硬度 50 HB。

d. 钢轨鱼鳞纹应消除。

②打磨面粗糙度应不大于 10 μm。

③打磨平面最大宽度应符合以下要求：

a. 轨顶纵向中心线两侧 10 mm 区域为 10 mm，10～25 mm 区域为 7 mm，其余打磨区域为 5 mm。

b. 沿钢轨纵向 100 mm 范围内，打磨平面宽度最大变化量不应大于打磨平面最大宽度的 25%。

④打磨后轮轨接触光带：直线和曲线下股钢轨应基本居中，宽度为 20～30 mm；曲线上钢轨应偏向内侧。

⑤钢轨打磨后应无肥边、无疲劳裂纹、无连续发蓝带。

(2)普速铁路打磨验收

①钢轨打磨廓形。钢轨打磨后廓形应符合设计要求，并采用模板或钢轨轮廓智能测量仪进行廓形检查和验收，标准见表 7-4。

表 7-4　钢轨打磨作业廓形验收标准

项　目	验收标准	测量方法	测量工具
工作边肥边	<0.3 mm	焊缝凹陷做好原始记录，其他项 25 m 一个测量点，连续测量点 10 个(避开焊缝)，v<200 km/h 线路超标点≤3 个	1 m 钢板直尺配合塞尺或波磨电子尺
焊缝凹陷	<0.3 mm		
钢轨母材轨顶面凹陷或马鞍形磨耗	<0.3 mm		
波浪形磨耗	<0.2 mm		

②钢轨表面粗糙度。应使用便携式粗糙度检测仪测粗糙度，在 10 mm 范围内同一个钢轨打磨面上，沿与钢轨打磨痕迹垂直方向进行表面粗糙度测量，至少连续测量 6 个点，打磨后的钢轨打磨面粗糙度≤10 μm。

③钢轨打磨面宽度。人工使用小钢板直尺检测钢轨打磨后打磨面宽度：*R*13 区域≤5 mm，*R*80 区域≤7 mm，*R*300 区域≤10 mm。

④钢轨打磨面接触光带。打磨后接触光带应居中，人工使用小钢板直尺检测，且宽度为 20～30 mm。

⑤钢轨打磨面发蓝带。人工目视检测打磨后钢轨打磨面应无连续发蓝带。

(3)高速铁路打磨质量验收

打磨车每日打磨作业完成后，工务段应与工务机械段共同检查作业质量，检测重点项目，并办理签认手续。每打磨 50～100 km(含同一打磨方案的首日作业)或每打磨 5～10 组道岔应进行质量验收。新建铁路钢轨预打磨应逐步实行打磨质量第三方评估。

高速铁路钢轨打磨的验收项目包括：打磨廓形、轮轨接触光带、打磨深度、打磨面粗糙度、发蓝带、打磨平面宽度、打磨砂轮起落部位的砂轮磨痕、波磨轨打磨前后谷深、滚动接触疲劳轨表面残留裂纹、擦伤轨表面硬度等。

①打磨廓形检测。

a. 在打磨作业中应及时使用钢轨打磨廓形模板检查打磨廓形，并采用便携式廓形仪或车载廓形检测仪检测钢轨打磨廓形。采用便携式廓形仪检测时以左右股钢轨顶面作为定位基准。

b. 钢轨打磨廓形检测：车载检测时每 1 km 处理一次数据；手工检测时，每 50～100 km 随机选定直线和曲线各 100 m 检测左右股钢轨各三处。

c. 道岔打磨廓形测点位置。

道岔内廓形测点为三个轨道截面共计 10 个测点(图 7-1)：第一个截面位于距岔前 1～2 m 处(测点 MP1 和 MP2)；第二个截面位于导曲线中部(测点 MP3、MP4、MP7 和 MP8)；第三个截面位于距岔尾 1～2 m 处(测点 MP5、MP6、MP9 和 MP10)。

岔区前后 100 m 内线路、站内正线、道岔间夹直线等地段应各设 1 个测点。

d. 廓形分析比对方法。在 Y/Z 坐标系内以轨顶切线为基准(实测廓形不旋转),实际廓形与目标廓形在轨顶最高点处上下对齐、在 Z-16 处左右对齐(图 7-2)。

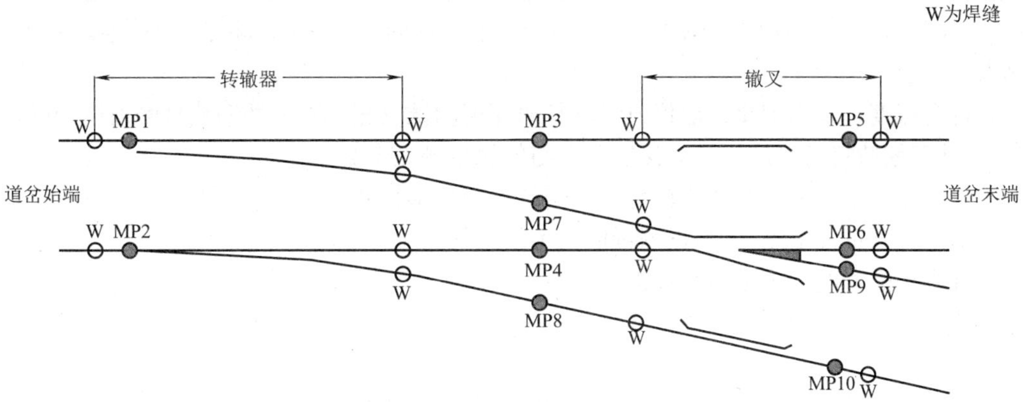

图 7-1 道岔打磨廓形测点位置

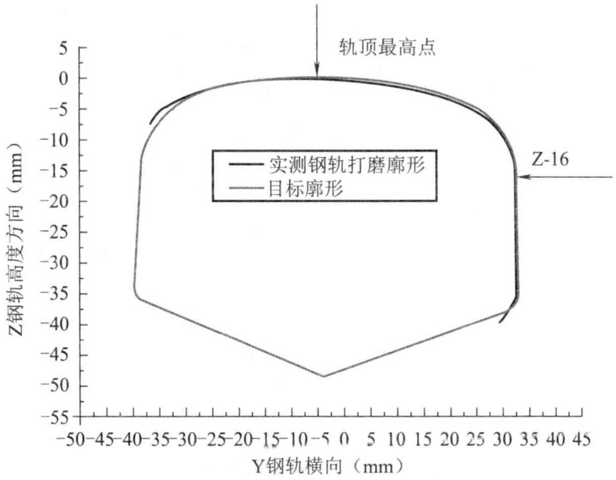

图 7-2 廓形分析对齐基准点示意

e. 轨头廓形偏差应满足表 7-5、表 7-6 要求。

表 7-5 钢轨打磨轨头廓形验收标准(手工检测)

设计行车速度(km/h)	轨头横向−25～+25 mm 范围内(mm)	轨头横向 25～32 mm 范围内(mm)
<200	+0.3/−0.3	+0.2/−0.6
≥200	+0.2/−0.2	+0.2/−0.6

表 7-6 钢轨打磨轨头廓形验收标准(车载检测)

设计行车速度(km/h)	验收标准(mm)	允许超限百分比		
		±0.2 mm	±0.3 mm	±0.5 mm
<200	+0.5/−0.5	—	—	15%
≥200	+0.3/−0.3	10%	5%	0%

②轮轨接触光带检测。在打磨作业后两周内，应采用车载式光带测量系统或钢板尺检测轮轨接触光带，同时检查焊缝前后的光带。轮轨接触光带未形成前，可在钢轨上喷漆，经1～2 d过车后测量钢轨接触光带。轮轨接触光带测点应避开砂轮起落及焊缝区域。道岔内轮轨接触光带测点如图7-1所示；道岔区前后100 m线路、站内正线、道岔间夹直线等地段应各设1个测点。

③打磨深度。采用钢轨廓形仪或钢轨打磨深度测试仪测量同一处钢轨打磨前后的廓形或高度，以计算钢轨打磨深度。打磨深度测点与轮轨接触光带测点相同。

④粗糙度测量。采用便携式粗糙度检测仪检测打磨面粗糙度，同一批次生产的砂轮所打磨的区段至少测量6个点，各测点测量值均不得超限。

⑤打磨平面宽度。采用钢板尺检测。

⑥波磨测量。采用便携式数字波磨测量仪或电子平直度测量尺检测钢轨波磨；岔区以外线路可采用车载波磨检测仪检测钢轨波磨。

钢轨波磨检测：目测打磨砂轮起落部位100 m左右范围内的打磨痕迹，如发现有明显的周期性砂轮磨痕，则应连续检测10～30 m范围内的波磨；在波磨地段，车载检测时每1 km处理一次数据，手工检测时随机连续检测5～30 m范围内的波磨。波磨钢轨打磨验收标准见表7-7。

表7-7　波磨钢轨打磨验收标准

项　目	验收标准				测量方法	说　明
波长(mm)	10～30	30～100	100～300	300～1 000	—	—
采样窗长度(mm)	600	600	1 000	1 500	—	—
谷深平均值(mm)	0.02	0.02	0.03	0.15	测试精度0.01 mm及以上，且测试长度不小于采样窗长度	打磨作业完成后8 d内或在打磨后通过总重30万t之前测量
一级标准允许超限百分率(%)	5%	5%	5%	5%	车载连续测量打磨波磨钢轨长度100 m(手工检测10～30 m)	—
二级标准允许超限百分率(%)	—	10%	10%	—	车载连续测量打磨波磨钢轨长度100 m(手工检测10～30 m)	—

⑦钢轨擦伤打磨后应采用里氏硬度计检测擦伤部位的轨面硬度。

(4)打磨作业质量检测设备和工具(表7-8)

表7-8　打磨作业质量检测设备和工具

序　号	设备和工具	精　度	备　注
1	打磨廓形模板尺		用于指导调试打磨车的打磨程序，定性检查打磨廓形和目标廓形的符合程度
2	便携式钢轨廓形仪		

续上表

序　号	设备和工具	精　度	备　注
3	钢轨波磨检测尺或电子平直尺		测试长度不小于采样窗长度
4	钢轨打磨深度测试仪	0.01 mm	测试打磨深度
5	便携式粗糙度检测仪	示值误差≤15%	量程 0.05～10.0 μm
6	便携式里氏硬度计		测定擦伤钢轨打磨后的硬度，用于判定马氏体是否去除

3. 清筛机组作业质量标准

(1)线路大修作业的一般要求

①无缝线路地段大型养路机械作业的天窗时间应避开高温时段，当预测作业轨温高于原锁定轨温时，必须进行应力放散，以使作业轨温符合铁路线路修理规则的有关规定。

②作业前应根据清筛深度和道床的脏污率备足道砟。全面检查钢轨接头螺栓和扣件状态，清筛机作业项目应全面拧紧扣件。

③清筛机清筛深度一般不小于 300 mm(枕下，下同)；道床总厚度不足 300 mm 时，应清筛至路基面(垫层面)，并做好排水坡，以利排水；在桥梁上和车站内作业，受建筑物限制时，可酌情减小清筛深度，但不得小于 250 mm，并按原线路标准进行起、拨道。使用大修列车更换轨枕，轨枕长度不得超过 2 600 mm，枕端露筋不得长于 S(mm)，换枕后轨枕间距误差不大于±10 mm。

④作业时，清筛机枕下导槽应按 1:50 的坡度向道床排水侧倾斜，作业至路基面时坡度不少于 1:25。

⑤被清筛线路两侧的建筑物(包括埋设在道床中的固定物)至线路中心的距离应不小于2 100 mm。

⑥在道砟质量不良或线路翻浆冒泥地段，可采用清筛机等进行换道床或垫砂(垫布)作业。基床下沉外挤或翻浆冒泥地段，可采用路基处理车进行路基整治作业。

⑦影响大型养路机械作业的各类设备、障碍应提前拆除，拆除的设备必须在作业机组结束当日该地段的作业后，方可恢复。

⑧作业中，清筛机、配砟整形车、捣固车、动力稳定车采取流水作业方法，使道床在清筛后能及时得到补砟、捣固，尽快恢复道床稳定。对清筛、更换道砟、路基整治等作业，应采用多次捣固和稳定的方法，整细捣固应采用精确法严格按照线路大修设计技术资料进行作业。

⑨细整捣固顺坡率应符合铁路线路修理规则的规定。当作业终点有拨道量时应输入拨道递减量，以便将线路拨顺，达到安全放行列车的要求。

(2)清筛作业的技术规定

①作业准备工作：

a. 拆除当天计划清筛地段内影响机械作业的障碍物，包括宽 2.75 m 以下的人行道口、电务硬面化基座等。调整电务、电力、通信、车辆、车务部门的缆线至距轨枕端 800 mm 以外，线路两侧的箱盒应满足清筛机作业宽度要求。

b. 在当日清筛作业的起点开挖长度沿轨道方向 1 000 mm、宽度比计划清筛宽度宽出 300 mm、深度等于计划清筛深度的导槽坑，两边导槽深度应比底梁略深，整个导槽坑向作业方向形成 30°角。导槽坑下方的道砟堆积角应小于 30°。

c. 作业司机应提前掌握当日作业地段的清筛深度、设计标高、线路平纵断面几何尺寸的大修设计要求以及当日作业的里程、各车分解方式等。提前发动机械，检查车辆状态。

②作业机组连挂进入封锁区间，在指定作业地点解体并按要求分别就位。

③双线地段作业时，在确认邻线无来车时，连接清筛机导槽和挖掘链。

④清筛机起道高度不宜超过 30 mm(在道床厚度不足的特殊地段可适当提高)，轨向应尽量保持平顺，两侧边坡道砟回填应均匀，在曲线地段外股道砟应略多于内股，道床肩宽应符合有关规定。

⑤清筛开始后，施工负责人应立即组织配砟整形车上砟、捣固车起拨道捣固作业、动力稳定车稳定道床作业，使线路尽快达到放行列车的条件。

⑥各车应注意相互间的联系，保持各车作业间隔不得小于 10 m。邻线来车时应加强防护，不得进行可能侵入邻线限界的作业。

⑦各配合单位应按照与施工单位签订的施工配合协议做好配合工作。

⑧作业完毕后，由施工负责人组织各车连挂整列返回车站。

(3)施工交验程序

①严格执行自验、初验、正式验交三级验收制度。在施工线路恢复常速后，由施工单位自验后报设备管理单位初验，对初验提出的问题，施工单位要及时安排解决；初验合格后由施工单位向设备管理单位提出正式验交申请，由工务处组织按照设计文件及验收标准进行验收。

②每日施工结束后由生产副主任带队，技术员或安全员及各断面负责人参加，对当日清筛断面及整修断面在出网前进行日验收。

③大中修设备正式验交前，施工单位要向设备管理单位提交完整的竣工资料。正式验交需形成纪要，明确验交日期、验交地段、安全责任接管时间、遗留个别单项工作整修期限、双方签字确认，同时报工务处一份备案。

④清筛施工实行先交安全后正式验交的方式。线路恢复常速后，由车间和工务段主管人员共同检查、确认几何尺寸达到大中修验收标准，道床肩宽不少于 300 mm，联结零件不松不缺，线路安全即交由工务段接管，双方签订书面交接安全记录，最终验收必须保证所有项目达到验收标准，验收标准按照表 7-9 规定执行。

⑤设备管理单位要提前介入到大修施工的全过程中，并在正式交验后、线路稳定前，组织人员整修线路，确保线路稳定期的行车安全。

⑥线路安全交接后至正式验交前发生的所有安全、质量问题，施工单位与设备管理单位负同责。

⑦线路大中修清筛施工时，恢复常速后未交验地段长度，原则控制在 5 km。

表 7-9　线路大、中修验收标准

序　号	项　目	质量标准
1	水平	符合作业验收标准
2	轨向	1. 直线目视顺直，符合作业验收标准 2. 曲线方向圆顺，曲线正矢符合作业验收标准 3. 曲线始、终端不得有反弯或“鹅头”
3	高低	1. 目视平顺，符合作业验收标准 2. 轨面标高与设计标高误差不得大于 20 mm

续上表

序　号	项　　目	质量标准
4	三角坑	符合作业验收标准
5	捣固	1. 捣固、夯拍均匀 2. 空吊板：无连续空吊板；连续检查 50 头，正线、到发线不得超过 8%，其他站线不得超过 12%
6	路肩及排水	1. 路肩平整，无大草，并有向外流水横坡 2. 符合设计要求
7	道床	1. 清筛清洁，道砟中粒径小于 25 mm 的颗粒质量不得超过 5% 2. 清筛深度达到设计要求 3. 道床密实、符合设计断面，边坡整齐
8	轨枕	1. 位置方正、均匀，间距和偏斜误差不得大于 40 mm 2. 无失效，无严重伤损 3. 混凝土宽枕间距和偏斜误差均不得大于 30 mm
9	防爬设备	1. 安装齐全，无失效 2. 普通线路爬行量不得大于 20 mm
10	线路外观	1. 标志齐全、正确、清晰 2. 钢轨上的标记齐全、正确、清晰 3. 弃土清除干净 4. 无散落道砟 5. 施工拆除及临时拆开的防护栅栏按标准恢复，无开口及破损
11	旧料回收	旧料如数回收，运至指定地点，堆码整齐，并按规定移交

任务 7.2　大机作业质量影响因素

7.2.1　任务目标

大机作业质量影响因素

通过学习大机作业质量影响因素相关知识，能够完成以下任务：

1. 了解大机作业质量的八个影响因素；
2. 掌握提高作业质量的控制方法。

7.2.2　相关配套知识

大型养路机械作业质量受多种因素的影响，主要包括司机操作技能、机械功能、机械检修保养与精度调校、新技术应用、施工前准备、作业参数设置、人工配合、施工组织等八个方面。

1. 司机操作技能对作业质量的影响。

大型养路机械是技术密集型装备，对管理者和使用者的要求很高。为了保证大型养路机械作业质量，操作司机应当懂得它的机械性能与电气控制原理，铁道工程及线路养护知识、行车操作及安全知识等，应当掌握大型养路机械各岗位的操作技能，各部位的保养维护技能、机械检修及故障排除技能、设备标定及选择作业方法、及时修正误差等人工干预技能。只有掌握了这些操作技能，方能控制好作业质量。

(1)设备不熟悉

部分操作人员对设备不熟悉。客观上由于大型养路机械设备更新换代速度快，车辆的种类迅速增加，各种工作装置结构也不断升级，而厂家却减少了对操作人员的专业技能培训，造成现有的操作人员业务技能不均衡，不懂其机械性能与电气控制原理，对设备操纵掌握不够全面，一些非常用功能不了解不清楚，比如捣固车“下插辅助按钮”的功能是增大捣固装置的下插力，当捣固装置下插困难时起辅助作用，但很多操作司机不清楚这一功能，在线路轻度板结时势必会影响作业技术指标的落实。主观上一些操作人员不思进取、厌学导致操作技能低，只会简单的常规操作，不具备随时调整作业参数的能力。

(2)“一对一、师带徒”的弊端

大型养路机械操作人员以一对一师带徒为主要培养方式，由具备一定工作经验的职工带一个新工，签订师徒合同。虽然师徒合同中有培养效果考核条款，但是结果并未达到预期。原因之一是师徒之间没有制度约束和奖励激励，是一种松散的教学关系，即便师傅愿意教，徒弟未必愿意学；其二，这种培养模式缺乏系统化，师傅经常是想到哪儿教到哪儿，徒弟学起来难免遗漏；其三师傅的理论水平普遍不高，主要是实作教学，涉及理论的部分知其然不知其所以然，造成了操作难以提高。

(3)对作业质量重视不够

部分操作司机对作业质量重视不够，在作业时仅应付静态验收，忽略了动态质量的控制。比如大机捣固作业时，有操作人员一味追求作业速度，捣固频次超过规定标准，下插深度和夹实时间均不足，静态测量时线路几何尺寸符合验收标准，但石砟密实度不足且软硬不均，动态检测时线路状态较差，扣分较多，易出现失格公里。大机清筛作业时，操作人员违反操作标准，提高清筛作业基本起道量，挖掘速度有所提升，但挖掘深度不够，作业质量不高。这些问题大多发生在有一定工作经验、技能较高的操作人员身上。

司机操作技能直接影响到施工质量，是施工质量控制的人的因素，各铁路局集团公司也据此做出了有益的尝试，一是集全局甚至全路之力编写“大型养路机械作业指导书”，分车型进行详细介绍作业流程和操作标准，为大型养路机械从业人员学习培训提供帮助。二是加强日常教育培训，对从业人员开展年度轮训、专项培训、车间日常教育等多种形式的技能培训，充分发挥职教部门和车间工程技术人员的作用，编写“大型养路机械从业人员应知应会手册”。三是各级管理部门修订了质量管理办法，加强日常质量监督检查，落实“大型养路机械作业指导书”标准。

2. 机械功能不全

大型养路机械的每一项功能被设计出来都有其作用，但在使用过程中因为各种原因被停用，造成对作业质量的影响。

线路捣固车的砟肩夯拍功能可以有效地增加枕端石砟的密实性，适当提高道床横向阻力，降低捣固作业扰动道床对线路稳定性的影响，但是在普速铁路作业时，由于部分地段无法进行夯拍而取消了这一作业内容。线路捣固车另一项被取消的功能是激光拨道，因激光拨道仅能应用于长大直线上，且操作相对复杂，除有特殊要求外，部分铁路局集团公司线路捣固车从未使用激光拨道。线路捣固车的四点法拨道被停用，B 点矢距传感器沦为备用配件。部分操作人员甚至不知三点法和四点法为何物，拨道选择旋钮一直停留在三点法上，也有部分操作人员只知有两种拨道法却不知其用法和原理。线路捣固车的捣镐不全，因捣固装置最内侧捣镐曾因传感器故障等原因捣伤轨底，最靠近钢轨的两把捣镐被拆除。

道岔捣固车辅助起道功能和捣固装置分离功能停止使用，仅因为使用辅助起道和分离捣固装置会侵入相邻线路限界，有碰撞其他列车的风险。道岔捣固作业时使用人工压机代替辅助起道，人工捣固代替机械捣固，道岔捣固车任何部位不得超出本线限界，但人工起道精度和人工捣固效果无法匹配机械作业。

各类大型养路机械中，与捣固车类似的部分功能被阉割的情况不再一一列举，这种行为严重影响了大型养路机械性能的发挥，对作业质量产生不良影响，是典型的因噎废食，是必须要摒弃的，只有充分发挥大型养路机械的所有功能，方能促进作业质量的提升。

3.机械检修保养与精度调校

有效的机械检修保养，可以减少机械故障，保证机械设备完好率。大型养路机械的性能状况直接关系到线路修理的效率和质量，同时涉及安全问题。放弃任何一项机械或电气功能，或动力性能达不到要求，都将导致部分质量损失。对于走行系统、基础制动等部件，更关系到行车安全，不能有一丝疏漏。因此加强日常的检查保养，坚持“定期、定时、定人、定位”的检查保养制度，车队应具备必要的修复能力，车组应具备常用的易损配件，确保安全和质量的同时，最大限度减少停机时间。

与作业质量关系最紧密的保养项目就是工作装置的保养，捣固车及时更换超限的捣镐、及时补齐缺失的捣镐，打磨车及时更换超限的砂轮、修复故障打磨电机，清筛机及时更换超限的扒指等都是直接影响作业质量的项目。

如果出现机械设备功能故障需要停止作业检修的情况，不属于影响作业质量的因素，不再赘述。

大型养路机械的作业精度靠自身测量装置的精度来实现，测量装置的精度调校对作业质量至关重要。捣固车是由测量系统来反馈线路情况，通过各个传感器采集数据到计算机系统，将实际值和理论值进行比对得出的差值，由系统计算反馈到控制执行机构，使各个工作机构动作，实现线路捣固作业。这套系统的每个环节都需要精确传输，才能达到线路捣固作业的预期效果。整个系统每一个部件的精准度都将影响最终的作业精度，所以我们必须将每个系统精度提升至最佳状态。

捣固车的精度校正一般在标准线上进行，校正拨道传感器的零点、标定超平系统、电子摆、深度传感器等。打磨车的精度校正主要是打磨电机的零度位置标定等。

4.新技术的应用

新的施工技术的应用可以有效提高作业的质量。

(1)精确捣固

铁路线路是以大地坐标系(绝对位置)为参考进行设计和建设的，但是捣固车通常是以作业段线路本身的平顺度为基础进行局部近似作业，二者参考基准不一致。传统的捣固测量方法和起拨道作业只能修正短波长的轨道不平顺问题，作业后的线路坐标位置与最初的设计并不吻合。

线路精确捣固的目的就是修正捣固车前端测量点位置偏差引起的作业点残留偏差，这样使线路既能达到平顺性，又能使线路恢复到设计状态(包括位置和平顺性)。以往的线路捣固作业是由操作人员手动录入起拨道数据，人为误差大，效率低下。采用测量小车得到轨道的相关参数后，通过一系列优化和处理后生成计算机能识别的起拨道数据文件，在实际作业中将该文件导入计算机，实现自动给定起拨道量，操作人员只监控仪器仪表，大大提高了作业精度，减轻了捣固车二号位的劳动强度。

(2)道岔脱杆捣固

道岔捣固作业时，道岔连杆、拉杆以及转辙设备在轨枕之间，其所在的位置无法捣固，道岔捣固作业后该处石砟密实度不够，即便人工捣固依然不能满足需要，易出现暗坑，影响行车的平稳性和道岔的使用。

道岔脱杆捣固是在捣固作业前将连杆、拉杆等影响捣固的设备拆除，并将尖轨与基本轨锁定在一起，捣固作业后再恢复原状的作业模式，该模式解决了传统道岔捣固存在的问题。

(3)钢轨及道岔廓形打磨

钢轨及道岔打磨的三种类型，新轨预打磨、预防性打磨和修理性打磨均属于廓形打磨，是廓形打磨在不同病害的钢轨修理的具体应用，打磨后的廓形验收也是打磨质量验收的重要内容之一。一般的钢轨打磨廓形可按照 60 N 型钢轨型面进行打磨并验收，特殊线路需要专门设计钢轨廓形，从而更加适应线路运行情况，例如重载铁路的钢轨廓形就不宜使光带过窄，否则有轨顶压溃的风险，高速铁路因列车轴重较轻，钢轨打磨后光带可以窄一些，但不得低于最低限制。

5. 作业前准备

作业前的准备工作与大机作业质量有密切的关系。

线路大修作业前进行准确细致的线路调查和测量，委托有资质的设计单位出具合理的设计文件，为线路大修作业提供理论基础；作业前补充足够的道砟、应力放散，全面掌握施工区段道口、桥梁、曲线及绝缘接头的位置及参数，这些准备工作为大修作业安全顺利进行提供保障。

线路维修作业前，对线路几何形位进行全面测量，可以为精确拨道提供数据；测量作业区段的原始廓形，设计打磨方案，可以有针对性的消除钢轨病害，提高钢轨打磨质量。

工务段应根据维修作业项目内容配合完成以下工作：

(1)提供作业地段的里程、坡度、曲线要素，线路平、纵断面资料和线路实际锁定轨温、起拨道量资料以及站场资料。提前补充和均匀道砟，按规定调整轨缝、调直钢轨及拧紧扣件，并进行线路测量和标记。

维修作业时道砟不足，会导致枕下密实度不够，严重时甚至会出现起道后无法满足高低、水平调整的需要，作业后轨面的沉降较快，线路几何形位不易保持，极大影响作业质量。

(2)对作业地段进行抽板、方枕、改道、更换失效轨枕等作业，并指派专人在作业中随时测量轨温变化。

(3)拆除影响大型养路机械作业的线路设施及障碍物，如观测桩、曲线桩、道口报警器、急救夹板、木撑、石撑、防爬器、有砟桥护轨等。轨距拉杆应串移紧靠一侧轨枕，使轨枕间捣固净空范围不小于 200 mm，对不能拆除的障碍物，在线路上做出醒目标记。

(4)拆除道口铺面、护轮轨、护木以及线路中心线两侧 3.5 m 范围内妨碍机械作业的一切设施。轨枕间隔必须符合标准。

(5)对影响作业的其他固定设备，应提前通知相关单位移除或处理，避免作业时损坏相关设备。

6. 作业参数设置

大机作业过程中，必须严格按照施工技术要求和线路状态合理设置作业参数，方可保证作业质量。

线路捣固作业中，除了常规的夹实时间、下插深度、捣固频次的基本要求外，还应注意作业方法的选择。整治前后高低偏差有精确法和补偿法两种。精确法需要精确测量线路纵断面，线路纵向每一点都严格按测量的标高进行起道，作业后线路纵向各点都要达到设计标高，但线路测量工作量很大；补偿法是给定一定的起道量，捣固车自动超平，调整高低误差，作业后仍会有遗留偏差，线路基本平顺，可以达到《修规》的要求，因此，线路维修多采用补偿法，当补偿法无法达到作业验收要求时，可采用精确法。

线路方向的整正有四点法、三点法和直线激光准直法等三种，单纯的四点法和三点法均属于近似法拨道，激光准直法（目前国内车型）只能应用于长大直线拨道，可视为精确拨道。

7. 人工和小型养路机械配合

因线路的复杂程度不一，部分处所不能进行大型养路机械作业，必须进行人工和小型养路机械配合，保持作业后线路质量的连续性。这些配合工作主要集中在线路维修作业。

捣固作业时，拆除超高垫片，信号线、红外设备以及其他不能捣固地段，道岔曲股起道、捣固均需要人工及小型养路机械配合。道岔打磨作业时，打磨车无法打磨或打磨受限处所需要人工打磨顺坡。

大型养路机械属于连续性作业，对于点状的病害处理没有优势，比如钢轨擦伤等，当出现点状病害或因机械故障造成线路破坏时，需要人工及小型养路机械及时修复处理。

8. 施工组织

合理安排不同施工项目的顺序，对施工质量的提高有密切联系。换轨大修前安排线路捣固，拆除超高垫片，可以减小换轨大修施工难度；或者换轨后及时进行线路捣固，也可以保证线路的平顺性。对线路和道岔进行捣固作业，修正几何形位偏差后再进行打磨作业，会使打磨后线路光带均匀，打磨质量更好。捣固和打磨作业时，道岔作业与线路作业的范围有效地衔接，能提高线路状态的连续性。

知识拓展

曲面打磨，一种全新的钢轨打磨技术

2018年，一种全新的打磨技术被引入中国——曲面打磨，也叫切线打磨，它与传统的打磨最大的不同之处就是在于砂轮与钢轨在打磨时的接触位置：传统的打磨利用砂轮的轴向面，也就是平面与钢轨进行磨削，而曲面打磨则是利用砂轮的径向面，也就是圆周曲面与钢轨接触磨削。砂轮曲面与钢轨的纵向水平线相切，所以也叫切线打磨。

正是因为技术原理的巨大差异，所以与传统打磨技术相比，曲面打磨有着得天独厚的优势。下面以意大利 Mecno Service 公司生产的 MS-12S 型（图 7-3）打磨车为基础，阐述曲面打磨的几个典型特点。

图 7-3　MS-12S 打磨车

一、打磨质量的优越性

曲面打磨原理利用砂轮“自锐”特征，使用砂轮打磨后形成的弧面，仅用 4～5 片砂轮便能完全覆盖钢轨表面，其中至少有 2 组砂轮是锁定在一个位置，因此在以下几个方面有着特别的优势：

(1)横向廓形：弧面饱满，没有小平面，图 7-4(a)为曲面打磨后的形面，图 7-4(b)为传统杯形打磨后的形面。

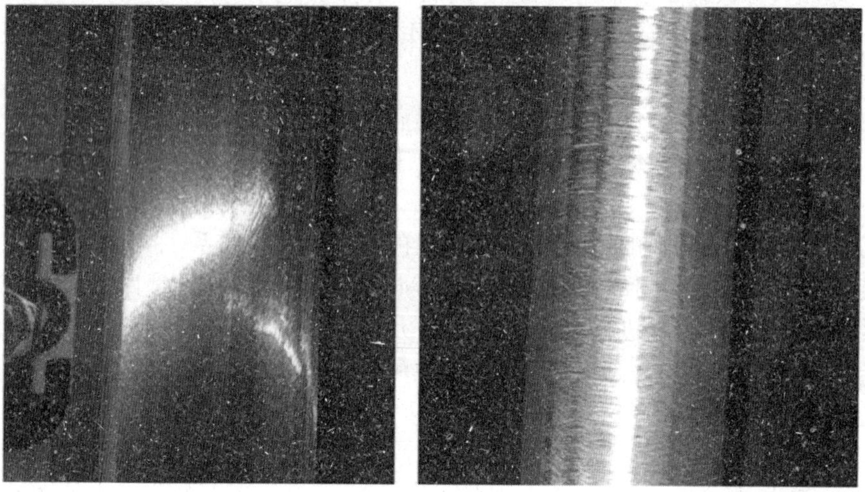

(a) 曲面打磨　　(b) 杯形打磨

图 7-4　打磨后的钢轨型面

(2)纵向平顺度：有 2 组磨石设计在同一纵向平面，这对于处理焊接头和波磨效果良好。

(3)粗糙度：打磨后钢轨表面粗糙度平均不到 4 μm。

二、作业效率和能力的多变性

该车设计一共有 12 个砂轮，每边 6 个，但如前面描述的那样，一般 4～5 片砂轮就能完全覆盖钢轨表面，实际上这取决于所选砂轮的厚度。该车另一特别之处就是，可根据钢轨的不同需求，使用硬度、厚度不一的砂轮。

(1)打磨砂轮因地制宜，灵活组合：如不需修改廓形，则只用内外两片 60 mm 厚的砂轮便能覆盖整个钢轨表面，完成一遍平均 0.2 mm 左右的打磨量。而针对内侧有肥边的病害状况，可以设置 25 mm 的砂轮专门用来高效削除病害。另外，如需打磨例如 60 N 等在轨距角处磨削量大的廓形，可以使用 35 mm 厚度的砂轮设置在该区域。总之，能根据不同的工况需要，设置不同的砂轮厚度组合，完成有针对性的打磨。

(2)打磨遍数：鉴于砂轮的不同组合，最少一遍可以实现新轨预打磨，达到去除脱碳层的目的。而打磨量较大的廓形修复，一般 6～8 遍也能达到设计廓形。

(3)作业速度：平均 1～2 km/h 的作业速度，能在慢速的走行中观察打磨状况，及时调整打磨策略。这对于打磨道岔优势明显。

3. 无障碍设计的作业范围

鉴于曲面打磨的磨石设计，磨石在作业过程中不会干涉钢轨两边的各类设施，因此该打磨车几乎是无太多的障碍物影响作业，作业时不需要额外拆除钢轨两旁设备。

(1)道岔：可打磨道岔的任何区域，包含尖轨、岔心位置，但为防止该区域的打磨影响道岔相关几何参数，在该区域打磨量控制较为谨慎，而曲尖轨和直尖轨的基本轨区段、曲基轨、直基轨区段，可以不受任何限制。

(2)线路：线路中的各类设施，比如计轴器、自动润滑装置、护轨、人防门等，均不影响打磨作业。

(3)槽形轨：普通轮对通过有轨电车专用的槽形轨时，轮缘厚度决定了通过道岔的安全系数。Mecno Service 曲面打磨车设计可置换轮对，在打磨槽形轨时使用较薄轮缘的轮对，能安全地在槽形轨上运行和作业。另外该车的曲面打磨设计也能轻易避开轨槽，从而轻易完成打磨作业。

(4)极端线路状况：该车走行系统为机械传动，能在 80‰的坡度上作业；另外该车较小的外形尺寸(长 13 962 mm×宽 2 320 mm×高 2 700 mm)也能让它顺利通过 20 m 的小半径弯道，对于城市轨道而言，这是非常重要的作业能力。

复习思考题

1. 简述维修机组的作业基本条件。
2. 简述混凝土枕地段无缝线路作业轨温条件。
3. 道岔维修作业的技术规定是什么？
4. 轨道几何不平顺动态检测项目包括哪些？
5. 线路维修作业动态质量如何评定？
6. 打磨作业验收标准有哪些？
7. 打磨作业质量检测设备和工具有哪些？
8. 影响大机作业质量的因素有哪些？
9. 司机操作技能对作业质量有哪些影响？
10. 维修作业前，工务段需要做哪些准备工作？

项目8　设备管理

项目描述

大型养路机械设备是完成各项生产任务的物质基础与保证。机械设备管理工作直接关系到生产安全和经济效益,是企业管理的重要组成部分。设备管理必须贯彻执行"依靠技术进步、促进生产发展"和"预防为主、养修并重"的方针。本项目从设备的管理组织机构、检查保养、年修、状态检查及上线、运用故障管理等方面介绍了设备管理的主要内容,使学生在学习后可以掌握设备管理方面的基本制度、工作标准等,具备正确检查保养设备的能力。

学习目标

1. 能力目标

(1)具有正确检查保养设备的能力;

(2)具有参与设备年修项目的能力;

(3)具有正确辨别设备状态的能力。

2. 知识目标

(1)掌握设备的基础管理项目及标准;

(2)掌握设备的检查保养标准;

(3)掌握设备的年修项目标准;

(4)掌握设备的状态检查及上线交接规定;

(5)掌握设备的运用故障等级及处理流程。

任务8.1　设备管理概述

8.1.1　任务目标

通过学习本任务知识,能够完成以下任务:

1. 掌握设备管理的意义和基本任务;

2. 掌握设备管理的段级组织机构和职责;

3. 掌握设备基础管理的基本内容。

8.1.2　相关配套知识

设备管理要对设备的规划、选型、购置、安装、调试、验收、使用、保养、修理与改造、处置、报废环节实行全过程管理。设备管理的基本任务是贯彻执行上级有关方针、政策、法令、法规;按照资产经营的要求,通过技术、经济和组织措施,对机械设备进行综合管理,做到全面规划、合理配置、择优选购、正确使用、精心维护、安全运行、科学检修、适时改造和更新，使设备经常处于良好的技术状态，充分发挥设备效能，满足生产需求，取得良好的投资效益。

1.组织机构与职责

工务机械段设立设备管理委员会，负责段属设备的全面管理。在设备管理委员会的统一领导下，实行段、运用车间、班组三级管理。设备科是全段设备管理的专职机构；各运用车间设立设备管理领导小组负责本运用车间设备管理日常工作；班组设备管理在工班长的领导下由全体设备操作人员和维修人员组成。

(1)段级设备管理职责(设备科)

①贯彻执行上级有关设备管理工作的方针、政策、条例和规定；制订本单位设备管理实施细则，并监督执行；定期召开设备管理工作会议；

②负责段属设备全过程的管理，即：设备计划、选型、论证、购置(设计、制造)、安装、调试、验收、使用、保养、检修、大修、调拨、更新改造直至报废；

③建立设备台账，掌握全段设备数量、动态、技术状况，按时进行统计、汇总和呈报有关报表；提供准确的管理数据；

④按时、准确编制、提报设备更新改造、大修计划；

⑤结合设备状况及季节性特点，编制定期检查保养计划、针对性检查保养计划、年度检修计划，安排各运用车间并督促落实；

⑥制定设备操作规程、岗位责任制、作业标准、检查保养标准及检修措施；负责审核设备项修、大修报修申请，编制设备检修计划，组织实施设备年度检修和质量验收工作；

⑦负责审核运用车间的机具及配件申请，制定运用车间设备定额，编制设备调动计划；

⑧积极推行新技术、新工艺、新设备。

(2)材料科

①负责段属设备配件管理制度的制定并落实；

②负责段属设备用油料管理制度的制定并落实；

③根据段属设备的数量和技术状态及年度检修计划制定合理的库存量，确保材料供给；

④编制设备配件、设备用油料的采购计划；

⑤负责设备配件、设备用油料的采购、点收和发放；

⑥检查和指导运用车间配件管理、油料管理；

⑦统计各运用车间机械备件和油料的消耗；

⑧积极开展修旧利废活动；

⑨参与设备年检验收工作。

(3)检修车间职责

①负责完成设备的项修(根据设备的实际技术状态针对性地对某些总成进行修理和更换)、年修、大修(对全部总成彻底修理和更换必要部件的恢复整车性能的修理工作)以及生产期间较大设备故障(运用车间无能力修复)的抢修工作；

②负责完善设备检修工艺；

③严格按照设备年度检修计划或设备故障报修申请，逐项检修不漏项，按时并保证质量地完成设备检修任务；

④认真执行相关检修规则，精检细修；积极探索新工艺，提高检修效率，确保检修质量；

⑤参与设备年修验收，做好大部件及总成检修记录，提报检修相关报表；

⑥充分利用检测仪器对设备进行状态监测，积累经验、完善故障判定标准，为设备状态修提供依据；

⑦积极开展大部件及总成的检修工作，提高检修能力，减少材料支出。

(4)运用车间设备管理职责

①在段设备管理委员会的领导下认真贯彻执行上级有关设备管理工作的各项方针政策和指导思想，建立并完善本车间设备管理的各项制度并督促检查落实。定期召开本车间设备管理和运用方面的工作会议；

②检查考核本车间设备管理的主要技术经济指标，把设备管理和运用的优劣与班组安全生产经济效益紧密挂钩。提高本车间设备的完好率、利用率和效率；

③建立健全本车间设备台账。按时向段设备管理部门上报本车间设备管理和运用方面的报表、报告，含"报废设备申请""设备报修申请""新增设备申请""车间机具动态使用报表""设备定期检查保养实施情况表""设备点检表""设备故障及处理情况月报""大中型养路机械使用综合月(年)报""大中型养路机械运用统计季(年)报"。同时认真填写"设备故障及处理情况记录"备查；

④掌握本车间设备的技术状况，贯彻和落实岗位责任制，指导设备操作人员严格执行各项管理制度、技术操作规程和检查保养标准；

⑤制定本车间设备定期保养计划，组织落实和检查；

⑥编制、上报本车间设备年度检修计划、配件计划，并组织协调检修工作的实施；

⑦自主完成设备小修(对发动机、工作装置、走行及制动系统、电气系统、液压系统、附属装置等部件的维护性修理和更换工作)，积极开展项修(根据设备的实际技术状态针对性地对某些总成进行修理和更换)，无能力处理的设备故障报检修车间处理；

⑧组织本车间职工的业务学习，提高职工的业务技术水平。

(5)班组设备管理职责

①贯彻执行上级有关设备管理规定和指示精神，按章操作、精心保养、正确使用，安全保管，争创红旗设备；

②认真落实班组设备的"两定"(定人、定机)"三包"(包使用、包保管、包养修)和岗位责任制；对附属工具、配件实施定置管理(定点存放、定人管理、定期整理)；

③按规定对所使用设备进行点检，如实记录设备运转情况，并按要求填写各种记录、报表。如填写"大型养路机械运转记录""设备日常检查保养记录""大中型养路机械点检记录"；

④妥善保管设备有关的各种证件、记录和资料，特别是要妥善保管"大机年检合格证""轨道车年检合格证""制动机校验合格证""车轴探伤合格证"；

⑤维护设备的环境卫生。

2. 设备的基础管理

凡价值在 5 000 元以上、使用年限在一年以上构成固定资产的机械动力设备，均列为固定资产管理项目。需要购置、报废、更新机械设备时，须报段设备管理委员会。设备管理实行段、运用车间、班组三级管理网络。全段设备按规定分类进行统一编号管理，各级设备管理人员均应建立设备台账，做到"账、卡、物"相符。

每台设备应建立设备技术档案，按照"大型养路机械使用管理规则"附件 1 格式，完善"大型养路机械履历簿"，做好大型养路机械大修、年修及全面修、大部件和总成换修记录，机械概况及主要技术参数、机械照片、技术资料、配属动态(调入、调出、报废)及运用情况记录。工务机械车要按"一车一档"原则，建立电子档案。档案应至少包括：设备照片、设备铭牌照片、部件

照片、部件铭牌照片、新造/大修出厂相关证明、落成验收记录、年修合格证、故障处理记录、各种检修过程照片(含隐蔽部位电子档案)、附属设备、应急处置备品及行车安全用品台账。

(1)设备动态管理

根据生产需要和设备状态,对设备的闲置、封存、移装、调拨、借用、租赁、报废、更新进行动态管理:

①凡闲置三个月以上的设备由使用单位原地封存,并填写设备封存申请单报送设备科、财务科;对封存的设备要切断电源,擦洗干净,涂注黄油,妥善保管,不得拆卸零部件;

②闲置、封存一年以上的设备或已确定不使用的设备,由设备科会同相关人员共同研究处理办法,上报上级主管部门审核;封存设备启封使用时应由管理部门办理启封手续,经技术人员认真检查后方可使用;

③设备在段内移交、调拨时,应由设备科提出建议经设备主管段长批准方可实施,各使用单位无权调拨设备;在设备调拨的同时,所有附件、备件、工具应一并移交;设备需要调拨、移交外单位时,由段设备管理人员办理有关调拨、移交手续;

④设备对外借用、租赁应由段设备管理委员会批准,由设备管理人员办理借用手续或租赁协议;对外租赁的设备,应保证设备的安全和零部件齐全,各运用车间无权对外租赁设备;

⑤设备的报废、更新改造,应根据设备的使用年限和损坏程度由设备科及有关人员共同鉴定,并报上级主管部门批准,办理报废手续,设备科、财务科及时消账;设备更新按计划按时落实,设备科、财务科及时入账。

(2)设备使用一般规定

①设备操作人员必须经过培训,考试合格取得操作合格证后方可持证上岗;

②设备的使用必须执行定人、定机、定岗的"三定"制度;根据每台设备的性能和职工技术素质,合理安排操作人员;

③设备操作人员必须严格执行安全操作规程和岗位责任制,做到"三好四会"(三好:管好、用好、养好;四会:会使用、会维护、会检查、会排除故障),确保设备的安全使用;

④实行设备操作负责制。各运用车间使用的设备由各车间负责保管使用;单人操作的设备由操作人员负责,多人操作的设备由机组长负责;

⑤多人操作的单机或机组,或者轮班使用的设备,必须建立"交接班制度";

⑥做好使用中的各项记录,掌握设备动态;所有使用中的机械设备必须按要求及时填写机械使用记录;多人操作的设备根据当天工作情况由班组长按规定项目、内容填写,单人操作的设备由操作人员填写,月末汇总报设备管理职能部门;职能部门要定期检查运转记录填写情况,掌握设备使用动态。

(3)设备保养

设备保养主要分为日常保养、定期保养、停放保养、磨合期保养以及换季保养。各类设备的检查保养应依据相关检查保养标准进行。

①机械设备必须执行强制性的日常检查保养制度。每日工作前,必须对设备进行认真检查,工作中随时注意设备的运转情况,发现问题及时检查处理。作业后,各运用车间、班组应对设备进行检查、维修、保养,并做好记录;

②设备运转一定周期后应严格按照相关定期检查保养标准对设备进行一次全面的检查和保养,由各运用车间根据生产情况进行安排;

③当设备处于磨合期、临时停放、工地转移或长期封存状态时,应按相关标准对设备进行

针对性的检查保养；

④设备润滑必须依据定点、定质、定量、定时、定人的原则进行。切实做好润滑品的储存、保管、使用、废油回收和润滑油具的使用管理；

⑤“机械设备运转记录”“设备点检记录”应如实填写。

(4)设备检修

设备检修以检查保养为基础，采用计划性修理和状态监测修理相结合的检修制度。根据设备使用年限和技术状态，设备或总成应按周期进行大修。设备检修应按检修规则的规定执行。一般大型养路机械根据生产情况采用集中检修和轮修相结合的检修制度。

①设备修理分为小修、项修和大修以及突发故障的抢修。设备的小修由各运用车间自主组织完成，大修及各运用车间无能力完成的项修工作由检修车间承担；本段无能力完成的检修工作由设备科委外实施；

②施工期间各运用车间发生设备故障时，首先应立足本部门，积极主动组织抢修，力争故障不过夜。运用车间无力解决的机械故障，由运用车间将故障现象、所需材料及型号数量(特殊情况下缺料时)一并上报设备科，由设备科协调材料科，组织检修车间人员到工地抢修；运用车间及时将故障情况、检修进度信息及时报设备科；

③年度检修工作必须依据设备科编制的检修计划组织实施；

④设备检修必须依据相关检修规则，采取有关技术措施，确保检修质量，按期完成，并准确记录检修信息；

⑤检修完成后小修、项修及突发故障的检修由设备运用车间验收；大修、年度检修由设备科会同材料科、检修车间、设备运用车间共同验收。

(5)机械配件的申请

①每月提报“机械配件需求(申请)计划表”应根据各运用车间现有库存，对照各运用车间储备定额，25 日前提报次月月度计划，编制“机械配件需求(申请)计划表”的填报，应按设备的类型分别提报机械配件计划(详细注明设备的生产厂家、配件的名称、规格、型号)，特殊设备(如轨道车)应注明生产厂家、生产日期，设备比较老化、不通用的设备配件应注明相关的技术标准，机型属淘汰类的应带配件样件，经设备科主管工程师审核并签认后转材料科；月度计划要做到周密细致，尽量避免零星计划；

②各运用车间在编制“机械配件需求(申请)计划表”时，应按照大中机、轨道车、小型机具、其他配件分类填报，以便材料科汇总；“机械配件需求(申请)计划表”，设备科审批数量一栏，没有批准数量，材料科不予办理；计划的审批由主管设备副段长审批；

③材料科配件管理人员汇总各运用车间的申请计划后，根据库存提出当月“机械配件采购计划表”，报材料科长、主管段长审批；

④因设备故障临时急需机械配件的，以电话或传真的方式向设备科说明原因，由设备科协调材料科解决配件，后由运用车间补填“机械配件需求(申请)计划表”(零星表)；其中总成件、大部件直接报设备科，由设备科长向主管段长汇报，同意后材料科主管工程师办理，随后按高价互换配件管理办法补办有关手续；各运用车间需要临时采购时，以电话或传真的方式向设备科主管说明临时采购原因，购置金额 1 000 元以内，同时在材料科备案，就地就近办理，如超出 1 000 元需征得主管段长同意；

⑤年修(轮修)所需机械配件由设备科依据检修计划，对材料计划进行审批，材料科根据材料计划，汇总提出“机械配件采购计划表”，并按程序进行实施；

⑥设备大修、改造由各运用车间提报“机械配件需求(申请)计划表”,报设备科审批,材料科办理。

(6)机械配件的管理

①所有采购的配件必须进行验证,办理入库手续,填写“来料登记表”;

②如工地急需直达工地的配件,各运用车间机械副主任(领工员)、材料员必须进行初验,向送货人签认“到货签认单”,以便送货人持单到材料科办理结算和领发手续,并上报材料科。如发现不合格品,必须隔离存放,打好标识,待材料科进行处理;

③所有配件的发放必须经材料科主管开单,一式四份,财务、料库、车间、材料科建账员各一份;

④所有配件必须执行交旧领新制度。交回旧配件由材料科安排专人负责管理;

⑤各运用车间交回的配件或交回的需要整机修理的大部件由设备科和材料科共同鉴定,如果报废由材料科按有关规定处理;如果可以修理由设备科安排进行修理,并提报配件计划;修理完成后,交材料科点收入库(再用配件库),点收单交材料科配件管理人员一份,再用配件的发放必须经设备科批准方可发放。

(7)安全管理

①段属机械设备的使用,都要严格执行设备运用、管理的有关规定,做到安全管理、安全使用、安全运行、安全保养,有效地开展设备安全教育工作,消除一切不安全因素,预防人身和设备事故的发生。

②各类设备都应有可靠的安全装置和防护措施。设备因非正常损坏,造成停机或使设备质量和技术性能降低,影响正常使用,均为设备事故范畴。

③根据“铁路企业机械动力设备管理规定”,设备事故分为一般事故、重大事故和特大事故三类。

a. 一般事故:设备连续停机 5 d 及以上或修理费用 2 000 元及以上定为一般设备事故;

b. 重大事故:设备连续停机 15 d 及以上或修理费用 50 000 元及以上定为重大事故;

c. 特大事故:设备连续停机 30 d 及以上或修理费用 150 000 元及以上定为设备特大事故;

d. 未构成设备事故的均为设备故障。

④设备事故的性质:

设备事故按其发生的性质可分为以下三类。

a. 责任事故:凡属人为原因,如违反操作规程、擅离工作岗位、超负荷运转、维护修理不当等,致使设备损坏或性能降低者称为责任事故;

b. 质量事故:凡因设备原设计、制造、安装等原因致使设备损坏、停产或效能降低者称为质量事故;

c. 自然事故:凡因自然灾害及不可抗御的外界原因致使设备损坏、停产、性能降低者称为自然事故。

⑤设备事故的处理

设备事故的处理要执行“三不放过”(事故原因分析不清不放过、事故责任者与群众未接受教育不放过、没有采取防范措施不放过)的原则。设备事故发生后,应立即采取措施,防止损失扩大。

3. 检查评比

(1)设备的完好率、利用率标准

要求段属设备完好率达 90%以上,设备利用率达 50%以上,故障停机率小于 1%,红旗设备率保持在 15%以上。大型养路机械作业效率要达到当年上级规定标准。

(2)检查评比制度

在段设备管理委员会的领导下,各级设备管理机构要定期组织对所属设备进行检查评比。段设备科每年应定期组织春、秋两季设备大检查,开展段红旗设备、段设备管理先进单位及个人评比活动,并择优上报铁路局集团公司参与评先。

(3)设备管理和使用、设备状况的检查分类分批按月进行。车间设备管理工作的检查依据是"设备管理工作评定标准",设备状况的检查依据是"设备完好标准"。

(4)设备完好标准

①设备性能良好,各项技术指标达到规定标准,能满足生产工艺要求;

②设备运转正常,零部件齐全,各部件安全可靠,磨损程度不超过规定标准,仪器仪表和润滑系统工作正常;

③原材料、燃料、油料消耗正常,无"四漏"现象(漏油、漏气、漏电、漏水);

④设备内外观清洁整齐,合格证有效、技术资料齐全、检修和保养记录完整。

(5)设备的技术状况分为四级

①一级设备:符合完好标准,主要技术精度能达到原设备出厂标准;

②二级设备:符合完好标准,能保证正常使用;

③三级设备:达不到完好标准,有缺陷,带病运转或停机待修的设备;

④四级设备:已不能使用,待报废的设备。

任务 8.2　设备检查保养

8.2.1　任务目标

通过学习本任务知识,能够完成以下任务:

1. 掌握设备检查保养的制度要求;
2. 掌握设备日常检查保养标准;
3. 掌握设备定期检查保养标准。

8.2.2　相关配套知识

大型养路机械的修程分为:日常检查保养、定期检查保养、年修、全面检修(总成大修)和整车厂修。对于驻地转移、临时停放、长期封存的大型养路机械,应定期进行针对性检查保养。

1. 检查保养规定

(1)日常检查保养

①日常检查保养分为运行前检查、运行及作业中检查、作业完毕返回前检查、驻地日常检查保养四项。

②运行前检查在施工期间每日出车前进行,每次运行前检查不少于 30 min。

③运行及作业中检查在每次运行(作业)中进行。

④作业完毕返回前检查在每次作业完毕车辆工作装置复位后进行,每台车每次检查不少于 10 min。

⑤驻地日常检查保养在施工期间每日作业后进行,每次保养时间不少于 2 h。

⑥单次作业时间较长时,应按 3 h 的时间间隔,对设备进行一次不少于 20 min 的润滑保养。

(2)定期检查保养

大型养路机械定期检查保养按国铁集团发布的相应车型的检修规则来执行。

①制动系统、动力传动系统、走行系统和作业装置在机械使用期间,每半个月进行一次。

②电气系统、液压系统、气动系统、测量系统、激光准直系统、夯实起拨道装置、工作小车、车钩缓冲装置、空调系统和车体结构在机械使用期间,每一个月进行一次。

③"三全两大"检查保养是指在施工期间每月15日、30日开展的全人员、全项目、全部位,大检查、大保养活动,按照驻地日常保养标准进行,其中走行、传动、制动系统按定期检查保养标准执行。

(3)针对性检查保养

①在转移驻地前、后,大型养路机械均应进行一次有针对性的检查保养。按照长途挂运整备标准执行。

②对停放时间超过一个月或长期封存的大型养路机械,每月应进行一次有针对性的检查保养,其中发动机(发电机组)需运转不少于30 min。按照定期检查保养标准执行。

2. 检查保养组织管理

(1)检查保养组织实施

日常检查保养、定期检查保养、三全两大、施工转场、针对性检查保养由运用车间组织实施。年修检查保养由主管科室组织实施。

运用车间主任在机械施工期间,每三日参加一次作业后的日常检查保养,每次检查保养时长不少于2 h。每半个月参加一次车间设备"三全两大"检查保养工作。运用车间副主任负责组织日常检查保养、定期检查保养、三全两大、施工转场、针对性检查保养工作。对复杂机械故障进行组织处理。车间技术人员负责一般机械故障的处理,处理完毕后填写"大型养路机械故障处理记录"及"大型养路机械故障及处理情况月报"。

驻地日常检查保养时,按规定设置防护,确保人身安全。驻地日常检查保养过程要将执法记录仪固定在三脚架上,使用执法记录仪对检查保养过程全程录像,并将视频传到分析室,用于分析保养人员数量、保养时间。驻地日常检查保养和施工转场前的检查保养完毕后,按照"大型养路机械摄像手电点检项目表"利用摄像手电检查一遍。车间负责将摄像手电视频于7日内传至段分析室,分析室按照"摄像手电分析记录表"逐项分析。

(2)验收与考核

驻地日常检查保养由机组负责人或工班长负责复查验收。定期检查保养、三全两大、施工转场和针对性检查保养由运用车间主管副主任负责复查验收,段主管科室负责质量抽查。年修检查保养由主管科室负责复查验收。

①施工期间驻地日常检查保养时间少于2 h或项目不全的,属于分工号位没有执行到位的对责任号位纳入考核,对车间副主任纳入考核。

②运用车间没有组织日常检查保养、定期检查保养、三全两大、施工转场、针对性检查保养的,对运用车间主任、党支部书记和副主任纳入考核。

3. 日常检查保养

(1)电气系统

①常规检查

a. 所有电磁阀、感应开关等接插部件接触牢固,无松动。蓄电池的接线无松动、氧化。

b. 各种行程、接近和压力开关及压力传感器的工作位置准确,安装牢固,无松动。

c. 柴油机启动前，蓄电池电压应不低于 20 V；柴油机启动后，蓄电池电压在 24～28 V。

d. 柴油机启动后，各照明、指示装置、报警显示装置应工作正常，各仪表(显示屏)显示正确。

e. 作业指示灯、前后大灯、标志灯、制动灯、照明灯、警灯等安装牢固，显示正确。大灯安装位置调整合适，聚焦良好，照射方向正确。

f. 电磁控制阀与电路的连线无损伤，电器部分与阀体接合牢靠，指示灯显示正常。

g. 各箱体与车体固定牢固，线束连接安全可靠。

h. 电喇叭工作正常。

②功能检查

a. 对柴油机进行启动、调速及停机操作，动作正常。

b. 电气箱上的各开关、按钮动作自如，相应的控制功能及仪表显示正确，重点检查制动灯、电喇叭、紧急停机和辅助制动工作正常。

c. 检查各工作装置动作正常。

d. 检查列车无线调度通信设备、运行控制设备和机车信号性能良好。

e. 检查各仪表显示正常，清除仪表盘面上的灰尘。

f. 检查各信号、报警指示灯的工作状态正常。

g. 检查各旋钮及开关的位置正确。

h. 检查故障报警显示系统功能正常。

i. 检查各照明开关的作用及状态，注意检查制动指示灯的显示正确。

j. 检查车内通话系统工作正常。

k. 检查柴油发电机组工作正常。

(2)液压系统

①检查液压油箱油位，油液不足时，使用滤芯精度不低于 10 μm 的滤油机给油箱补充同一厂家相同牌号的液压油。

②液压系统工作时，检查各液压油路的压力正常，液压油最高温度不超过 80 ℃。

③各油管、接头及油缸泄漏时，应紧固或更换油管。管路的管卡应安装牢固，缺损时补齐。各橡胶软管磨损部位应进行防护，有损伤、老化、龟裂及磨耗严重时更换。

④液压泵和液压马达安装牢固，运转时无异响。

⑤滤清器的报警指示灯亮或报警蜂鸣器响时，应及时清洗或更换滤芯。

⑥液压控制阀的安装牢固可靠，阀座与阀密封无泄漏。

⑦对有蓄能器的检查其固定螺栓，发现松动应紧固，检查蓄能器 U 形卡后部的筋板，发现开焊断裂应补焊修复。

⑧液压散热器在液压油温度高于 40 ℃时自动开始工作并工作正常。

⑨过滤器的指示表针处于红区(三色显示时为黄区)或报警指示灯亮及报警蜂鸣器响时，应及时清洗或更换滤芯。

⑩液压控制阀的安装应牢固可靠，阀座与阀密封面无泄漏。

(3)制动系统

①YZ-1 制动系统

a. 检查空气压缩机工作正常、压缩空气压力显示正确，双针压力表的总风缸压力应在规定范围内。

b. 空气干燥器工作正常。

c. 机组施工结束返回驻地进行单机解体保养时,用本机的制动阀施行试验。

d. 每天出车前机组连挂,用担当本务机的制动机进行试验。

②JZ-7 制动系统

a. 空气压缩机工作正常,压力表显示正确,双针压力表的总风压力应在规定范围之内。

b. 干燥器工作正常。

c. 机组施工结束返回驻地进行单机解体保养时,用本机的制动阀进行试验。

d. 每天出车前机组连挂,用担当本务机的制动机进行试验。

(4)气动系统

①检查气动系统压力、压力表显示正常,各管路、气动元件等无漏泄。

②检查油雾器及油水分离器的油杯,油雾器油杯中的油不足时补足,油水分离器油杯中有水时应排除,并清洗各油杯。

③气动系统储风缸固定可靠,操作储风缸、集尘器截止阀排水、排尘。

(5)动力传动系统

①各齿轮箱(包括分动箱、减速箱、过桥轴,下同)箱体无裂纹、漏油,连接螺栓紧固良好。各齿轮箱运转无异响,每次运行停止时,检查其表面温度应符合规定要求。各齿轮箱油液不足时,按规定补油。

②有传动轴的大型养路机械检查传动轴各连接螺栓、螺母紧固牢靠,防松装置作用良好。传动轴防护装置连接螺栓、螺母紧固牢靠;防护装置有裂纹时,焊补修复。柴油机每运转100 h,向各传动轴的万向节加注润滑脂。

(6)柴油机

①柴油机的日常检查保养,按制造商提供的"维修保养手册"规定进行。

②应急柴油机燃油充足;每月启动一次应急柴油机,应急系统工作正常。

(7)走行系统

①液压减振器无漏油、异常噪声和卡死。

②轮对:

a. 检查轮对外观,车轮踏面无擦伤、裂纹、剥离、掉块。

b. 有轴箱的大型养路机械检查轴箱无裂纹、无漏油。轴箱盖无翘曲及裂纹,耳座无变形和折损。紧固螺栓无松动。轴箱工作时无异响。轴箱工作温度正常。

③车轴齿轮箱:

a. 连接螺栓、放油螺塞等应紧固。放油螺塞密封良好。

b. 检查油位,不足时,按规定补油。

c. 车轴齿轮箱每运转 50 h,向端盖上的油嘴加注润滑脂。

d. 车轴齿轮箱运转平稳、无异响,箱体各接合面处无渗、漏油。机械每次运行停止时,检查轴承部位箱体表面温度应不超过规定要求。

(8)车钩缓冲装置

①检查车钩三态作用正常。

②钩舌销和钩尾销安全螺栓上的开口销作用正常。

③车钩摆动灵活。

(9)工作装置

①检查各工作装置的润滑情况,润滑油不足时,按规定添加润滑油。

②检查各工作装置的磨耗件，如捣镐、耙齿，砂轮等，不符合要求时及时更换。

③检查各工作装置动作正常。

④清洁各工作装置。

⑤检查工作装置的油缸缸盖螺钉、支承臂紧固螺栓、各种管接头及其他紧固件，松动时拧紧，拧紧力矩符合规定要求。

(10)空调系统

①液压空调系统

a. 液压系统过滤器指示表的指针处于红线位置时，更换过滤器滤芯。

b. 空气导流板上的温控开关、温控器、空调模式开关(控制开关)、三速开关完好。可调百叶窗转动灵活，可停放在相应的位置。

c. 启动柴油机，打开液压回路，液压空调开关打开时，压缩机电磁离合器通电工作指示灯亮，空调系统进入正常制冷工作状态，在导流板冷风出口处有冷风吹出。

d. 启动柴油机，打开燃油加热器启动开关，出风口有热风吹出。

②电动空调系统

a. 检查发电机组工作正常。

b. 打开电动空调模式开关至自动(或手动)制冷位时，空调系统进入制冷工作状态，在导流板出风出口处有冷风吹出。打开空调模式开关至自动(或手动)制热位时，空调系统进入制热工作状态，在导流板出风出口处应有热风吹出。

4. 定期检查保养

(1)电气系统

①清洁各电气控制箱，各电气控制箱内的所有电器元件应安装牢固，插接件及接线端子无松动，各接线线号完整、牢固、无脱落。电气箱密封良好。继电器动作灵活，触点对地绝缘，引出线与插座的连接无松动，继电器触头无烧损、黏结或发黑等现象。

②各电气控制箱面板上的控制开关或按钮动作灵活，接触良好。各开关、按钮的功能与面板标示相符。自锁开关动作后复位、锁定良好。

③各种仪表及监视报警指示灯工作正常，显示正确。

④各压力开关、压力传感器安装牢固。

⑤各传感器外观整洁，安装牢固，无油污、渗漏。传感器机座无开裂，铭牌、标尺完好，固定螺栓齐全。

⑥电磁阀通电时，其阀上指示灯应亮，相对应的电磁阀芯动作灵活、可靠。更换电磁阀插头时应注意接线的正负极性。

⑦柴油机电气控制过程中，停机阀应动作可靠。当柴油机启动开关在预热档时，约 30～40 s 后预热指示灯应亮。

⑧各电气控制箱上的自动保险动作可靠，保险管与保险座接触良好。

⑨加热器、空调机、电喇叭、电风扇的工作状态良好。

⑩蓄电池：

a. 表面清洁，无残留杂物、漏液，电解液液面高度及比重符合技术规定。

b. 接线柱完好，接线牢固。

c. 免维护蓄电池检查上盖两侧的排气口，切勿被灰尘、冰水等堵塞，以防壳体变形、爆裂。

(2)液压系统

①按规定取样检测液压油的污染度和理化性能指标,应符合表8-1要求,不符合要求时更换液压油。换油时使用精密滤油机,同时清洁或更换各吸油、回油过滤器,更换各精滤器。

②有蓄能器的大型养路机械检查液压蓄能器压力,不足时按铭牌上规定压力补充氮气,其压力偏差在0~0.5 MPa范围内。

表8-1 液压油指标

项目		换油标准
40 ℃运动黏度变化率(%)		超过+15或-10
水分(%)		>0.1
酸值	降低值(%)	>35
	增加值(mgKOH/g)	>0.4
清洁度等级(NSA 1638)		≥9级

③液压泵和液压马达轴承部位无异常,壳体出现裂纹时更换,泄漏时更换相关密封件。

④液压油缸的活塞杆有轻微拉伤、划伤时可用细油石、金相砂纸等打磨修整;拉伤、划伤严重时应更换。油缸的缸体裂纹、活塞杆弯曲变形、活塞杆与活塞连接松动及油缸泄漏时应加修或更换。油缸两端的连接销和开口销等完好无损。

⑤液压控制阀作用不良时更换。控制阀泄漏时更换相关密封件。

⑥压力控制阀的压力调定值发生变化时,重新进行标定,并拧紧压力调整螺栓的锁定螺母。

⑦在控制阀作用下,相应液压执行元件(液压油缸、液压马达)的动作符合性能要求。

⑧液压油散热器安装牢固,外部清洁,风扇工作正常;散热器泄漏时,焊补修复或更换。

⑨清洁液压油箱上的空气滤清器,无法清洁的更换滤网。

(3)制动系统

①更换损伤、老化、龟裂、磨耗严重的橡胶软管。

②各部件、管路、管接头等处泄漏严重时,予以紧固、更换密封件或配件。

③控制阀与阀座的螺钉紧固良好。缸体尾部、活塞杆端部的连接销和开口销完整无缺。管路的管卡、管接头卡箍等无松动、缺损。

④控制阀座及气缸安装座裂纹时焊补修复。

⑤各操纵按钮、旋钮、手柄的作用正常、可靠。

⑥依次操纵各控制按钮、旋钮或手柄,相应执行机构的动作符合功能要求。

(4)气动系统

①风喇叭正常。气动雨刮器作用良好。

②检查、调整油雾器注油量,油雾器注油量控制在每分钟1~2滴。

③更换各气缸拉伤、磕伤严重的活塞杆和有裂纹的缸头、缸体、缸座。

④各气缸的销轴处加注润滑油。

(5)动力传动系统

①按规定取样检测各齿轮箱的润滑油,并做好检测、分析记录,对齿轮箱进行状态监测。更换不符合要求的润滑油。

②检查齿轮箱箱体,出现裂纹时更换;各接合部位漏油较严重时,更换相应部位的密封件。

③各连接螺栓、螺母紧固良好。螺栓紧固应涂螺纹紧固胶。

④齿轮箱运转平稳,无异响,箱体温度正常。

(6)柴油机

①柴油机的定期检查保养,按制造商提供的"维修保养手册"规定进行。

②应急柴油机燃油充足;每月启动一次应急柴油机,应急系统工作正常。

(7)走行系统

①转向架

a. 构架无裂纹，各处焊缝无开焊。构架与各零、部件间的紧固螺栓、螺母无松动。

b. 液压减振器无漏油、异常噪音和卡滞，橡胶垫无老化和破损，连接销、开口销完好，无折损。

c. 有旁承的检查旁承座和旁承上盖无裂纹，滑板表面无油污。

d. 基础制动装置各连接销、开口销、油嘴完好，制动杠杆和制动梁无损伤和变形，上、下拉杆的调整螺母锁定可靠。闸瓦无裂纹、严重偏磨，闸瓦间隙均匀且符合规定要求。

e. 人力制动机各部润滑良好，手轮回转灵活，制动作用正常。

f. 排障器、各防护装置、接地导线、扭矩支座等安装良好。排障器距轨面高度符合规定要求。

②轮对

有下列情况之一时，更换轮对：

a. 轴身有横向裂纹。

b. 轮毂、轮辋、辐板出现裂纹。

c. 轮辋厚度小于 23 mm。

d. 轮毂位移。

e. 轮对内侧距离超过规定限度或内侧距三处最大差大于 3 mm。

有下列情况之一时，对轮对实施检修：

a. 轴身有磨、碰、弹伤或电焊打火等缺陷，经处理后痕迹深度大于 2 mm。

b. 轮缘垂直磨耗高度大于 15 mm，轮缘厚度小于 23 mm。

c. 轮缘内侧缺损长度大于 30 mm，宽度大于 10 mm。

d. 车轮踏面圆周磨耗大于 8 mm 或踏面擦伤深度及局部凹下大于 1 mm。

e. 踏面剥离缺陷，只有一处时，其长度大于 40 mm，深度超过 1 mm；存有二处时，其中一处的长度大于 30 mm，深度超过 1 mm。

f. 踏面缺损后，缺损部到相对车轮轮缘外侧之距离小于 1 508 mm，长度大于 150 mm。

③车轴齿轮箱

a. 箱体有裂纹或漏油较严重时更换。

b. 连接螺栓紧固良好，放油螺塞、通气器等紧固、密封良好。

c. 轴端盖、轴承盖密封状态不良时，更换相应部位的密封件。

d. 定期取样、检测润滑油，并做好检测、分析记录，以便对车轴齿轮箱进行状态监测，或更换不符合要求的润滑油。

e. 清洗进油口、通气器的滤清元件。

f. 齿轮箱应运转平稳，无异响，箱体温度正常。

(8)车钩缓冲装置

①车钩三态(闭锁、开锁、全开状态)作用良好。

②车钩在闭锁位置时，钩锁铁防跳性能良好。

③外观检查要求：

a. 用手推拉钩头，钩体左右摆动量适当。

b. 钩头内部动作零件的磨动面间不缺油。钩舌、钩体、缓冲器箱体、从板、前后从板座、冲击座、钩尾框等无明显裂纹。

c. 钩尾框、钩体下部的磨耗板完整，无丢失。钩尾框、钩体与磨耗板的磨动部位不缺油。

d. 钩舌销无明显损伤、裂纹，开口销状态良好。

e. 车钩托架、钩尾框托板、冲击座的螺栓及钩尾销安全螺栓紧固、完好。

f. 缓冲器与从板及从板座间无间隙。

g. 提钩装置的提钩杆应无明显弯曲、裂纹，提钩杆托安装不松动，提钩杆座磨动部位不缺油，开口销状态良好。

h. 从板座和冲击座的联结铆钉无松动、断裂现象。

④性能参数检测要求：

a. 车钩中心线距轨面高度符合限度要求。

b. 车钩的开度尺寸符合限度要求。

c. 在闭锁位置时，向上托起钩锁铁，其活动量为3～12 mm。

(9)工作装置

①检查工作装置的油缸及管接头，有漏油应更换。

②工作装置工作时正常无异响。

③检查锁定机构工作灵活、可靠。

④紧固工作装置的螺栓、螺母。检查各处销轴、开口销、挡圈、隔套是否完好。

⑤检查各工作装置的磨耗件，如耐磨板、输送带、滚刷等，不符合要求时更换。

⑥检查工作装置动作是否正常，限位开关动作灵敏、准确。

(10)空调系统

①拆开空调装置的顶罩检查，各零、部件工作可靠。空调顶罩锁扣锁定可靠，锁扣失效时及时调整间隙或更换。

②制冷压缩机、电磁离合器、液压马达、风机、电热器工作正常，紧固螺栓无松动，传动皮带松紧程度适宜。

③各风机安装牢固，工作时无异响，否则更换风机。

④制冷系统工作时，用手摸压缩机吸气口和排气口表面，应有明显温差；用手触摸热力膨胀阀前后管路，应有明显温差；用手触摸冷凝器出口到热力膨胀阀进口之间的管道，温度应接近。否则，查明原因并处理。

⑤电加热系统工作时，电热器温度应升高。否则查明原因并处理。

⑥燃油加热器工作时，出风口应有热风吹出。否则按显示的故障代码查明原因并处理。

(11)车体结构

①车架各梁及盖板轻微腐蚀时，除锈并涂防锈漆；腐蚀、变形严重及出现裂纹时，应及时修理。

②驾驶室、柴油机室、顶棚等钢结构脱漆、轻微腐蚀时除锈并涂防锈漆；有裂纹、开焊时应焊修或补强；腐蚀、变形超过限度要求时应修理。

③驾驶室、顶棚各处无漏雨。

④驾驶室各门窗及天窗作用良好，开启灵活、关闭严密，玻璃无裂损。门窗组件变形、损坏时修复或更换。

⑤驾驶室内壁多孔铝板局部破损时修整或更换；橡胶地板、木地板翘曲变形、损坏时更换；座椅作用良好、安装牢固。

⑥柴油机隔音升降机构作用良好，各组件腐蚀、磨损、变形时更换或修理。

⑦梯子、扶手、栏杆、金属地板等无弯曲变形、腐蚀、裂损。

任务8.3 设备年修管理

8.3.1 任务目标

通过学习本任务知识,能够完成以下任务:

1.掌握设备年修强检项目及检修标准;

2.掌握设备年修工作组织流程;

3.掌握设备年修"三检一验"工作流程。

8.3.2 相关配套知识

设备年修是大型养路机械检修的重要组成部分,每年进行一次。年修竣工后,执行"三检一验"制度,三检即"自检、互检、段检",一验即"铁路局集团公司验收",并在检修记录上签章。

1.强检项目

严格按照《大型养路机械检修规则》要求和"大型养路机械检修记录单"项目执行,避免漏检或执行标准不实。

(1)制动系统

①制动系统的分配阀、中继阀、制动阀、紧急放风阀等进行分解检修、校验。

制动阀按照检修规则要球分解检修、组装,修竣的各制动阀,应经试验台试验合格后方可装车使用。

②对各压力表进行校验,精度达不到要求时更换。

③制动缸:对达到使用年限的制动缸由运用车间领取,检修车间更换,新装制动缸为新购置制动缸或修理后实验合格的制动缸。旧制动缸由运用车间交材料科待修。

④折角塞门、截断塞门:折角塞门的塞门体、手把及弹簧托盖有裂纹、破损时更换。折角塞门关闭时通风试验,检查无漏泄,泄漏时更换。

⑤制动软管:外观检查制动软管无变质、腐朽、胶层脱落及破裂,否则更换。超过使用周期的橡胶软管应更换。新更换的软管应为水压试验合格或新购有合格证的软管。

⑥制动系统各部件安装牢固,各接头无泄漏。

单台设备制动系统检修及部件校验完成后,做制动性能试验并记录制动参数,对照《大型养路机械检修规则》检验全部合格后,填写"制动机校验及性能实验记录单";记录需详细填写,字迹清晰,内容完整,不得涂改。

(2)走行系统

①转向架:年修项目每年进行一次,架修检查项目每三年进行一次,全面检修每六年进行一次,检修车间及设备科作好记录。

中心销、扭矩支座、基础制动装置和减振器等状态不良时,应进行分解检修或更换。转向架二系圆减振圆弹簧有裂纹、损伤、弹性衰弱时应更换。

②转向架中心销

按照大机检修规则要求,大机转向架中心销每年要进行一次探伤检查,以确保使用安全。

a.转向架中心销采用超声波探伤检查的方式检查,以减少架车拆卸中心销的工作量。

b.对使用三年需要架车维修的大机设备,在架车的同时,采用磁粉探伤的方式对转向架中心销进行探伤。

③基础制动装置

基础制动装置中的制动梁、扭矩支座中的拉杆及其各处的销轴探伤检测，发现裂纹时更换。探伤工作程序如下：

a. 检修车间要按照检修规则要求，完成基础制动部件的拆检和安装工作，并认真做好记录。发现问题及时上报设备科。

b. 基础制动拆解完毕后，设备科及时组织外委单位探伤。

c. 运用车间要认真组织好人员配合检修车间的工作，认真完成车间验收检查，重点是基础制动部位的各垫片、锁销、开口销等调整和锁定机构有无缺失，各部件动作是否灵活，有无异常刮蹭。

基础制动装置的闸瓦、闸瓦托裂纹时更换。闸瓦磨耗后剩余厚度及同一制动梁上的闸瓦厚度差应符合规定要求，偏磨严重的闸瓦应更换，并找出原因，重新调整。转向架构架有裂纹、缺损、焊缝开焊时，应焊补修复。金属橡胶弹簧中，橡胶块老化、龟裂、严重变形或橡胶块与金属板之间粘接脱离时应更换。

④液压减振器

检查液压减振器应无泄漏、异常噪声和卡死现象，两端的橡胶减振垫无老化和破损，否则应进行分解检修或更换。

⑤轮对装置

检修车间对轮各部位施行外观检查，并进行尺寸测量，确定施修范围。对于轮对踏面剥离、擦伤、局部凹陷、辗宽及磨耗超限的车辆由设备科制定踏面整修方案。同一转向架的车轮直径差及同车各车轮直径差超过规定限度，同一轮对的两车轮直径差及同一车轮的直径差超过规定限度时对轮对镟轮修理。旋修后车轮踏面及轮缘应符合原形尺寸。同一车轮踏面与轴颈面距离在同一直径线上测量的两点相差超过规定限度时更换轮对。

轮对施行全轴穿透超声波探伤检查和轮座镶入部位施行超声波探伤检查，探伤仪应用标准试块进行伤损标定。

检修车间及时组织具有资质人员采用六通道探伤仪按照“大型养路机械在役车轴超声波探伤工艺”要求探伤检测，并做好记录。

a. 探伤完成后，探伤人员应认真填写“大型养路机械车轴探伤记录表”。探伤记录的填写，应做到字迹清晰、整齐、不涂不改。

b. 车轴探伤结束后，当发现车轴有轻伤，需用白铅油在轴身上明显处注明缺陷部位、长度，并标记“△”，填写“大型养路机械车轴轻伤报告”；当发现车轴有重伤，须用白铅油在轴身上明显处标记“×”，车轴判废，填写“大型养路机械车轴重伤报告”。

c. 整车车轴探伤合格后，填发“大型养路机械车轴探伤合格证”。

d. 车轴探伤后须存储备份每根车轴的探伤数据，“大型养路机械车轴探伤记录表”“大型养路机械车轴轻伤报告”及“大型养路机械车轴重伤报告”归档保存不少于 5 年。

⑥轴箱装置

检查轴端紧固螺栓头部的防松锁片应状态良好，否则应退卸轴承内圈检查。

⑦车轴齿轮箱

放出车轴齿轮箱内润滑油，检查油液中有无较大金属颗粒，清洗齿轮箱内部及放油螺塞、通气器组件，利用内窥镜等工具检查车轴齿轮箱内部零、部件的完好状况，更换密封不良的放油螺塞密封垫。拆检、清洗或更换进油口、通气器的滤清元件。

挂、脱挡机构动作不灵活、卡滞时，拆解检修。齿轮箱扭矩拉杆：探伤检查扭矩拉杆、紧固螺栓和销轴,发现裂纹及时更换。扭矩拉杆上橡胶减振元件出现老化、龟裂、严重变形时应更换。扭矩拉杆上使用满三年的橡胶减振元件应更换。

(3)动力传动系统

①柴油机、液力机械变速箱的年修,按制造商提供的“维修保养手册”规定进行检修。

②各齿轮箱(包括分动箱、减速箱、过桥轴,下同)箱体无裂纹、漏油现象,连接螺栓紧固良好。各齿轮箱运转无异响。

③传动轴:

按照大机检修规则要求,对传动轴总成进行探伤检查,有裂纹时应更换,十字轴润滑油道应保持畅通。传动轴防护装置连接螺栓、螺母应紧固牢靠;防护装置有裂纹时,应焊补修复或更换。

安装传动轴时,花键套一端应位于高位;拆下的连接螺栓、螺母应更换,以确保使用安全。

(4)车钩缓冲装置

车钩缓冲装置即可检查冲击座板和从板座铆接或螺栓连接的状态良好。

钩舌启闭灵活,车钩三态及防跳性能良好。对车钩缓冲装置局部解体后进行检查,对有规定尺寸限度的部位进行测量,对加修处理部件应由专业人员或专业厂家完成。探伤检查钩舌、钩尾框后端上、下内弯角处,钩体钩耳及内侧弧面、钩颈(指距钩肩 50 mm 范围)、钩舌销、钩尾销、钩尾销安全螺栓等,发现裂纹超过限度要求时应更换。车钩中心线距轨面高度符合限度要求,否则调整或施修。

(5)关键位置销轴探伤

对拆下的关键位置销轴进行探伤,项目包括:捣固车材料小车连接销、捣固架锁销、测量小车锁定销轴,稳定车激振器锁销,清筛车夹轨钳及挖掘链锁销,配碴车中犁及清扫装置锁销,打磨车两车连接销、小车锁钩,探伤车小车锁销等。

(6)互换件更换:对达到使用年限或性能状态达到更换标准的发动机、轮对、液力机械变速箱、捣固装置、起拨道装置、稳定装置等进行更换,填写“互换件更换记录单”。

2. 其他项目

(1)设备进入检修基地后,先由设备科、检修车间、运用车间联合进行预检,以便及时补充检修计划。对大机设备的暖风、空调报设备科,由设备科安排专业检修队伍,对各车间认真排查,逐台进行功能恢复,对无修理价值的进行改造。

(2)对车钩缓冲装置、车钩伤损检测。

(3)液压油使用一年的进行检测,液压油使用两年以上的机械车辆要更换液压油。液压系统滤芯每年要全部更换。

(4)运用车间将拆下的传感器电子摆等交检修车间检测,检修车间利用检测设备对精度不达标的传感器、电子摆、电位计进行检测、检修和标定,对不能修复的出具报废单,运用车间凭报废单领取新的传感器。

(5)对封存车辆进行检查保养:各车间要严格按照设备科下达的检修保养计划执行。大型养路机械临时停放超过一周,每周由机组人员进行不少于一次的检查保养。对封存的大型养路机械,指定专人每月检查保养不少于一次,保证封存设备处于完好状态:

①各运用车间要严格按照“大型养路机械年度检修标准”完成规定的自检自修项目。

②检修车间严格按“大型养路机械年度检修标准”对走行、制动、悬挂部件等重点检查、检修;对车轮轮径和内侧距进行逐个测量,对轮对踏面进行全面检查。

③设备科协调组织制动机校验,车轴、传动轴及其他销轴的探伤检查工作。

(6)对大型液压起复设备、应急泵进行检查保养和演练工作。

(7)对随机备品、随机工具进行检查，对失效的补充或更换。

(8)对车容车貌进行整治：对损坏的座椅、座套、窗帘进行更换；对油漆大面积脱落、起皮的机械设备由运用车间提报，设备主管工程师审批后，设备科安排喷漆。

3.年修流程

(1)运用车间要按照设备年修文件要求上报检修项目及提报年修材料计划。

运用车间由主管设备副主任负责年度检修材料计划的收集上报工作，车间要根据设备状况认真组织检查，并上报各车单机检修项目及年修材料需求计划。

检修计划中应包含检修项目、故障情况、所需材料(包含发动机、变扭器、捣固装置等大部件)、型号及数量。

(2)根据各车间设备使用的实际情况，设备科下达年修所需更换的互换件、强检、周期性检修保养项目计划，并注明名称、型号、数量，并审核车间上报夏检材料计划，审批完毕后统一汇总转到材料科。

(3)材料科做好设备检修所需材料的购置、储备工作：材料科根据检修计划、材料计划，核对其实际库存上报年修可能发生的材料、配件计划，补充库存配件；确保检修期间的材料及时供应。

(4)大型养路机械回基地待修：设备科、检修车间、运用车间对车辆高价互换件、强检项目、单机项目进行预检；将新增项目补充到检修计划里面。运用车间与材料科核对车间所需材料。

(5)设备科将检修计划发到检修车间、运用车间、驻段验收室。运用车间、检修车间按照计划时间、年修项目对车辆进行年修，运用车间、检修车间要严格执行检修计划，不漏检，不错检；对不能完成的检修项目，要书面说明原因，车间主任要签字确认。

(6)检修车间根据检修计划合理安排检修股道和台位利用。

(7)设备科、检修车间、驻段验收室对年修过程盯控。不符合检修要求的责令限时整改，确保检修工作质量。

(8)对年修过程中检查发现的突发设备故障、新增配件，设备科按A类故障组织检修。

(9)委外的检修项目由设备科负责落实，必须严格控制检修质量，同时做好设备履历本中相关记录。

(10)检修完成后，由检修保养人自检，运用车间组织车间检查，并对检查出的问题整改，再由设备科组织段检。

(11)段检过程中发现问题，由设备科下达“质量问题通知书”，检修车间和运用车间对各自问题进行整改后报设备科再次组织验收，验收合格后，由设备科邀请驻段验收室进行整车验收。

4.大型养路机械年修质量验收

大型养路机械年修质量检查验收内容包括零部件和整车的检修质量检查验收；形式上分检修过程检查、整车检查(含静态、动态)、出库验收。

所有年修的设备均要经过验收，特别是大型养路机械、轨道车、收换轨车，经铁路局集团公司验收室验收合格后，方可出库。

(1)自检

①自检工作由检修车间技术干部、施修人所在工班班长以上人员及运用车间施修人员。

②自检项目及内容即为施修人自已完成的检修、保养项目。

③自检按国铁集团颁发的《大型养路机械检修规则》中相关标准进行自检。

单个项目检修、保养完成后。当天在“大型养路机械检修记录单”上检修情况记录、检修人一栏签字自检。

(2)车间互检

①车间检查工作由运用车间副主任、技术员(工程师)及工班长以上人员共同完成。

②车间检查按国铁集团颁发的《大型养路机械检修规则》中相关标准进行检查,并在“大型养路机械检修记录单”上车间验收栏签字。

③车间检查应在整车自检完成后进行,车间检查中发现的检修质量问题,车间检查人员立即通知施修人所在工班工长整改,直至检查合格;车间检查合格后,报段检查,并将“大型养路机械检修记录单”交设备科。

(3)段检

①段检工作由设备科组织,检修车间、运用车间参加。具体参加人员由设备科根据车间生产情况随机抽取验收组人员,检修车间副主任及技术员,被检运用车间由机械副主任、技术员、司机长及机组人员参加。

②段检分检修过程中部件段检和检修结束后整车段检两个阶段。

③检修过程中部件段检项目:其中柴油机、传动系统、齿轮箱、钩缓装置、走行系统、制动系统、制动系统、工作装置以及委外修理的部件为必检项目;其中车体结构、电气系统、测量系统、液压系统、气动系统、空调系统、三项行车设备为抽检项目。

④整车段检分静态检查、动态检查两种形式。

⑤段检按国铁集团颁发的“大型养路机械检修规则”中相关标准进行互检,并在“大型养路机械检修记录单”上签字。

⑥整车段检所需资料:车辆年鉴合格证(运用车间提供)、制动、探伤合格证、运行监控合格证、无线列调合格证(运用车间提供);“大型养路机械轮对尺寸测量记录单”“大型养路机械车轴探伤记录表”(检修车间提供)。

⑦段检中发现的问题,由设备科通知施修单位整改,直至段检合格,设备科报局验收室验收。

⑧整车段检后,各参检部门在“大型养路机械检修验收记录单”中签署检查意见。

(4)铁路局集团公司验收

①验收项目内容、时间、方式按铁路局集团公司相关要求执行。

②铁路局集团公司验收由驻段验收室主持验收,设备科、检修车间、运用车间参加。

任务8.4　设备状态检查及上线交接

8.4.1　任务目标

通过学习本任务知识,能够完成以下任务:

1. 掌握大机设备新造出厂状态检查标准;

2. 掌握大机设备新造出厂上线交接规定。

8.4.2　相关配套知识

大型养路机械设备新造出厂、大修出厂、年修出库时,必须经状态检查合格,符合上线交接规定,同时需按规定配齐行车安全装备、应急处置用品、随车工具备品方可上线运行、作业。新造出厂的状态检查标准和上线交接规定与大修出厂基本一致,本节仅介绍新造出厂相关规定,大修出厂状态检查可以参考。

1. 状态检查内容及标准

(1)电气系统检查

①检查各仪表[转速表、速度里程表、电流表、冷却水温度(绿区)、机油压力表]显示是否正常。

②检查通话系统应麦克风总成是否完整,安装是否牢固,内部导线接触是否良好,通话时声音是否清晰、洪亮、无杂音,通话按钮是否正常。

③电喇叭按钮工作是否正常、声音是否洪亮。

④前后大灯、标志灯、制动灯、作业照明灯、司机室照明灯、警灯等安装是否牢固,显示是否正常。

⑤检查电风扇安装是否牢固,转动是否正常。

⑥检查电磁阀、行程开关、接近开关、压力开关和各种测量传感器的接插部件是否接触牢固,有无松动。

⑦检查直流发电机、启动电机安装螺钉是否紧固牢靠;电机的接线是否紧固。

(2)液压系统检查

①检查液压油箱油位是否在正常范围内。

②检查各液压油管及接头有无泄漏,硬管外表面有无严重锈蚀。

③检查液压泵和液压马达有无渗漏,安装螺栓有无松动,运转时有无异响。

④检查过滤器的指示表针是否处于绿区,液压系统滤芯有无报警。

⑤检查液压控制阀的安装是否牢固可靠,阀座与阀密封面有无泄漏。

⑥检查蓄能器压力是否正常。

⑦检查液压油散热器安装是否牢固,外部是否清洁,风扇工作是否正常。

⑧检查各压力调压阀、液压系统各液压回路的工作压力是否符合规定值。

⑨检查液压油缸作用是否良好,在控制阀作用下,相应液压油缸的动作是否符合性能要求。

⑩液压系统工作时,有无异常振动和噪声,连续运转 1 h 后液压油的温度是否超过 80 ℃。

(3)制动及气动系统检查

①检查空气压缩机是否工作正常、风缸压力是否在符合规定。

②检查空气干燥器是否工作正常。

③制动机试验性能是否良好。

④检查液压制动性能,空气液压转换是否正常。

⑤检查折角塞门、截断塞门有无漏风。

⑥检查 A、B 阀转换是否正常。

⑦检查制动软管是否使用周期,制动软管有无变质、腐蚀,胶层有无脱落、破裂。

⑧制动管路管卡、吊架有无松动。

⑨检查气动系统压力、压力表显示是否正常,各管路、气动元件有无漏泄。

⑩检查气动系统储风缸螺栓、固定卡是否安装牢靠。

(4)走行系统

①检查橡胶减振器有无龟裂。

②检查液压减振器有无漏油和卡滞现象。

③检查减振弹簧应有无裂纹、折损。

④检查心盘有无异响。

⑤检查轮对踏面有无擦伤、裂纹、剥离、掉块;检查车轮有无裂纹,踏面擦伤深度不超过 1 mm,踏面剥离长度一处时不大于 40 mm,两处时不大于 30 mm,轮辋厚度不小于 23 mm,

轮缘厚度不小于 23 mm。

⑥检查车轴齿轮箱油位是否符合规定要求，轴箱有无裂纹、渗漏。

⑦检查车轴齿轮箱连接螺栓、紧固螺栓有无松动；放油螺塞紧固、密封是否良好；连接耳座有无变形和折损。

⑧检查扭矩支座、减振、状态是否良好；扭矩拉杆上橡胶减振元件无老化、龟裂、变形；扭矩拉杆螺栓紧固、销轴及开口销是否齐全。

⑨检查基础制动装置中的制动梁安装是否牢固，基础制动装置各制动杠杆、拉杆、弹簧、销轴、开口销等有无损伤、缺失。

⑩检查闸瓦、闸瓦托无裂纹，闸瓦厚度不少于 15 mm 及间隙 5～10 mm。同一制动梁两闸瓦厚度差小于 20 mm。

⑪检查人力制动机作用是否良好。

⑫检查排障器挡板横向是否与轨面方向垂直，排障器是否安装牢固。排障器距轨面垂直高度应为 90～130 mm，撒沙管距轨面高度不小于 25 mm，各垂下构件距轨面高度不小于 60 mm。

(5)传动系统

①检查传动轴转动有无异常，平衡点对位是否正确，表面有无裂纹及变形。

②检查传动轴及防护装置各连接栓、螺母是否安装紧固。

③检查各分动箱、减速箱、变速箱、过桥轴连接螺栓是否齐全，紧固是否良好。

(6)车钩缓冲装置

①检查冲击座板和从板座铆接或螺栓连接的状态是否良好。

②检查缓冲器箱体、从板、前后从板座、冲击座、钩尾框等有无明显裂纹。从板座和冲击座的连接铆钉或螺栓有无松动、断裂。钩尾框、钩体下部的磨耗板是否完好整齐。

③检查钩舌销、钩尾销安全螺栓及开口销是否齐全、有效。

④检查提钩装置的提钩杆有无明显弯曲、裂纹，开口销状态是否良好。

⑤检查车钩三态(闭锁、开锁、全开状态)作用是否良好。

⑥检查车钩中心线距轨面垂直高度是否在 880±10 mm 范围内。

⑦检查车钩的提钩链松余量、左、右横向移动量是否符合规定值(不同车型及车钩型号按照大型养路机械检修规则规定值)。

(7)发动机(发电机组)、应急泵检查

①检查蓄电池的接线有无松动，接线方式是否正确。

②检查蓄电池电压应不低于 20 V；柴油机启动后，蓄电池电压在 24～28 V。

③检查发动机，在冷、热状态下，起动次数不超过 2 次，转速从 1 000 γ/分升至 2 300 γ/分，升降迅速、平稳，无异常冲击、振动或敲击声，预热起动功能有效、可靠，起动限制功能正常。

④检查发动机与发电机组连接螺栓是否齐全、牢固。

⑤检查试验应急泵能否正常起复各工作装置。

(8)车体结构检查

①检查司机室与车架连接处的橡胶板、橡胶减震器有无失效。

②检查梯子脚蹬下平面距轨面距离应不小于 400 mm。

③司机室各门窗是否作用良好，开启灵活、关闭严密，玻璃有无裂损。

④检查车辆的防松标识线是否清晰，空调捆扎是否牢固。

2. 上线交接规定

(1)接车人员在制造厂家需参加制造厂家组织的押车培训、考试，考试合格后方准押车。

(2)新造出厂的大型养路机械须经驻厂工务机械车监造项目部验收合格后，出具“新造自轮运转设备竣工移交记录”。

(3)接车人员与制造厂家进行资料交接、工具交接、随车备品交接；对交接的资料、工具、备品逐项签字确认。

(4)车辆押运到基地(驻地)后，制造厂家按照设备科通知要求，及时安排胜任技术人员进行车辆落成静态检查、动态试车、施工生产跟踪售后质量服务。

(5)新造出厂的车辆，涉及技术改造的。由制造厂家售后服务人员对我段技术人员、运用人员进行相关技术和操作培训工作，并对相关安全注意事项进行详细的讲解。

(6)在制造厂家售后服务人员的指导下对大型养路机械作业性能和运行状况进行全面试验。

(7)车辆交接完毕，配属单位与大型养路机械制造厂家(以下称制造厂家)签署“机械出厂交接证书”。

(8)试验期间出现的设备问题，在不影响安全使用的前提下，双方签订售后备忘录，对质保期内索赔配件、质量问题要详细说明，制造厂家要在一个月内尽快落实解决。

3. 随车物品清点登记规定

(1)随车资料清点登记

①设备科负责清点随车技术资料(3套)是否齐全、有效。并将随机资料一份交运用车间并由运用车间接收人员签字，一份归档，一份设备科留存。

②设备科负责清点大型养路机械制造厂家出具的“机械验收证书”“机械质量合格证”“新造自轮运转设备竣工移交记录”原件各一份，“机械出厂交接书”一式七份，检查是否齐全、有效。

③设备科负责清点行车安全装备(含通信用品、车载设备、应急处置备品)是否齐全、有效。

④安全科负责清点信号用品、安全防护用品是否齐全、有效。

⑤自轮科负责检查GYK运行监控设备数据是否更新，性能是否良好，数据不符合要求时联系电务段更新。

⑥武保科负责清点、检查灭火器具是否齐全有效。

⑦材料科负责清点工具并与车间办理交接，对随机配件备品清点、入库。

(2)随车用品清点检查

新造出厂的大型养路机械上线前需配齐行车安全装备和应急处置用品，方可上线使用。行车安全装备清点登记内容见表8-2，应急处置用品清点登记内容见表8-3。

表8-2　行车安全装备清点登记内容

品名		单位	常备数量	备注
通信用品	1. 无线列调通信电台	部	2	频率可调整，有录音功能
	2. GSM-R手持终端	部	1	GSM-R区段配备
车载设备	3. 机车无线综合通信设备(CIR)	部	1	
	4. GYK运行监控设备	部	1	
信号备品	5. 手信号旗	面	6	红、黄色各3面
	6. 手信号灯	盏	3	红、黄、白三显示
	7. 防护灯	盏	2	双面红色，用于停车过夜防护
	8. 号角	个	3	
	9. 火炬	支	6	
	10. 响墩	个	12	

续上表

品　名		单　位	常备数量	备　注
安全防护用品	11. 简易紧急制动阀	个	1	高速铁路区段配备
	12. 短路铜线	根	2	自动闭塞区段用，长度 1.5 m
	13. 铁鞋	个	4	
	14. 液压复轨器	套	1	
	15. 起复索具	套	1	根据车型配置
	16. 水型灭火器	具	2	2 L
	17. ABC 干粉灭火器	具	2	2 kg
检查修理工具	18. 工具	套	1	扳手、钳子、钳工锤、油枪等
	19. 检车锤	把	2	
	20. 红外线测温仪	台	1	手持式
	21. 充电手电筒	把	2	

表 8-3　应急处置用品清点登记内容

序　号	品　名	单　位	数　量	备　注
1	液压起复设备	套	1	
2	人字形复轨器	套	1	
3	止轮器	个	4	
4	手扳葫芦	各	2	不小于 3 t
5	枕木头	个	2	
6	撬棍	根	2	

任务 8.5　设备运用故障管理

8.5.1　任务目标

通过学习本任务知识，能够完成以下任务：

1. 掌握大机故障等级及分类；

2. 掌握大机故障处置及运用考核指标。

8.5.2　相关配套知识

大型养路机械机械运用故障是指因违反作业标准、操作规程及养护维修不当或设计制造质量缺陷、自然灾害等原因，造成大型养路机械故障，影响正常使用或施工进度，但又未构成铁路交通事故的设备故障。大型养路机械发生故障后，要迅速组织抢修或救援，尽快恢复生产；不能恢复生产的，及时启动应急救援预案，减少故障停时，避免升级为事故。

1. 故障等级

按照设备故障对设备性能及作业任务造成的影响，可将设备故障信息分为三级：

(1) Ⅲ级故障

①施工期内机械设备连续停机 2 d 以内。

②工务机械车运用中发生的轻微故障，现场处理及时，对当天安全及施工任务未造成影响的，运用车间内部应纳入统计分析。

(2) Ⅱ级故障

①施工期内工务机械车连续停机 2～5 d 以内。

②机械故障导致取消施工作业天窗 2 次。

③工务机械车运用中发生下列故障之一：

a. 未构成铁路交通事故但造成施工延点的。

b. 工务机械车运行或长途附挂因设备损坏造成运行延误但不构成事故的。

c. 工务机械车轴温、视频监控设备故障影响监控或记录功能的。

(3) Ⅰ级故障

①施工期内工务机械车连续停机 5 d 及以上。

②机械故障导致连续取消施工作业天窗 3 次及以上。

③工务机械车运用中发生下列任一严重故障：

a. 发动机破裂、断轴、拉缸。

b. 变扭器损坏。

c. 车轴齿轮箱损坏。

d. 轮对踏面严重擦伤。

e. 挂重钩导致钩缓装置损伤或车体严重变形。

2. 对设备故障部位和原因分类

(1)设备故障部位分类：电气、液压、制动、气动、动力传动、走行、工作装置等。

(2)设备故障原因分类：

①违章作业——违反操作规程、使用不当所造成的故障。

②保养不到——对设备检查保养不够、润滑不良造成的故障。

③配件质量——配件质量低劣、供货周期或准备不充分造成的故障。

④检修质量——由于检修质量不良，修后运行不久就发生的故障。

⑤其他——由于外界发生而引起生产所造成的故障。

3. 故障处置及分析

(1) Ⅲ级故障处置

大型养路机械发生Ⅲ级设备故障后，运用车间负责人应指导抢修，故障处理后，运用车间司机按照《大型养路机械使用管理规则》填写“大型养路机械故障处理记录”；运用车间技术员填写“大型养路机械故障处理记录簿”，按照《大型养路机械使用管理规则》填写“大型养路机械故障及处理情况月报”，按照相应规范的要求填写“大型养路机械设备故障情况统计表”。

(2) Ⅱ级故障处置

工务机械车发生Ⅱ级设备故障后，由主管科室组织指导抢修，故障处理后，运用车间司机按照《大型养路机械使用管理规则》填写“大型养路机械故障处理记录”，运用车间技术员填写“大型养路机械故障处理记录簿”，按照《大型养路机械使用管理规则》填写“大型养路机械故障及处理情况月报”，按照相应规范的要求填写“大型养路机械设备故障情况统计表”。

(3) Ⅰ级故障处置

工务机械车发生Ⅰ级设备故障后，由主管段长组织抢修。故障处理后，运用车间司机按照《大型养路机械使用管理规则》填写“大型养路机械故障处理记录”，运用车间技术员填写“大型养路机械故障处理记录簿”，按照《大型养路机械使用管理规则》填写“大型养路机械故障及处理情况月报”，按照相应规范的要求填写“大型养路机械设备故障情况统计表”。

Ⅰ类设备故障处理完毕后 5 日内由主管科室组织做专题分析并形成报告，经科室主管领导签字后报至工务部安全科、机械设备科。

施工期内的Ⅲ级机械设备故障由运用车间组织分析，Ⅱ级机械设备故障由段安全科及主管科室进行分析考核。施工期内的Ⅰ级机械设备故障由铁路局集团公司工务部组织分析。

4. 大型养路机械运用数据统计

大型养路机械运用统计完好率，故障率，利用率，单机效率。

(1)完好率

大型养路机械完好率＝(完好台数/保有总台数)×100%。

①封存、大修及落成验收的新接的设备按完好设备统计。

②年修设备按修前技术状态统计。

③大型养路机械总台数含在用、封存、在修、借(租)出、新接及待报废设备。

④各机型完好率基准 99%。

(2)利用率

大型养路机械各机型利用率＝(同类机型使用台数/同类机型可使用台数)×100%。

①同类机型使用台数：本年度使用设备单机效率达到上年度末铁路局集团公司同类机型单机效率 30%及以上的台数。

②同类机型可使用台数：同类机型保有总台数扣除待报废、封存、大修、下半年落成验收、试用考核设备。

③各机型利用率基准 98%。

(3)单机效率

大型养路机械各机型单机效率＝(同类机型全年作业量/同类机型可使用台数)。

①重点考核全断面道砟清筛机、焊轨车、钢轨探伤车、钢轨打磨列车、道岔打磨车及维修用的连续式捣固车、捣固稳定车、道岔捣固车，其他车型比照计算。

②全断面道砟清筛机、焊轨车、钢轨探伤车按实际作业量计算；钢轨打磨列车、道岔打磨车及维修用的连续式捣固车、捣固稳定车、道岔捣固车按换算作业量计算。

③各机型单机效率低于全路平均水平且与集团公司上年度单机效率相比下降的，列入考核范围。

(4)单机故障率

单机故障率＝故障天数/当月天窗数量×100%。

①考核对象：月度计划中所有安排施工任务的大型养路机械。

②故障天数：指大型养路机械在施工期间因机械故障影响施工或停工的天数。施工当日发生机械故障，需人工恢复线路或限速运行(计划外)算机械故障停时 1 d；因机械故障完成任务小于当日计划任务 50%的算机械故障停时 1 d，小于 80%算机械故障停时 0.5 d，完成超过 80%不计算机械故障停时。

③当月天窗数量：指当月需要作业的天窗数量。

知识拓展

大机配件管理

1. 入库检验制度

大型养路机械配件实施入库检验制度，明确入库检验配件抽验比例，规范检查内容和标准，实行检验签认。

检验项目重点是配件数量、品种、规格、外观、外形尺寸、技术性能、合格证、标记等，按照国铁集团、铁路局集团公司下发的有关检验标准、检修规程、工艺等进行检验，有检验试验报告要求的还应按规定检查报告内容(或进行检验试验)。不同类型配件，须制定配件检验目录及检验方式。

根据产品质量抽样检验是否符合相关国标、铁标和国铁集团、铁路局集团公司相关规定，以及检修规程中规定的检验(抽验)要求，原则上新品检验比例不少于批次数量的 5%，维修品不少于批次数量的 10%，有特殊规定的按规定执行。库管员须对所有入库配件逐批按比例进行入库检查。

库管、材料员应严格履行配件入库外观包装检查、账物核对、收集保管合格证等管理程序，并确保车间领用配件是经检验合格的配件。合格证保存期不少于配件寿命期和质保期。

配件入库时，材料员要根据入库配件类别，通知入库检验人员参加检验，按照物资管理相关规定做好检验记录，检验合格后方可入库和发放。

2. 配件报废损毁制度

经鉴定不能修复的配件，以及大修、维修等拆下的必换件和寿命到期的配件，须进行报废损毁处理。配件损毁需符合国铁集团和铁路局集团公司财务、物资管理相关规定。报废配件损毁时，应彻底破坏配件，使其不能检修或再使用，并按照铁路局集团公司废旧物资处理相关规定进行处置。具体报废配件损毁处理范围、流程、方式及记录由工务机械段做出详细规定，并上报工务部备案。工务机械段应制定配件报废损毁办法，规范配件报废鉴定、损毁、处置等流程，明确责任和分工，完善台账记录。

3. 配件检修制度

工务机械车拆下维修的配件需登记造册。对能修复使用的配件，要组织人员进行修复，修复后按规定程序入库管理；对不能修复使用的配件，实行以旧换新。

大型养路机械年修中，对能修复使用的配件修复后按规定程序入库管理；对不能修复使用的配件以及必换件和寿命管理到期配件实行以旧换新。

工务机械段应制定配件交旧领新管理制度，规范交旧领新环节，建立配件交旧领新交接记录，记录须明确配件品名、规格、数量、旧品(新品、修复品)、交接人、日期等关键内容，并定期进行核对，做到账物相符。

复习思考题

1. 设备管理的意义和任务是什么？
2. 试述班组设备管理的基本职责。
3. 试述设备基础管理的基本内容。
4. 大型养路机械的修程分为哪几类？
5. 日常检查保养的要求是什么？
6. 定期检查保养的要求是什么？
7. 何为设备事故，设备事故的“三不放过”原则是什么？
8. 设备年修强检项目包括哪些系统？
9. 设备年修“三检一验”是什么？
10. 大型养路机械上线交接如何规定的？
11. 设备事故按照《铁路企业机械动力设备管理规定》可分为哪几类？如何划分？
12. 设备事故按照发生的性质可分为哪几类？
13. 新车出厂应急处置用品包括哪些？
14. 设备故障按照部位和原因如何分类？
15. 设备故障按照对设备性能及作业任务造成的影响如何分类？
16. 大型养路机械运用统计完好率、故障率、利用率、单机效率是如何定义的？

参 考 文 献

[1]中国铁路总公司.铁路技术管理规程:铁总科技〔2014〕172号[S].北京:中国铁道出版社,2014.

[2]中国铁路总公司运输局.普速铁路工务安全规则:TG/GW 101—2014[S].北京:中国铁道出版社,2014.

[3]中国铁路总公司工电部.普速铁路线路修理规则:TG/GW 102—2019[S].北京:中国铁道出版社有限公司,2019.

[4]中国铁路总公司.大型养路机械使用管理规则:TG/GW 108—2015[S].北京:中国铁道出版社,2015.

[5]中国国家铁路集团有限公司.国铁集团铁路营业线施工安全管理办法:铁调〔2021〕160号[S].北京:中国铁道出版社有限公司,2021.

[6]中国铁路总公司运输局.DC-32K捣固车检修规则:铁总运〔2013〕167号[S].北京:中国铁道出版社,2014.

[7]宁广庆,宋卫华.铁路大型养路机械应用管理[M].北京:人民交通出版社,2015.

[8]何奎元.铁路轨道与修理[M].2版.北京:中国铁道出版社,2014.

[9]郑州铁路局集团公司.高速铁路工务[M].北京:中国铁道出版社,2012.

[10]铁路职工岗位培训教材编审委员会.大型线路机械司机[M].北京:中国铁道出版社,2012.

[11]中国铁路总公司运输局.高速铁路钢轨打磨管理办法:铁总运〔2014〕357号[S].北京:中国铁路总公司,2014.